中华文化十万个为什么

医药卷

陆秀兰◎主编

辽海出版社

图书在版编目（CIP）数据

中华文化十万个为什么.医药卷/陆秀兰编.—沈阳：
辽海出版社，2000.12（2017.4重印）
ISBN 978-7-80649-328-1

Ⅰ．中⋯　Ⅱ．陆⋯　Ⅲ．①文化史—中国—青少年读
物②中国医药学—青少年读物　Ⅳ．K203

中国版本图书馆 CIP 数据核字（2000）第 86868 号

中华文化十万个为什么·医药卷

责任编辑	丁　凡
责任校对	王永清
开　　本	690mm×960mm　1/16
字　　数	232 千字
印　　张	24
版　　次	2017 年 4 月第 2 版
印　　次	2017 年 4 月第 1 次印刷
出　　版	辽海出版社
印　　刷	北京铭传印刷有限公司

ISBN 978-7-80649-328-1　　　　　　定价：52.80 元

总　序

卞孝萱

　　中国是一个地大物博、历史悠久、由多民族结合而成的人口众多的国家。在中华民族的开化史上，有素称发达的农业、手工业，有许多伟大的思想家、政治家、科学家、发明家、军事家、文学家和艺术家，有丰富的文化典籍、文物古迹，在科技上有许多重要的创造发明。中国各族人民热爱祖国的山河，热爱祖国的历史文化，具有强烈的民族自尊心和自豪感，对祖国的事业无限忠诚，以祖国的利益高于一切，毫无保留地贡献自己的智慧和力量，正在满怀信心地迎接新世纪的到来。

　　培养"四有"新人是时代赋予我们的神圣职责。中华文化博大精深，具有强大的生命力。辽海出版社出版《中华文化十万个为什么》，就是面向广大青少年，弘扬中华优秀文化，进行"四有"教育的一种形式。这套书的第一辑共有历史、文学、美术、书法、音乐、教育、法律、伦理、宗教、民俗十册，约200万字。选题广泛，内容充实，语言流畅，插图精美，富于知识性、可读性和趣味性。将多彩多姿的中华文化，简捷明了、通俗易懂地显示出来。图文并茂，引人入胜，是对广大青少年有益的一部课外读物。

唐代的伟大文学家韩愈说得对："人非生而知之者，孰能无惑？"怎么办？找老师。"师者，所以传道授业解惑也。"《中华文化十万个为什么》就是用问答的方式，向广大青少年传授知识，解除疑惑，起到各行各业无数老师所起的作用。它可以帮助青少年读者了解中国的悠久历史，了解中华民族自强不息、百折不挠的发展历程，了解各族人民对人类文明的卓越贡献，了解先辈们的民族气节和道德情操。我恳切希望广大青少年把这套书当作良师益友，不要像韩愈所说的那样："惑而不从师，其为惑也终不解矣。"

学海无涯。这套书所带给青少年读者的，不只是书上的知识，还将启迪他们的智慧，引起他们进一步学习的兴趣，激发他们无止境的求知欲。从而由浅入深，循序渐进，探索文化的宝藏，强化个人的素质，走向成才之路。说这套书是缔造21世纪人才的摇篮也不过分。故欣然而为之序。

目　录

目
录

◎为什么说"医易同源"?

　　中医学与易学都是中国古代文明中的精华，同样闪烁着东方特有的智慧之光，具有惊人的生命力和持久的魅力。远古先民由于对命运的探求而产生以占卜为主要内容的易学，出于对生命的渴望而产生以摄生疗疾为目的的中医学。当我们要探索这两门古老而深奥的学科是如何产生，并有哪些关系时，就应当回到那幽静古朴、空灵而神秘的上古时代，去抚摩被悠悠岁月无情侵蚀的残垣断壁、甲骨竹简。当你徘徊在古老气息中，你会发现一幅被历史尘封已久的画面。拂去历史的尘埃，展现在你眼前的是一个智慧与愚昧并存，朦胧游移，错综复杂的上古巫师世界。这一时代在巫师和先民的心灵中流淌着充满神秘色彩的智慧之水，这正是中医学与易学的文化源头。

　　巫师作为上古时代智者的代表，掌握着那一时代的精神与科技，被族人看成是神与人的使者，天地之神的代言人，具有相当高的社会地位。他们既对神奇莫测、万象纷呈的大自然战战兢兢、视若神明；但又是智慧的勇士。他们穷思竭虑、上下求索，甚至不惜以生命为代价，揭开大自然迷离的面纱，从而使他们获得了更多的对大自然的了解，在当时成为知识广博的一类人，承担着上古文化与科技的研究、继承与传播。他们既是哲学家、宗教家，又是医生、艺术家和科学家，甚至是活跃在部落政治舞台上的要人。《国语》中说："其名能光照之；其聪能听彻之；其智能上下比义，其圣能光运宣朗。"巫师是集聪、明、智、圣于一身的中国文化与科技的最早拥有者。

在漫长的远古时代，巫师一直从事着这样的三件工作：占卜预测吉凶，治疗族人疾病，记录部落的重大事件。这就是中国古代卜官、太医、史官的前身。正是由于巫师是父子相传，所以后世的卜官、太医、史官也大多子承父业。但在远古时代社会分工尚未精细的时候，巫师往往是集三者于一身的。从巫师所掌管的事务中，我们不难看出治病救人的医学、占卜预测的易学都源于上古时的"巫师文化"。

在先秦时期的古籍中有大量的关于易学与中医学同由巫师掌管的文献：大约成书于战国时期的《山海经》中的《大荒西经》有这样的记载："有灵山，巫咸、巫即、巫盼、巫彭、巫姑、巫真、巫礼、巫抵、巫谢、巫罗十巫，从此升降，百药爰在。"这是巫师负责医药的记载。

在现代的某些少数民族中，由于地域闭塞、生产力水平低下等诸多因素，在他们的生活中还保持着原始社会后期的某些社会特征，并保存了大量的古代先民的民风和民俗，如生活在大西南的傈僳族，至今还保留着巫师这一职业。在这个民族中巫师被称做"巴扒"，受到族人的普遍尊敬，掌管着部落的治病救人、传承文化、占卜预测等事务，会念《东巴经》，能够治疗疾病的"巴扒"被称为"东巴师"。另外在北美印第安部落中的medicineman、西伯利亚部落中的shaman都具有"巴扒"的功能，和傈僳族的习俗基本一致。以上可以看成是"医易同源"的活化石，是"医易同源"的又一明证。

　　"医易同源"的另一方面的证据来自经典中医学与经典易学的形成源于同一时代的哲学文化背景。易学的重要著作《易传》和中医学的奠基作《黄帝内经》都大约成书于战国至西汉之间，均同样受先秦诸子百家，特别是阴阳家、道家、儒家的影响。原始易学在周文化中以一本由历代巫师和卜官整理的《易经》为代表，它是巫师或筮人对所筮之卦进行研究整理的结果，具体说来就是巫师们对每年中所卜之卦，年终来分析综合，把"灵验"的内容加以记录，历时数代而成为一本卜筮教科书。在百家争鸣的春秋战国出现了解释《易经》的爻辞的论著——《易传》，即应用当时流行的阴阳五行学说、道家思想对《易经》进行发挥，使《易经》这部卜筮之书最终成为一本充满睿智与深邃文化意蕴的哲学奇书。严格讲易学这时才算真正形成。中医学同易学有大致相同的发展路径，也是形成于在春秋战国乃至秦汉时期，同样吸收了诸子百家的哲学思想，特别受到阴阳家、黄老学说的深刻影响，以《黄帝内经》为标志，确立了中医学的独特的理论体系。所以说先秦诸子百家思想是易学与中医学的哲学源头。

　　综上所述，上古时代的"巫师文化"、先秦时期的"百家争鸣"都是易学与中医学形成与发展的源头。在上古时代两种学科开始在"巫师文化"的土壤里孕育，其文化精神绵延不绝，并在先秦时期借助"百家争鸣"的浇灌，越发的色彩斑斓，意蕴深厚，最终成为中华文明的两朵奇葩。

◎为什么中医学有"阴阳有名而无形"的说法？

"阴阳有名而无形"，广义地说来是指阴阳是表述大千世界、宇宙万物的概念符号，并没有具体的形状。狭义地讲中医学中阴阳是用来说明人体脏腑结构、生理功能、病理变化的一种抽象概念，并不指人体中具体的某一物质。

中医学关于这一论断的最早记载可见于《灵枢·阴阳系日月》"且夫阴阳者，有名而无形，故数之可十，离之可百，散之可千，推之可万，此之谓也"。在这里告诉人们阴阳并没有具体的形状，只是一个范式，所以用阴阳的道理来推演万物可不胜枚举，不可执一而论。从这里看出中医学的阴阳概念同中国古代哲学中的阴阳概念是一脉相承的，不能把这对概念看得过于凝固、刻板。

阴阳之所以有名而无形，是由这对概念的本身性质所决定的。它虽然在产生之初的本意可能极为朴素，只是表示日光的向背，"阴，……水之南，山之北也"，"阳，高且明也"（《说文解字》）。但随着古代先民生活经验的积累和丰富，科技知识的进步与发展，阴阳已不拘于其本意，而把它不断升华为一个可统摄万物的哲学命题，是对自然界相互关联的某些事物和现象对立双方的概括，是贯穿于一切事物的两个对立面。阳代表轻清的、功能的、亢进的、运动的、上升的一面；阴代表重浊的、形态的、衰退的、静止的、下降的一面。如《素问·阴阳应象大论》中说："阴静阳躁，阳生阴藏，阳化气，阴成形。"另外阴阳又成为可以分析和解释各种自然现象的基本纲领和工具。据《国语·周语上》记载，在西周末年，曾发生一次地震，当时一位名为伯阳父的古代智者是这样解释的："阳伏而不能出，阴迫而不能蒸，于是有地震。"正因如此，阴阳是古代先民认识自然、解释自然的常用方法，被广泛地应用到天文、地理、社会活动等各个领域，所以《黄帝内经·太素》中说："言阴阳之理，大而无外，细而无间，并阴阳雕刻，故数者不可胜数。"总之，阴阳是属于古代哲学范畴的概念，是古人解释万物的工具。

由于中医学是古代先民医学经验与中国哲学相结合的产物，带有强烈的哲学文化烙印，严格地讲是一门自然哲学，所以与中国哲学有着相同的认识论、方法论。在中医学里阴阳也是用来认识人体脏腑结构、生理病理、疾病诊断和治疗的特殊工具。在中医古籍中存在着大量这样的提法："夫言人之阴阳，则外为阳，内为阴。言人身之阴阳，则背为阳，腹为阴。言人身之脏腑中阴阳，则脏为阴，腑为阳"（《素问·金匮真言论》）；"阴胜则阳病，阳胜则阴病，阳胜则热，阴胜则寒"（《素问·阴阳应象大论》）。从中可以看出中医学的阴阳学说是中国古代哲学在医学领域的延伸和发展。中医学常常所说的气为阳、血为阴等观点和肾阴、肾阳等概念里的阴阳内涵并不是指某一具体物质，而是对人体结构和功能的哲学性概括和抽象。例如我们说"肾阳"，在人体中并不能提纯出所谓的"肾阳物质"，它只是对肾的温煦、推动作用的概括。

综上所述，中医学中所说的"阴阳有名而无形"是由于阴阳本身是一个哲学性的概念，并没有具体的形状。它只有同具体的医学名词同用，才能有一定的意义，并且这种意义仍带有或多或少的哲学性质。正所谓"道可道，非常道，名可名，非常名"（《道德经·第一章》）。由于阴阳的不确定性才使之"有名而无形"，才使阴阳之理应用无穷。

◎为什么说庄子"通天下者一气耳"理论在中医学上有重要意义？

　　"通天下者一气耳"是庄子在《知北游》中提出的一个命题。它认为天地万物都是由一气构化而成的。这代表了东方对世界本原问题的基本看法。这种思想在东方素有渊源。《老子》中就提出："道生一，一生二，二生三，三生万物，万物负阴而抱阳，冲气以为和。"认为天地是由一气而生，万物则由天地合气而成。《庄子·大宗师》说："游乎天地之一气。"《知北游》说："人之生，气之聚，聚则为生，散则为死……故万物一也，通天下者一气耳。"管子则有"精气"之论。他解释说："精也者，气之精者也。"宋代的张载，则更是"气"论的集大成者，建立了"气一元论"。他认为"凡可状者皆有也，凡有皆象也，凡象皆气也。"《上蒙·太和》说："太虚无形，气之本体，其聚其散，变化之客形尔。"认为气有两种存在方式，即万物与太虚（宇宙空间）。有形可见的具体事物是气的凝聚状态，太虚则是气散而未聚的本然状态……太虚不能不聚而为"有形"的万物，而"万物"最终又不能不散而为太虚。这种"形聚为物，形溃反原"就好像冰与水之间的关系。正是由于"气"的存在，天地万物才能通过气进行"交感",相互作用与影响。

中医在形成与发展的过程当中,承用了这一思想,形成了中医体系中的特有的"气"论。《内经》中说:"人以天地之气生。"刘完素也认为"人受天地之气,以化生性命也"。万物本原为气,人的本原也是气,不仅人体由气聚合而成,而且各种生命活动,包括人的感情、意识、情志,也由气的运动产生。气有较强的运动能力,生命体内气的升降出入,沟通了内外,完成了协调功能,畅达气机,推动血运,布散精微,排泄废物。气还参与了精神、意识、思维的过程,所谓"人有五脏化五气,以生喜怒悲忧恐","气能生神"。气不仅构成了有形的组织器官,还弥散于躯体之内,使人体的各个组成成分密切相联,形成一个统一的整体。人与自然界交换信息与物质,也是以气为中介,人感受天地日月的各种变化,人之有生,全赖此气。气者,乃人之根本也。可以这么说,在中国古代的哲学理论体系中,认为"通天下者一气耳";而在中医学的理论体系中,则可以认为,通人身者亦一气耳。

随着科学发展到现代,亚原子物理学对物质、空间、时间、因果关系等一系列基本概念的理解发生了根本性的转变,由此也导致了人们宇宙观的根本修正。在亚原子物理学中,"物质与空间是一个不可割的、相依存的整体","粒子既可分割又不可分割,物质既是连续的,又是分立的,质量不过是能量存在的一种形式,能量与物质都只是同一实在的不同体现"。高能物理实验中,粒子可以相互转化,可以从能量中产生又复归于能量,粒子只不过是场在局部区域的凝聚,有形的物质和现象只不过是基本实体的暂时的表现。不难看出,现代物理学对世界本质的认识与东方"通天下者一气耳"的宇宙观有着相似的精神。

这种对世界本质的发现，超出了人们日常的经验，也超出了人类的想象。难怪爱因斯坦感叹道："就像是从一个人的脚下抽走了地基。"难怪海森堡反复地自问："难道大自然有可能像我们在这些实验中看到的那样荒唐吗？"但能够跨出这关键的一步，跳出人类自身感官的局限，也跳出了人类于探索未知时无意中先验设定的大前提，或许才是最令我们欣慰的事情。

◎为什么说中国文化孕育了中医学？

作为世界四大文明古国之一的中国，有着博大精深、精彩纷呈的中华文化，正是这片睿智而神秘的古文化土壤才孕育了与西医学有着完全不同的理论体系与概念范畴的中医学。当我们把中医学放在恢弘壮丽、意蕴深厚的中华文化的大背景下，去思索中医学产生与发展的轨迹和传统文化与学科的关系时，我们就能深刻地理解为什么中华这片文化土壤能孕育出具有独特理论体系的中医学。

"文化"一词最早出现在《易传》的贲卦象辞传："观乎天文，以察时变；观乎人文，以化成天下。"文化是"人文化成"、"文治教化"的意思。20世纪50年代，美国文化人类学家克罗伯在《文化：概念与定义的批判性回顾》中认为："文化"包括语言、社会组织、宗教信仰、婚姻制度、风俗习惯以及生产的各种物质成就。文化是人类独有的，是后天经学习获得的，是"超有机体"的。

特定的地域环境、生活方式等因素造就了特定的文化精神。每一个民族都在心灵的深处涌动着这一生生不息的文化之流，它左右着该民族的价值观念、思维方式、审美趣味、道德情操、宗教情结、民族性格等意识形态、文化心理状态。文化是人的感情、智慧、观念及其所外化的一切。这种文化精神背景又同民族的行为密切相关。在探讨具体学科的建立与发展时势必要结合其所滥觞的文化环境。具体学科的发展演化是在特定的文化背景下发生的，正像古希腊的逻辑思维理念和文艺复兴时期的科学精神奠定了西方现代科技的基础。正因如此，中医学的建立发展同中国文化的繁荣密切相关。中医学的思维方式、研究方法同中国文化也是一脉相承的。

　　中医学的真正形成是以《黄帝内经》为标志的，而《黄帝内经》正是在中国先秦时期"诸子蜂起、百家争鸣"的文化背景下完成的，其学术思想的建立，甚至文字句式都受诸子百家的影响甚广、甚深。诚如程文囿所言："夫医之道大哉！体阴阳五行与《周易》性理诸书通；辨五方风土与官礼王制诸书通；察寒热虚实脉证严于辨狱；立攻补和解方阵重于行军。"中医的阴阳五行学说是邹衍等阴阳家深观阴阳之消息、详辨五德之终始的阴阳五行的具体应用。《黄帝内经》所说的"阴阳者，天地之道也，万物之纲纪，变化之父母，生死之本始，神明之府也，治病必求于本"就是源于阴阳家的思想，并将其与古代医学科学成就相结合，用阴阳五行构建人体复杂系统，最终使阴阳五行学说成为中医理论的指导思想。中医学的生命观、养生观来源于老庄学说。老子洋洋五千言的《道德经》，都是在讲如何超越自身，教导人如何从整体上把握事物的本质，从全方位证悟"道"的本体。他所提出的"抱朴归真"、"致虚极，守静笃"的悟证方式，直接衍生出中医学的养生方法。另外，墨家、名家的思想对中医的逻辑思维、辩证思维产生了深远的影响。中医辨证论治、四诊合参、治法治则等提法和形式体现了法家的思想特点。中医的方剂构成、治疗时机的把握，即所谓"用药如用兵"，又深受兵家学说的影响。总之，中医的产生与先秦文化氛围有着重要的关系，可以说诸子百家的文化甘露浇灌着中医学破土发芽，使之得以建立。

中华文化特有的思维方式、学术方法都被中医学借鉴和发展。中医药学思维偏于形象，中医药学中各种"概念"不同于自然科学中通过严密逻辑方式定义的概念，而多是用形象描述来表达的名词。如解释阴阳时用"水火者，阴阳之征兆也"（《素问·天元纪大论》），"阴阳者，寒暑彰其兆"（《素问·气交变大论》）；介绍滑脉时用"往来流利，如盘走珠"，涩脉"如轻刀刮竹"；正常面色时用"赤欲如白裹朱，不欲如赭"（《素问·脉要精微论》）；而反常则"色见青如草兹者死，黄如枳实者死，黑如煤者死，赤如血者死，白如枯骨者死"（《素问·五脏生成论》）。这是典型的"形象思维"方式。这一思维方法是中国哲学所特有的思维方式。

两汉以后，在儒生中逐渐形成以研究经学，弘扬经书和从经学探讨古代圣贤思想规范的风气，后人称之为经学风气。这种风气对中医也产生了深远的影响。近人谢利恒曾指出："儒家所谓道统者，移之而用于医者，于是神农、黄帝犹儒家之二帝三王，仲景、元化犹儒家之有周公、孔子矣。于是言医者，必高语黄农，侈谈灵素，舍是几不足与于知医之列矣。"这一语道中了儒家尊经崇古之风给中医带来的影响。明清以来，中医基础理论方面的著作，几乎均以对《内经》、《难经》、《伤寒论》的注释与发挥为主要形式。徐灵胎说："言必本于圣经，治必尊于古法。"经典著作乃"金科玉律，不可增减一字"。这正是儒家"信而好古"、"述而不作"思想的具体体现。

　　总之，任何一个学科的形成和发展均是应用其文化母体所提供的方法，以解决自己内部的问题。随着社会的进步和社会文化的发展，一个历史悠久的学科，必然是不断地应用当时先进的哲学方法解决所面临问题。这在中医学的形成和发展的历程中表现得尤为明显。从中我们不难看出中医学的构建、发展、以及它的思维方式、研究方法，都同中国文化有着非常深刻的血缘关系。中医学里蕴涵着中华民族不可言传的文化体验和观念，中国文化的精神品格与思想境界是中医学的理论源泉与建构基石。所以，正是绵绵不绝的中国文化土壤才孕育了中医学。

◎为什么梁漱溟说"中医与艺术相差无几"?

著名国学大师梁漱溟先生在《人心与人生》一书中偶言之"中医与艺术相差无几",概括得可谓精辟。中医的一些老先生大多有艺术天赋,一些名家多能诗善画,善诗辞歌赋。相反,历史上一些具有科学思维品格的医家,如中西医汇通派的医家,虽注重中医的科学化问题,并为之而努力,但在医学发展史上却没有什么建树。

那么中医与艺术有什么相同之处呢?这主要是中医用以认识疾病的方法与艺术认知方法非常相似。

艺术不同于科学,科学是通过实验来发现、证明事物的本质和规律。艺术则通过各种表象,如视觉表象、听觉表象等来表现主题、表达事物的本质。而艺术欣赏者也主要是通过对艺术形象的理解,艺术表象的认同,来理解艺术,接受思想。

中医与西医在认识疾病的方法上是不同的。西医是在近代科学基础上发展起来的,是现代科学方法的代表。西医认识疾病是通过打开脏腑器官的实体、分析组织的变化以及科学实验来认识疾病。而中医则是通过病人表现的病症形象(四诊体证)来认识、分析疾病的本质。中医所认识的这种"本质",

并不是人体脏腑实体、组织病理变化的本质，而是通过病人体证的形象所表现出来的表象进行抽象概括而得出的形象意义。如病人脉"洪大有力"，有一种"实"象，故这"洪大有力"形象所表达的病理意义就是"实"；同样，病人脉"细弱无力"，有一种"虚"象，故病人脉"虚弱无力"的形象表达病人"虚"的病理意义。同理，病人舌红苔黄表示热；病人舌淡苔白表示寒；这"实"、"虚"、"热"、"寒"就是中医从症象上得出的疾病的本质。

然而现代科学方法认为事物外观的形象是感性的，是形象的，而事物的本质是抽象的，是理性的。从事物的现象到本质没有直接的通道，中间必须经过思维的蒸发，即思维分析、排除和高度抽象。

然而，艺术认知方法却不是这样。艺术领域思维方式和认识事物的方法，主要是通过事物形象所表达的意义来认识艺术与思想方面的本质。中医用的正好是这种方法，所以梁漱溟先生说"中医与艺术相差无几"。

◎为什么古代医家用"五行"来归演万物？

　　五行是中国古代哲学和中医理论体系中一个重要而基本的概念。这一名词大致出现于三代至战国初期，其概念的形成，可能与殷的"五方"、周的"五材"思想有关。

　　五行中的"五"本来含义是"金木水火土"五种物质。后来随着五行学说的应用和流变，《尚书》、《白虎通》、《春秋繁露》、《内经》、《五行大义》等书对这一概念的一再铺衍与阐释，五行的含义获得了抽象与提升，终于发展而丰富成为一种借助取象比类的手段来模拟、研究和调控世界上各类事物与现象之间关系的抽象模型。这种五行模型强调的是关系，而非实体，是一种古代的以研究关系为基本任务的现象论哲学，它关心的不是"是什么"的问题，而是"是怎么样"的问题。那么，五行模型是如何体现和模拟这些关系的呢？首先，要从"五行"的"五"谈起。它把世界上的各类事物包括人体，按其特定的属性与状态划分成为五个既分离又相互依存的子系统。"五行"两字当中，"行"是关键。在空间上，它反映了这五类事物之间依次相生、隔一而克的动态平衡；从时间上，它则反映了事物的"旺相休囚死"的循环演变，这就正如李约瑟所说："用'要素'或'元素'（element）这种名称来解说'行'字，我们总会觉得它于义不足，'行'字的本源……就有'运动'的含义。"如陈梦宗所说，"'五行'是五种强大力量的不停循环的运动，而不是消极无动性的基本物质"。

中国古代的医家将这种运动五行模式引入医学体系，以五行为纽带，五脏与六腑的配属为焦点，将器官（五官）、形体（五体）、情志（五志）、声音（五音）、方位（五方）、季节（五季）、颜色（五色）、味道（五味）、生化（五化）等纳入其中，使人与自然联系起来。把天地作为大系统，人作为小系统，通过研究大系统来提示小系统，推导小系统，从而以动态联系的方式认知生命。

◎为什么有"医源于巫"之说？

关于中国医学的起源是一个纯学术性的问题，因此多有争鸣，有"医源于圣人"说、"医源于动物本能"说、"医源于巫"说，还有比较抽象的"医源于生产劳动"说。

其实，如果是探讨人类医疗活动的起源，要看把什么作为起源的标志或标准。如果没有标志，没有标准，那么这起源将永远是研究、争鸣的课题。

在诸学说中，"医源于巫"是被否定、被批判的观点，其理由是：用迷信的方式为人治病，给医疗活动披上了神秘的外衣。其实这好像是用现代的文化标准去度量古人的心理行为。远古时期的"大视"、"大卜""司巫"都是为国家、为社会服务的神职人员，可以说是有专业技能的高级知识阶层。他们掌管着祭祀祈祷、占卜吉凶和一些医疗活动，他们的巫术也是当时人们争取生存、争取发展的重要精神支柱，是人们创造精神文化，表达原始信仰和原始宗教观念的手段。因此，从历史的角度看，远古的巫术并不像一些人认为的那样坏。至于当时的"大视"、"大卜"等也未曾将他们的巫术与现代科学相比较，所以也不知他们自己的一些行为是欺骗。进一步分析，巫往往幻想依靠某种力量或超自然力对客体施加影响和控制，以谋人们更好地生活和生产，因此其思想中含有进步因素。

因此，远古巫之疗病并不是完全出于欺骗，如岐伯所说："先巫者，因知百病之胜，先知其病之所从生者，可祝而已也。"（《灵枢·贼风》）

从另一方面看，历史上巫医的关系甚为密切，如在黄帝时代已有"操不死之药以距之"（郭璞注："为距却死气，求更生。"）的"巫彭、巫抵、巫阳、巫履、巫凡、巫相"等人（《山海经·海内西经》），《世本》载"巫咸，尧帝时臣，以鸿术为尧之医。能祝延人之福，愈人之病"。

另外从殷墟出土的甲骨文卜辞来看，当时已认识多种疾病，如"疾首（头病）"、"疾目（眼病）"、"疾耳（耳病）"等等。但在病因上他们认为这病灾是祖先或鬼神所降，其治法不是用针用药，而是祭祖、祭鬼神以禳病。再从古"医"字写作"毉"，更可见巫、医关系密切的一斑。从世界文明来看，在医学发展的原始阶段，无论是有数千年文明史的古埃及、古印度还是一些至今仍保留着一定原始状态的非洲、美洲等地区，均可考查到巫医一体的社会现象。而在中国，真正的专职医生大约至东周时期才从巫中分化出来，就是说随着社会的发展和人们对自然、生命现象认识的深化，加之巫师队伍本身的分化和医药知识经验的积累，一部分巫师则逐渐以医药谋生，遂有医与巫的分化。

因此"医源于巫"之说，它的真正涵义是说历史上的专职医疗人员是从巫中分化出来，并不是说原始人类的医疗活动是源于巫，而人类最早的医疗活动，从"就温以避寒"，用砭石刺破脓疡的新石器时代实际就已经开始了。

　　医从巫中走出，同时也把一些巫术从巫中带来，并一直在后世流传，如祝由。什么是祝由呢？祝，同咒，咒语也；由，病所从生也。祝由就是"祝说病由，不劳针石而已"。由是观之，巫与医、巫术与医术相关甚密，"医源于巫"之说应该有一个科学、历史的释义。

◎为什么说"天下言脉者，由扁鹊也"？

春秋战国时期，是中国历史上大变革的年代。随着政治制度的变革和进步，思想文化和学术也空前活跃，出现了"诸子蜂起，百家争鸣"的局面。在这样的背景之下，医学也开始了全面的发展。《神农本草经》、《黄帝内经》，大体上都是在这一时期出现的，而这一时期的名医当首推扁鹊。

扁鹊原名秦越人，约生于公元前5世纪。他曾是一客栈的主管，客栈有一常客名长桑君，与扁鹊交往密切，感情日深。一天，长桑君对扁鹊说："我有禁方（秘方），年老，欲传于公，公毋泄。"并拿出一些药说：用上池之水（未沾及地面的水）服下此药，三十日后，当有效验。并且将其秘方书尽与扁鹊，"忽然不见，殆非人也"。扁鹊依其言，饮药三十日后，就能隔墙视物，"以此视病，尽见五脏症结"。

秦越人长期行医于民间，足迹遍及当时的齐、赵、卫、郑、秦5国。由于他医术精良，人们就称他为黄帝时的名医——扁鹊。在河南南阳出土的扁鹊持针行医汉画像砖上，有一位人首鸟身的神医，他就是扁鹊，一手诊脉，一手持针，为百姓解除病痛。

扁鹊精通望、闻、问、切四诊，尤以望诊和切脉著称。

在《史记·扁鹊仓公列传》中，扁鹊为齐桓侯诊病一段，充分展示了他望而知之的水平。在首次见到桓侯后，扁鹊就直言不讳地说："君有疾在腠理，不治恐深。"可是，刚愎自用的桓侯，哪能容得这种直言不祥之话呢？便冷冷地说："寡人无疾。"扁鹊辞别后，桓侯对左右大臣说："医之好利也，欲以不疾者为功"。过了五天，扁鹊又见到桓侯，便说："君有疾在血脉，不治恐深。"桓侯还是那句："寡人无疾。"又过了五天，扁鹊再见到桓侯时，一针见血地告诉他：国君病势沉重，已由肌肉深入内脏，若不速治，定会危及生命。桓侯对扁鹊竟不理不睬。又过了五天，扁鹊"望见桓侯而退走"，桓侯这时才感到问题严重，可是为时已晚。五天后，桓侯感到遍体疼痛，即命人传唤扁鹊，这时，扁鹊已逃到秦国去了。不久，桓侯便抱病身亡。

《史记·扁鹊仓公列传》中，还记载了扁鹊切脉诊断赵简子病情的医案。赵简子病重，"五日不知人，大夫皆惧"，认为难以救治。扁鹊在切脉后却说："血脉治也，而何怪？"他认为脉象正常，后来，赵简子果然痊愈。《盐铁论》中说："扁鹊抚息脉而知疾所由生，阳气盛则损乏而调阴，寒气盛则损乏调阳，是以气脉调和而邪气无所留矣。"可见扁鹊之精于诊脉是闻名于世的。因此，有"至今天下言脉者，由扁鹊也"一说。

扁鹊医术全面，内、外、妇、儿各科兼通，"周游列国，随俗而变"。同时，他还掌握了针灸、砭石、汤液、熨法等多种治疗方法，曾用综合疗法治疗虢国太子的尸厥症（类似休克），使虢太子"起死回生"。

扁鹊不仅在先秦时期名闻天下，而且对后世的影响深远。历代医家，如东汉张仲景、唐代孙思邈、宋代庞安时等，无不推崇扁鹊。由于扁鹊精通脉理，故中医经典著作之一的《难经》，也被托名为秦越人所作。

但是，扁鹊最后的结局却令人扼腕叹息。"秦太医令李醯自知技不如扁鹊，使人刺杀之"，一代名医就这样离我们而去。但是，扁鹊高超的医术和高尚的医德，却博得了人民群众的爱戴和尊敬。他被刺后，人们纷纷为他建立了许多庙宇来纪念这位优秀的民间医生。西汉时期，我国伟大的历史学家司马迁，为他作传，让他永远活在人们的心中。

◎为什么称中医为"岐黄之术"？

　　岐黄，是岐伯和黄帝的合称。黄帝，姓公孙，名轩辕，因生长于姬水，故又姓姬。他最初是部落首领，先后与其他部落作战，最后击败蚩尤和炎帝，统一了中原，被拥戴为部落联盟首领。后世将黄帝视为华夏族的始祖。岐伯，相传为黄帝之臣，"帝师之问医"，黄帝称他为"天师"。传说"帝使岐伯尝味草木，典主医药经方，本草素问之书咸出焉"。《路史》亦云："黄帝极咨于岐雷而《内经》作。"

　　《帝王世纪》中对此叙述的较详尽：黄帝"龙颜有圣德，可谓天授自然之体。犹不能坐而得道，故以地黄元年正月甲子，游名山以求神仙，著体诊则问对雷公、岐伯、伯高、少俞之论，备论经脉，旁通问难，以为经教，制九针，著内外术经十八卷"。这就是黄帝与岐伯等人讨论医学，创立医道的记载。我国现存较早的医学典籍《黄帝内经》一书，即是托名黄帝与岐伯、雷公等讨论医学的记录。因此，后世沿称中医为"岐黄之术"，业医者为"岐黄传人"。

◎为什么说《黄帝内经》是中医理论的奠基之作？

在现存一万余种祖国医学文献中，《黄帝内经》（简称《内经》）被认为是中医基础理论的奠基之作，它是对中医基础理论全面而系统的概括与总结，在中医发展史上占有非常重要的地位，被列为中医"四大经典"之首。

《内经》非一人一时之作，黄帝乃托名，其成书年代大约在战国至西汉时期。该书流传到唐宋时期已有缺失，经后人多次整理才有今之面貌。全书包括《素问》和《灵枢》两部分，各9卷，每卷9篇，共计18卷，162篇。

《内经》用问答体例编写，托名黄帝与大臣岐伯、雷公等人以对话的方式讨论医学以及天文、地理、社会、心理等方面的问题，内容十分丰富。其主要内容和基本精神，可概括为以下几个方面：一、注重整体观念。它包含两层意思，一是说人体各个部分互有联系，是一个不可分割的整体；一是说人体与所生活的自然环境密切相关，并且强调人体与自然环境相适应。这种整体观念既是中医学理论的基本特点之一，也是它的优点之一。二、十分重视阴阳五行学说，把阴阳的对立统一看成是万事万物的普遍规律。人的生理病理变化也不例外，人要

中华文化十万个为什么

想健康长寿，就必须顺从阴阳变化的规律。三、十分重视脏腑经络学说，认为它在中医理论中占有特殊重要的地位，是中医进行辩证和诊断治疗的基础与依据。四、强调精神因素与社会因素。在肯定形体决定精神的同时，又很强调精神因素对人体健康的影响，强调医生看病一定要把社会因素和精神因素考虑进去。五、注意疾病预防，反对迷信鬼神。

《内经》的问世，标志着中国医学由单纯积累经验阶段发展到系统的理论总结阶段，为中医学的进一步发展提供了理论指导与依据。它对后世影响很大，历代有成就的医家无不珍视此书，历代医学著作，无不从《内经》中寻找自己的理论渊源。如刘完素的火热致病说，李杲的脾胃学说等，都直接渊源于《黄帝内经》。历代医家还把它奉为必读的教科书。正如孙思邈所说："凡欲为大医，必须谙《素问》、《甲乙》、《黄帝针经》（即《灵枢》）。"（《备急千金要方·大医习业》）由于《内经》的特殊地位，历代研究、整理和注释《内经》者颇多，如齐梁间全元起的《内经训解》、唐代王冰的《注黄帝内经素问》以及明代张介宾的《类经》等，都是重要的研究《内经》的著作。

由此可见，《黄帝内经》对我国后世医学的发展，起到了巨大的积极的推动作用，堪称中医学理论的基石。

◎为什么说《五十二病方》所载医疗技术在医学史上颇有价值？

马王堆汉墓帛医书中的《五十二病方》被誉为我国最早的一部方书。原书没有书名，研究人员根据书首目录最后的"凡五十二"四字，给此书命名为《五十二病方》。从书名很难看出具体治疗的是何病种，只能看出本书阐述了52种病，而其中大部分是外科病。

《五十二病方》现存一万余字，分52题（实际包括100余种疾病），每一题论述一类疾病，现存病名103个，包括内、外、妇、儿、五官等多种疾病。52题中，外科病占三十余题，约为全书的60%，如诸伤、伤痉（破伤风）、诸痔、痈疽等。全书283个医方中，属外科的有253个，占90%。

《五十二病方》中对疾病只有简单的症状描述，治疗上也只有药物和具体疗法，未载有方剂名称，理论上也未提及阴阳五行、藏象等中医理论体系的基本内容，因此认为本书成书年代要早于《黄帝内经》。从书中载有狂犬病的治疗方法上看，狂犬的记载最早见于《左传》襄公十七年（前556年），"国人逐狗"，可推知本书的成书年代当在公元前五六世纪。

书中所载外科病的内容极其丰富，无论是对病症的分型、病因的认识，还是组方用药、治疗方法都达到了相当高的水平，有很高的医史价值。

对外伤进行清洗消毒、止痛处理，也是现代治疗外伤的常规方法。《五十二病方》就已有应用醇酒止痛、消毒、预防感染的内容。例如，用芥菜子泡酒，饮用以止创痛。还有被犬咬伤后止痛方："令人以酒沃其伤"，即用酒冲洗伤口，以止痛消毒，这也是麻醉学之滥觞。华佗手术时使用的麻沸散便以酒服。酒的应用，为外科麻醉术的运用奠定了基础。

此外还有对破伤风、疝、痔、疥虫等外科病的认识和治疗也达到了一定水平。例如，对痔瘘的手术，就有对痔核的结扎术、瘘管搔爬术、割治法和脱肛复位术的分类治疗。治疗痔瘘，用狗脬（膀胱）穿以竹管，插入肛门中吹气，狗脬胀大，引痔瘘外出，以刀割治，再以黄芩敷治。黄芩有清热解毒和杀菌作用，很适合敷治伤口。早在两千多年前，就能使用如此精巧的手术疗法，不能不令人惊奇。

《五十二病方》中有很多外治疗法都是世界上最早被使用的，如用罂粟类药物止痛，用汞剂治疗疥癣等皮肤病，反映了我国古代劳动人民的聪明智慧。其对病因、病症的认识，内治、外治的丰富经验，在中国医学史尤其是外科医学史上有着极为重要的价值。

◎为什么古代有"祝由"之法？

"祝由"，是古代以祝祷符咒治疗疾病之术。它是通过咒说发病的原由，减缓或消除病人的精神压力，调整全身气机使之精神内守以治疗疾患的方法。它是带有某种神秘色彩，采用某种礼仪，甚至有特定人物参加的诊疗方式，其实质属心理治疗范畴。

"祝由"之词，源于《素问·移精变气论》，其曰："古之治病，惟移精变气，可祝由而已。""祝由"之所以有时能取得针药不及的肯定疗效，其机理正如《灵枢·贼风篇》言："黄帝曰：其祝而已者，其故何也？岐伯曰：先巫者，因知百病之胜，先知其病之所以生也，可祝而已也。"由此说明，"祝由"能治愈疾病是施术者事前已经了解病人的病因，同时本人具有一定的医学知识，将朴素的医疗活动外遮以神秘的、迷信的外衣，运用巧妙的语言，取信于人，以动其神。

古代医者诊疗疾病祝祷符咒有其深刻的历史文化背景。早期的原始人不能认识周围的许多自然现象，只是朴素地、表面地、肤浅地看待周围世界。以后随着生产力水平的提高，人们开始对自然界整体观察。但是由于认识能力十分低下，对许多自然现象和人的生理现象无法理解，如日月、山川、雷电、疾病、死亡等等。于是认为有超人的"神"主宰一切。其后又认为，人所以患病或死亡是由于得罪了神灵或逝去的祖先而降之惩罚，因此脱释疾病要采取各种形式求得宽恕。如甲骨文卜辞中载有武丁"喉疾"而祭祖先。而古时医巫相混，巫在参与政事的同时，也利用掌握的一定的医学知识为人治病，这样在形式上就表现为与鬼神相通，以迷信的方式驱除病邪。随着宗教的盛行，善信者越来越多。古代一些医家认为，对于那些对神表现极度信服和虔诚，甚至以精神相寄的人所患的精神性疾病如抑郁、恐惧症等以及躯体的其他疾病，以"祝由"之法治之或配合此法治之，要比用针药或单纯用针药效果好。如相传上古苗父以茅草垫子为席，以干草扎成草狗，面北而祝，发十言，病者平复如初。金代张子和的《儒门事亲》治疗金疮，先敷外用药，再以祝由术。方法："咒曰：'今日不祥，正被物伤，一禁不疼，二禁不痛，三禁不脓不作血，急急如律令，奉摄。'又每念一遍，以右手收一遍，收入左手中，如此七遍，则放手吹去，却望太取气一口，吹在所伤处。"

"祝由"之法虽看似神秘、玄虚，甚至带有迷信色彩，但作为古代一种特殊的治病方法，以其独具一格的构思与技巧，使病人消除恐慌，动员病人自身的生理潜能，使其处于生理和心理亢奋状态，达到了改变患者心理，调动机体正气，从而战胜疾病的目的。当代心理学家认为，它是通过直接作用于人的潜意识而取得疗效的。

◎为什么说华佗是施用药麻手术的第一人?

华佗,字元化,沛国谯(今安徽亳县)人。约生活于公元2世纪。《后汉书》载,华佗"年且百岁而犹有壮容"。近人考其于公元208年前被曹操杀害,故推知华佗生活于公元2世纪。

世人均知华佗是外科名医。的确,据《后汉书》记载,华佗为病人成功地施行了腹腔肿瘤切除、断肠吻合、胃肠吻合等手术。华佗的医术相当全面,对此,知情者不是很多。

华佗不仅精于外科,还善于针灸。汉丞相曹操患了头风,久治不愈,召华佗医治。华佗施以针刺,立竿见影。为此,曹操把华佗留下做其侍医。对妇科及内科杂病,华佗也是轻车熟路。李将军夫人流产后,请华佗医病。华佗经过诊脉,断言其腹中尚有一死胎。将军不信,后经检查,果然如此。华佗有一天路见一位喉肿而不能咽食的病人,便嘱其以浮萍酿成的醋就饼饮之。那人照办,从口中吐出许多虫子后病愈。

华佗创制了外科临床麻醉方剂麻沸散,并用之有效地施行了腹部外科手术。《后汉书》中关于此项发明是这样描述的:"若疾发结于内,针药所不能及者,乃令先酒服麻沸散,即醉无所觉,因刳破腹背,抽割积聚。若在肠胃,则断截湔洗,除去疾秽，既而缝合，敷以神膏，四五日创愈。一月之间皆平复。"西方医学全麻手术最初是在1848年，比生活于东汉的华佗的药物全麻手术要晚1600多年。华佗是举世用药麻进行手术的第一人。只可惜华佗创制的麻沸散方已失传。华佗一生有医著多种，皆佚。《后汉书》载，华佗被害时拿出一卷书给狱吏，说："此可以活人。"狱吏畏法不敢收受，华佗便"索火烧之"。当时烧的，极可能包括有关麻沸散的资料。

◎为什么《内经》有太阴人、太阳人、少阴人、少阳人之说？

　　心理学在我国由于人所共知的原因，在一个历史时期受到禁锢，使其发展受到严重影响，以致在学术和应用上远远落后于发达国家。可以说西方心理学研究成果对人类社会的贡献非常大，尤其是20世纪中期兴起的精神分析学派，其对人类精神现象的分析与人格理论的研究，影响到整个社会科学与文化学领域。当今社会无论是文学小说还是影视剧，其中人物、情节的描写与刻画，角色的体会与现代心理学的精神分析、人格理论联系越来越密切。当我们温习荣格那"冷漠无情"、"离群索居"、"沉溺与玄想"、"拒人于千里之外"，这"内倾思维型"人格（性格）描述；思索那"反复无常"、"水性杨花"、"多愁善感"、"浮夸卖弄"、"追逐时尚"的"外倾情感型"人格表现时，很自然地会想到这"内倾"与"外倾"，"思维"与"情感"，其阴阳对立、阴阳互补的精神实质，想到其与东方学术的联系。

　　确实，二千年前的《内经》，用阴阳学说的理论对人格与人类行为的分类与荣格的内倾与外倾的分类方法有异曲同工之妙。由于荣格对东方宗教、神话和民俗一直很感兴趣，并熟悉

《易经》，认为东方人的心态主要是一种内倾心态，而西方人的心态则主要是一种外倾心态，因此荣格的内倾、外倾理论很有可能是受东方文化的影响，受东方阴阳对立互补观的启发。《内经》的人格（性格）及行为、形态的分类，要比荣格早近二千年，是东方阴阳学说在人格心理方面的具体应用。如《灵枢·通天》曰："黄帝问于少师曰：余尝闻人有阴阳，何谓阴人，何谓阳人？……少师曰：盖有太阴之人，少阴之人，太阳之人，少阳之人，阴阳和平之人。凡五人者，其态不同，其筋骨气血各不等。"少师又说：太阴型的人，其性情贪而不仁，表面上谦下整齐，而内心则阴险不露，只进不出，内心的想法不外露，不合于时务；在行动上常随人之后，以观利害，这就是太阴类型的人。少阴型的人，他们的性情喜贪而有贼心，见别人受损，他却高兴，而且好伤人，好害人。看到别人有了荣誉，他反恼怒，这种人心性嫉妒，毫无恩惠之心，这就是少阴类型的人。太阳型的人，他们对居处常自足，能到处为家，好说大话，言过其实，好高骛远，举止粗俗，不顾是非，其能力与做事很是平常，却自以为很了不起，事虽败而终无悔，这就是太阳类型的人。少阳型的人，他们做事仔细，有小聪明，因而自以为了不起，如有小小官职，就高傲吹嘘，善于在外交际，而不愿做内在的工作。像这种自高自大，自以为了不起的人，属于少阳类型的人。阴阳平和的人，他们的举止行动都很安静，能正确对待名利地位的得失，因此，得之不喜，失之不惧，能适应客观事物的发展规律，不与人争，顺应时事。地位虽高却很谦让，地位低下也不谄媚取宠，常以身作则来感化人。

黄帝听了很高兴，然后又问：我平素与这五种人并没有接触，如果突然见面，我怎么来区分他们的类型呢？

少师说太阴之人，外表色黑而无光泽，意念不扬，看上去很谦和，但内心阴险藏而不露，两目时常往下看，此人膝腘虽长，但身体直立并不弯曲，这是太阴人的外表形态。

少阴之人，外貌似清高而实有阴险之贼心，时多暴躁，行动诡秘，出没无常。

太阳之人，外貌扬扬自得，骄傲自满，走起路来仰腰挺胸，表现出妄自尊大的姿态。这就是太阳型人的外表形态。

至于少阳人，其立而好仰头，行而体摇摆，两臂、两肘常反挽在背后……

而阴阳和平之人，则体态从容端正，能随顺常情，适应周围环境，态度温雅恭敬，目光慈祥和蔼，言语举止井然不乱，人称君子。

由上可见，二千年前的古圣贤们，就对人类心理这种很深的学问有如此的研究与经验。然而，更应使人深思的是，《内经》这种心理分析、人格分类、形态、行为的分类完全建立在阴阳理论基础上，上述的太阳、少阳……人的人格、行为、形态都服从阴阳的规律，有少阴的人格心理，就有少阴的行为，就生少阴的形态，这种结构与功能的统一形式，至今仍然闪耀着东方人类的聪明与智慧之光。

◎为什么中医称"藏象"而不称"脏器"？

中医理论的核心之一是"藏象"理论。可以这么说，不了解"藏象"就不能谈中医。但"藏象"两个字，实在不太易为现代人理解。"藏象"是否就是"脏器"呢？

有人认为"藏象"就是"脏器"，因为医学的对象本就是人体，而"藏象"理论又主要论及了"心肝脾肺肾"等五脏六腑的体系。

也有人认为"藏象"不是"脏器"，因为"藏象"理论实在涉及了太多脏腑体系以外的问题——人体官窍、精神情志，甚至包括了四时、五方这样时空概念。这一点应该提示着中医的"藏象"有着与西医"脏器"不同的内涵。

那么，"藏象"到底指代着什么呢？

还是我们先从"藏象"两个字开始分析吧。藏，《说文新解》中解为"匿也"，据此来指代"隐藏于内的脏腑器官"。"藏象"中的具体"象"字，王冰解释为"所见于外可阅者也"，指的是可以观察的形象，但"象"字的含义实则很多，包含了形象、现象、征兆、迹象、状貌、图像、象征、类推、类比等等词义。

医学的对象本来是人体，与人体器官相关的理论不用

"器"字却用了"象"字，尽管这两个字都出现的很早。这种取舍说明了什么问题，又提示了"藏象"该有怎样的含义呢？

早在殷商甲骨文时期，我国的古人就显示出一种"观象"、"取象"的思维雏形了。《易经》中也说"君子观其象而玩其辞"，"天垂象，定吉凶"。《系辞下》说"仰则观象于天，俯则观法于地，观鸟兽之文与地之宜，近取诸身，远取诸物，于是始作八卦，以通神明之德，以类万物之情"。《易·系辞》中也说："是故易者，象也，象也者，像也。"这段文字就清楚地体现了古人"观物取象"、"以象尽意"的思维方式。以我们现代的话来说，就是"形象思维"。

例如天、日、龙、马、金、玉这些事物都具有光明、刚强、坚硬的性质，将这些性质归纳起来就是"元亨利贞、刚健中正"，以八卦当中的乾卦来代表，并可以推而广之，代表凡是具有这类属性的一切事物。

这种"形象思维"相当直观生动，能够与对象发生直接关联，模拟与反映出对象在运动中的整体变化，又可以借助联想，从一点把握整体的全息状态。有了这种"形象思维"后，古人就可以执简驭繁，而不致在错综复杂的宇宙万物中流散无穷了。古人认为"天下无象外之道"，"形象思维"成为主流的思维模式后，渗透、影响着古代文化的各个方面，天文、地理、乐律、兵法……作为文化主要组成成分的中医自然也在其中。中医的"藏象"观正是在这种背景下产生的。

"藏象"简单说来，就是"内藏外象"。它是一种与西医截然不同的归类与划分方式，是利用符号和模型来对人体整体的状态与过程进行描摹、整理与把握。西医的脏器是解剖学上的实质脏器，而中医的"藏象"却正如恽铁樵所说，是"非血肉的五脏"。这是学习中医和研究中西医理论之前必须明辨的重要问题。不仅"藏象"理论，在整个中医学的体系中，处处都体现着这种"形象思维"，阴阳五行、舌象、脉象、神气形态，这些"无一不是象"，可以这么说，"形象思维"是中医最基本的思维模式之一，正所谓"盈天地者皆象也"。

◎为什么说砭石是原始的针刺工具？

砭石是一种锐利的石块。它不仅是原始人用作生产生活的原始工具，更是最早的医疗工具。据史料记载，我们的祖先在170万年前就生活在这块国土上，当时，他们对自然界的依赖性极大，只能凭借一些稍经敲打的简陋石器作为工具和武器，过着原始生活。当他们身体出现伤病时，这些石块就成了最早的治病工具。到了新石器时代，由于石器制作技术的提高，这时已经将用于生产生活的石器和用于治病的石器区别开来，把作为医用的石器称做"砭石"。《说文解字》注："砭，以石刺病也。"是指用砭石刺人体的某一部位，以达到治疗疾病的目的，此即针法的萌芽阶段。

关于以石治病的文献记载很多，如《山海经·东山经》载："高氏之山，其上多玉，其下多箴石。""箴"即"鍼"（针）。晋代郭璞注："可以为砥针，治痈肿者。"《左传·襄公二十三》载："美疢不如恶石。"《内经》亦曰："东方之域……其病皆为痈疡，其治宜砭石。"全元起注'《内经》时说："砭石者，是古外治之法，有三名，一针石，二砭石，三镵石，其实一也。古来未能铸铁，故用石为针。"从文献记载上看，砭石是金属针具出现之前的针刺工具。所以砭石是当今金属刀针的前身，这一点在考古学上得到一些证实。

考古工作者曾于1963年在多伦旗头道洼新石器时代遗址中挖掘出一枚磨制石针，长4.5厘米，一端有锋，呈四棱锥形，可以放血，另一端扁平有刃，可切开脓肿，经鉴定被确认是原始的针刺工具——砭石。1978年在内蒙达拉特旗树林召公社，从一批古铜器中，发现一枚青铜砭针，与1963年出土的石针大小、形状非常相似。这表明青铜针与石针的继承关系，更说明砭石乃后世金属刀针的前身。

在新石器时代，由于石器制作技术的提高，古人又通过石头的刮削磨制，制成骨针、竹针。山东平阴县朱家桥商周遗址中，出土一枚骨针，长约8厘米，锐端为圆锥尖，钝端为卵圆。这种一端有锋，另一端无孔的骨针，很显然是用作针刺治病的工具。从"箴石"的"箴"猜测，古代也曾将竹针作为医疗工具，只是由于难于保存，故未在出土文物中见到竹针实物。陶器制作技术发展后，也曾出现过陶制针具。1968年河北满城西汉刘胜墓又出土四根金针。从针具的发展过程来看，砭石向金属针具演变的过程中，有骨针、竹针、陶针、青铜针、金针、银针等发展形式。

◎为什么称张仲景为"医圣"？

张仲景，名机，字仲景，约生于东汉桓帝和平元年（150年），卒于献帝建安二十四年（219年），南阳郡涅阳（今河南邓县，有说南阳县）人。

古往今来，对张仲景的"医圣"之称，神州大地几乎家喻户晓，这是为什么呢？

"医圣"的盛名，饱含着历代国人对张仲景人格及其医学成就的高度评价，更不乏对这位伟大的医学科学家的无比景仰与爱戴。是的，张仲景享有"医圣"之名，也的确拥有"医圣"之实。

张仲景自幼深思好学，"博通群书"（《世补斋医书》），十几岁即闻名乡里，汉灵帝时被举为孝廉。他的一生，主要是在医学生涯中度过的。他说："余每览越人入虢之诊，望齐侯之色，未尝不慨然叹其才秀也。"（《伤寒论·自序》）他对扁鹊的钦佩之情使他对医学发生了浓厚的兴趣。他曾拜同乡张伯祖为师，并"尽得其传"（《世补斋医书》），而后便在诊疗上超过了其师。善于识人的同乡这般称赞他：张仲景是一个钻研一门学识的人才，而不是可以做到大官显宦的，将来一定是名医。他果真言中了。

张仲景学医并非全归于个人爱好，更源于他忧民之心及报国之志。东汉时期，战乱频仍，民不聊生，疾病流行。仅张氏一家，原有两百多口人，自建安元年（196年）之后，不到10年光景，便病死2／3，而亡于伤寒病的，竟占7／10。这种惨景令张仲景不胜感伤。正如《伤寒论·自序》中所言："感往昔之沦丧，伤横夭之莫救。"然而，更叫他困惑的是"怪当今居世之士，曾不留神医药，精究方术"，却只顾"竞逐荣势，企踵权豪"。当时的医界又大多"不念思求经旨，以演其所知"，而是"各承家技，始终顺旧"。面对如此腐败、守旧、置国民生死于不顾的现实，他发愤学医，为民解除病苦；著书立说，留给后人。于是，他攻读《素问》、《九卷》（即《灵枢》）、《八十一难》、《阴阳大论》、《胎胪药录》等医籍，勤求古训，博采众方，结合多年的丰富经验，终于写出了《伤寒杂病论》16卷、《黄素药方》25卷、《辨伤寒》10卷、《评病要方》1卷、《疗妇人方》2卷、《五藏论》1卷、《口齿论》1卷等医著。可惜的是，这些医书均因汉末战乱而毁于兵火。多亏晋人王叔和对《伤寒杂病论》进行收集、整编，加之宋人林亿等对之校正，使这部书分成《伤寒论》（10卷，22篇，397条，收方113首，"禹余粮丸"一方有方无药）和《金匮要略》（6卷，现存3卷，25篇，收方262首）两部书，得以流传至今。

《伤寒杂病论》是最早充实并发展了《内经》的热病学说之作。该书以六经论伤寒，以脏腑论杂病，从而创立了理、法、方、药比较系统的论治方法，使中医基本理论同临症实践密切结合起来。换言之，该书是在《素问·热论》的基本理论指导下，根据外邪侵害人体经络脏腑的盛衰程度、患者正气的强弱、有无宿疾等情况，用"三阴"与"三阳"这"六经"概括了外感热病的发生发展过程及基本趋向。《伤寒杂病论》一书，反馈出对于方剂的君、臣、佐、使及加减化裁，均有较高的要求；在因症立法、以法系方、遣方用药诸方面都颇具见地；方剂的剂型也是比较齐全，达到十四种，诸如：汤、丸、散、酒、洗、浴、熏、滴耳、吹鼻、灌鼻、软膏、灌肠、肛门栓、阴道栓剂等。历代医家无不赞誉这部书，视其为"众法之宗"、"群方之祖"。

综上所言，张仲景以其高尚的人格、严谨的学风和标志着中医临症医学理论问世的《伤寒杂病论》这部名著而被称为"医圣"，并将永垂青史。

◎为什么说法医学在秦代就已经有很高的技术水平?

法医学在医学上是一个特殊学科，我国古代有重大影响的法医学专著是宋代宋慈的《洗冤集录》。而在宋慈以前，我国就已经有了相当丰富的法医学经验，云梦秦简的出土更加证实了这一点。

我国周代就已经有了医事检伤制度。《礼记·月令》中记载："命理瞻伤、察创、视折、审断、决狱讼，必端平，戮有罪，严断刑。"大意是对被伤害者检验伤处，根据受伤的程度对犯罪者进行判决，这是我国法医学的萌芽。到秦朝时，法医检验就已达到了一定水平。1975年，湖南云梦县睡虎地古墓中出土了一批秦始皇时期的竹简，大部分为秦朝律令问答、治狱文书程式等内容，其中的治狱案例即属于法医学方面的资料。

秦朝负责尸体和现场勘察检验的官员称为令史，配合检验的人员称为隶臣，后来称仵作。云梦秦简的案例中，对令史和隶臣的现场勘察描述得非常详细。如一他杀案例，对死者的性别、身高、肤色、头发、位置、创痕，对凶器的推断及血污的头、背、地面等情况都详细列出，甚至腹部灸疗法留下的两处陈旧性瘢痕也记录在案。另有一例缢死的检验报告也记载得非常详尽，如死者的方位、绳索的长短、粗细、质地，死者口舌的状态，颈部绳索压过的痕迹等，案例后还有对死因的鉴别，其记载与宋慈在《洗冤集录》中描绘的缢死者的状态有诸多相似之处。

另外还有对外伤流产和婴儿死亡的检验，以及对麻风病的诊断，也都比较科学。

秦以后到五代时，和凝父子著《疑狱集》一书，载有许多验尸辨伪的案例。还有《诸病源候论》中对自缢、溺死、冻死等症候和原理的论述，以及《千金》、《外台》、《唐律》等书中有关医学检验的资料，都为宋代法医学的极大发展打下了深厚的基础。

◎为什么古代针具有"九针"之分?

针灸是我国古代人民在同疾病的斗争中，总结和创造出来的一种治病方法。由于疾病种类的繁多，针具的形态也多种多样。如《帝王世纪》中就有伏羲氏"尝百草而制九针"的记载。《千金要方》序中也载："黄帝欲创九针，以制三阴三阳之疾，得岐伯而砭灸之法精。"说明古代针具有"九针"之分。

《内经》中关于"九针"研究的内容很多，记载也颇为详细。包括九针之形、九针之应、九针之用。

一、"九针之形"："九针之名，各不同形"（《灵枢·九针十二原》）。为了适应其不同的功用，九针形态各不相同。一曰镵针：长一寸六分，头大末锐，形似箭头；二曰圆针：长一寸六分，针身呈圆柱形，针头呈卵圆形；三曰鍉针：长三寸半，针头如黍粟形，圆而微尖；四曰锋针：长一寸六分，针身呈圆柱形，针头锋利而呈三棱锥形；五曰铍针：长一寸六分，末端尖锐，中部膨大，针身细而圆利；……七曰毫针：长一寸六分或三寸六分，针身细小如毫毛，为当今临床广泛应用；八曰长针：长七寸，针身细长而锋利；九曰大针：长四寸，针身粗而圆。

二、"九针之应"：乃应天地之大数，圣人起天地之数为一以至九，将天下分为九野，"夫一天、二地、三人、四时、五音、六律、七星、八风、九野"(《素问·针解》)。人身形亦应之，"人皮应天、人肉应地、人脉应人、人筋应时、人声应音、人阴阳合气应律、人齿面目应星、人出入气应风、人九窍三百六十五络应野"(《素问·针解》)。针以应数，则用变无穷，故制之为九针，针各有所宜。1.镵针：其制法取法于天，治疗与天相应的肺脏的病症；2.圆针：其制法取法于地，治疗与地相应的肌肉的疾病；3.锝针：其制法取法于人，治疗维持人体生命活动的血脉的疾病；4.锋针：其制法取法于四时，治疗四时八风所致的血脉顽症；5.铍针：其制法取法于五音，五音主冬夏之分，如果人体寒热不调，便会结成痈脓之病，故用铍针治疗痈脓之症；6.圆利针：其制法取法于六律，六律调节声音，合人体十二经脉，外邪侵入经络，易致痹症，故用圆利针治疗痹症；7.毫针：其制法取法于七星，应人孔窍，邪从窍入，可致痛痹，故毫针用于痛痹；8.长针：其制法取法于八风，应人八节，八节虚风侵入人体，可生里痹，故长针治疗里痛证；9.大针：其制法取法于九野，九野应人之关节皮肤，如感邪气易致水肿，故大针治疗水肿之症。

三、"九针之用"："九针之宜，各有所为，长短大小，各有所施"(《灵枢·官针》)。1.镵针：浅刺皮肤，不可深入，可泻阳分邪气，主头身之热；2.圆针：为按摩用具，泻分肉间邪气，不伤肌肉；3.锝针：为按摩用具，按压经脉腧穴，引正祛邪；4.锋针：刺络放血，治痈肿、热病等；5.铍针：为外科用具，痈脓外症割治用；6.圆利针：用于痈肿、痹症的深刺，善治暴痹；7.毫针：通调经络，久留养正，用于寒热、痛痹；8.长针：深刺，治"深邪远痹"；9.大针：利关节而消积水，治关节积液。

◎为什么有"神农尝百草始有医药"说？

古往今来，人们都把神农视为发明中药的先祖，许多药物学著作都托以神农之名，如《神农本草经》、《神农采药经》、《神农本经会通》等等。那么，历史上传说的神农是什么样子？它与医药的产生究竟有什么关系呢？

神农是上古时候一位杰出的部族首领，生于姜水，以姜为姓，号烈山氏，称炎帝。据传其形象是：头生两角，浓眉大眼，龙颜厚唇，身上长毛，腰围树叶，右手执着药草。在炎帝时，有丹雀衔着九穗禾经过，其坠于地，炎帝拾之，以植于田，长出谷物。从此，他教民农作，以种百谷，耕而食之，故天下号之为神农。

神农不仅是我国原始农业的开创者，而且对医药的起源有重大贡献。相传神农有一条神鞭，即"赭鞭"，凡是经过赭鞭打的各种药草，就会显露出其寒热温凉之性、甘辛酸苦咸之味，以及有毒无毒。如晋代干宝《搜神记》曰："神农以赭鞭鞭百草，尽知其平毒寒温之性，臭味所主。"为了辨明药草的药性和功用，以"救夭伤人命"，他经常冒险亲口尝试药草滋味，曾"一日而遇七十毒"（《淮南子·修务训》）。后来，有人送给他一种药兽，能辨识药物，人若有病，只要告诉药兽，它就能衔来对症的药草，人食之病可愈。这或许是神农接受了"一日百死百生"的教训，用动物代替人，进行类似于现在的"动物实验"。尽管如此，最终神农还是由于尝药草而牺牲了性命。有一传说：他因尝剧毒的断肠草，肠烂而死；又一传说：他因尝到"百足虫入腹，一足成一虫，遂至千变万化"，最终不能解其毒，因而致死。现在在山西太原神釜山存过"神农尝药之鼎"，在咸阳山中存过"神农鞭药处"，此山叫神农原，又名药草山。

历史上是否真有神农其人，现很难考证，也许是人们虚构的神话故事。可是由此说明，药物起源于古代人们在生产、生活实践中，在同疾病的斗争中无数次尝试和长期的经验积累这个史实。

◎为什么张介宾说"阴阳者，一分为二也"？

阴阳学说是中华文化的精粹。阴阳学说中蕴涵的思想直到今天仍然在科学文化方面给我们以启迪和智慧。

阴阳学说的思想大约在殷商时期就已出现。

然而，叙述阴阳的学说、理论，从春秋时的《老子》到两汉之《黄帝内经》，以至隋唐诸家，都在力图向人们展示物质世界阴阳式的关系与本质，事物间阴阳式的平衡，以及事物的阴阳属性。诸如："万物负阴而抱阳，冲气以为和"（《老子》）；"阴在内，阳之守也；阳在外，阴之使也"（《素问》）；"阴平阳秘，精神乃治"（《素问》）。这些都在阐释什么是阴，什么是阳，阴阳是什么关系。

宋明之时，易学思想、太极学说的阐发，"太极生两仪"的思想给明代医家张介宾以启发。张介宾对阴阳学说进行总结、研究后，进行了高度的理性概括，提出"阴阳者，一分为二也"的著名观点，用以向人们强调阴阳学说"一"的属性，展示他"阴阳一体观"的论断。

"阴阳者，一分为二"的思想是向人们展示阴阳学说有"一"和"二"两种属性。从"二"的方面看，阴阳是指两个方面，两种属性，甚至是两种物质。然而，从"一"的方面看，阴阳二者是一体的，甚至可以说阴阳二者实际是一种"物质"。之所以这样说，是因为阴阳学说规定，无阴则不可以谈阳，无阳则不可以谈阴，阴阳二者都不能失去对立面而单独存在，有点像正电、负电实际都是电子的运动形式，我们永远也找不到只有正电极的直流电一样。正确的理论对实践的指导作用非常之大，阴阳一体观的思想给当时的医界以莫大的启发。比如，对补肾阴、补肾阳这样关键性的问题，在张介宾之前可以说只有经验，没有具体的理论，在方法上也没有一个指导性的原则。然而，张介宾根据"命门内藏着阴阳水火"，而且这"阴阳水火原属同宫"，即阴阳一体的思想，明确地提出"善补阳者，必于阴中求阳，则阳得阴助而生化无穷；善补阴者，必于阳中求阴，则阴得阳升而泉源不竭"及"善治精者，能使精中生气，善治气者，能使气中生精"这脍炙杏林的警世名言。

　　张氏在此基础上，又根据阴阳一体观的思想创制了左右归饮、左右归丸，补益肾阴、肾阳，使中医肾与命门的理论更加完善，治疗的水平更加提高，使我们认识到人到晚年，有人肾阳虚，有人肾阴虚，虽有阴阳之不同，但本质是一个，年老真阴亏乏，肾精不充。

◎为什么说"五禽戏"开创了我国体育疗法之先河?

导引,又名"道引",是摇筋骨,动肢节并适当配合呼吸吐纳的一种医疗体育运动,其作用既可"养形"为寿,又可"除烦去劳",也就是说有病治病,无病健身。

仿生导引是导引的一种,它是通过模仿各种生物动作,达到养生保健的目的,是最早的体操动作的来源。在长沙马王堆汉墓出土的帛画《导引图》中,有40多种不同的导引姿势,其中有八、九种是模仿鸟、猴、熊等动物的动作。《淮南子·精神训》中也写道:"是故真人所游,吹呼吸,吐故纳新,熊经鸟伸,凫(野鸭)游猿攫,鸱(鹞鹰)视虎顾,是养形之人也。"说明西汉时期主要以模仿熊、鸟、凫、猿、鸱、虎等动物的动作作为导引术。东汉名医华佗,在继承发扬前人成果的基础上,经过认真的筛选和改进,创制了一套有名的医疗体操——五禽戏,其影响远远超过了以往的任何导引术。

据《三国志》记载,华佗曾对其弟子吴普说:"人体欲得劳动,但不当便极尔。动摇则谷气得消,血脉流通,病不得生,譬犹户枢不朽是也。"意思是说体操运动是强身之本,运动可以使血脉流通,消化加快,还可以预防疾病。这表明华佗已意识到，运动有加快血液循环和新陈代谢的作用。他还说：
"古之仙者为导引之事，熊经鸱顾，引挽腰体，动诸关节，以求难老。吾有一术，名五禽之戏二一曰虎，二曰鹿，三曰熊，四曰猿，五曰鸟，亦以除疾，并利蹄足，以当导引。"这套五禽戏确有强身除疾之功效。"体中不快，起做一禽之戏，沾濡汗出，因上著粉，身体轻便，腹中欲食。"华佗本人操练，"年且百岁而犹有壮容，时人以为仙"。他的学生依照此法锻炼，更是达到了健康长寿的目的。"普施行之，年九十余，耳目聪明，齿牙完坚。"他的另一个弟子樊阿一边锻炼，一边服补药，竟至百余岁。

华佗的"五禽戏"有其独特的风格和特点。他所模仿的五种动物的动作，有不同的健身作用。一为虎，取法虎的动作，勇猛力大，威武刚健，常练可使四肢粗壮，增长气力；二为鹿，模仿鹿的姿势，心静体松，动作舒展，常习可伸引筋脉，腰腿灵活；三为熊，效法熊的动作，步履沉稳，力撼山岳，常练可倍增力气，促进血脉流通；四为猿，取像猿猴的活动，敏捷机灵，纵跳自如，攀援轻盈，喜搓颜面，常练使人头脑清醒，动作轻舒灵敏；五为鸟，比拟空中飞鸟，悠然自得，高翔轻落，常练可使动作轻快，心情舒畅。

由导引肢体发展到整套五禽戏，这是我国医疗体育的一大进步，开创了我国医疗体育的先河。历代学者研究它并继承发扬，至今还有不少人在坚持练"五禽戏"，并出现了"传统五禽戏"和"自发五禽戏"等不同的流派。

◎为什么说"药食同源"?

在谈到中医药的起源时，我们常常能听到"药食同源"或者"医食同源"的说法，意思是说有关用药治病的知识和饮食的知识是同一个来源。

"民以食为天"，早在远古时代，处在原始采集时期的人们只能吃自然界现成的食物，如野果、野菜等。正如《淮南子·修务训》所说："古者之民，茹毛饮血，采树木之实，食蠃蚌之肉，时多疾病毒伤之害。"那时的原始人类，疾病是不会少的，尤其是吃了不干净的食物，或者难消化的食物，患肠胃病的情况很常见。

也正是在寻找食物的过程中，经过口尝身受，人们发现有的东西吃了以后会引起一定的机体反映，如吃大黄会泻肚，吃麻黄会出汗等等。但是在无意中也使某些疾病得到缓解，比如胃有积食而不舒服时，偶服大黄致腹泻以后，反而觉得舒服了。经过多人多次同样的体验，便形成经验被记忆、传承下来，这便是医药知识的发现和积累过程。

中医最常用的剂型是汤剂，相传是商代伊尹创制的。伊尹本是商汤王妻子的陪嫁奴隶，专管烹调，手艺极佳。他所烹调的菜汤，既是菜肴，又可作治病的汤药。有时汤王患病，吃下伊尹做的汤，病就好了。也就是说，伊尹既是厨师，也是医生。他身兼二职，是"药食同源"的最好证明。

中医十分重视用食物治疗疾病，《周礼》记载有"食医"一职，专门负责根据帝王的身体状况调配饮食。唐代孙思邈的《千金要方》特设"食治门"，收载药用食物154种，并提出"夫为医者，当须先洞晓病源，知其所犯，以食治之。食疗不愈，然后命药"的著名论点，为历代医家所称道。《本草纲目》中列食物药300余种，占总数的16％左右。

即使是现在，我们也可以看到一些"药食同源"迹象。有些东西既是中药，又是食物。比如绿豆，具有清热解暑作用，夏季食用可防中暑；每日烹调离不开的大葱、生姜具有辛温发散作用，是治疗感冒随手可得的妙药；许多调味品，如桂皮、茴香等，既可在商店买到，也可在药店买到。一些著名的食疗方剂，如当归生姜羊肉汤、百合鸡子汤等，常常是滋补家宴中不可或缺的菜肴，在百姓中家喻户晓，代代流传。

由此可以看出，"药食同源"的说法，是有一定道理的，"药"与"食"确实有千丝万缕的联系。

◎为什么中医有"四海"之说?

中医对生命的理解,源于古代的自然观。在中国哲学里,人既是自然的产物,又是大自然的延伸与精华所在。人与天地相参应,人与宇宙相交感,人体是小宇宙,作为天地大宇宙的精确副本,人是自然的产物,是天地之气交化生而成。所以《淮南子·精神训》中说:"……别为阴阳,离为八极。刚柔相成,万物乃形。烦气为虫,精气为人。"汉代大儒董仲舒更是把人与天地相参具体化,提出"人副天数"的观点:"是故人之身,首颁而圆,象天容也;发,象星辰也;耳目戻戻,象日月也;鼻口呼吸,象风气也;胸中达知,象神明也;腹胞实虚,象百物也;……足布而方,地形之象也。"(《春秋繁露·人副天数》)人体中的每一器官在宇宙中都可以找到对应物,天地中的万物在人体中也可以有代言人。《灵枢·海论》正是在这哲学文化背景下提出了"四海"之说。

在古人的头脑里中国内有九州、外有四海,像《西游记》、《封神演义》中常提及的东南西北"四海龙王"就是四海的主神。四海为九州江河百川汇聚之所。《淮南子·汜论训》中说:"百川异源,皆归四海。"正因如此,《灵枢·海论》说:"人亦有四海,……人有髓海,有血海,气海,有水谷之海，凡此四海者，以应四海也。"

中医认为人体中四海分别是：胃为水谷之海，胃主受盛水谷，水谷精微物质聚汇于胃；冲脉为十二经之海，又称为"血海"，指全身的血液汇集于冲脉，冲脉的盈衰调整周身的血液运行；膻中为"气海"，是说人体之气皆聚集于膻中，实际为肺所主，可调整全身之气；脑为"髓海"，正如杨上善在《黄帝内经太素》中说："胃流津液，渗入骨空，变而为髓，头中最多，故为海也。"由于脑部贮存着大量的脑髓，所以脑为"髓海"。"四海"在人体中具有相当重要的生理功能，是人体精神气血的集散地，旺盛与否、输注如何，影响着全身的生理病理变化。正所谓"得顺则生，得逆则败；知调者利，不知调者害"（《灵枢·海论》）。只有顺从身体"四海"的生理规律才会生机旺盛，相反就会生机衰退，调养得当则身体健康，否则就会出现身体功能紊乱。

总之，人体"四海"之说是古代"天人相应"思想的具体体现，是对胃、膻中、脑、冲脉功能的概括。

◎为什么说西汉古尸的保存是古代医药防腐的奇迹？

对于医药防腐，人们常常会首先想到古埃及金字塔中法老的木乃伊，即用香料处理后能保存几千年的干尸。而我国早在西汉时期，医药防腐技术就已达到很高水平。长沙马王堆一号汉墓出土的西汉女尸是两千多年前医药防腐上的奇迹。

马王堆一号汉墓的墓主是西汉长沙国丞相利仓的妻子，名叫辛追，死时约五十多岁。辛追身为诰命夫人，去世时又正逢"文景之治"的西汉盛世，因此她的墓葬极为豪华，随葬品非常丰富。

墓葬出土棺椁共四层，雕漆彩绘，非常精美。女尸保存完整，距今虽已有两千一百多年，仍然全身柔软，皮肤致密，呈浅黄褐色，大部分毛发仍在原位，身上软组织仍柔软而有弹性。尸身长154厘米，重34.3公斤。经研究发现，辛追生前患有冠心病、动脉硬化、胆结石和血吸虫病等多种疾病。

女尸保存如此完好，一个很重要的因素是隔绝空气。尸身裹衣被织物二十多层，再经严密捆扎，既能防止昆虫侵入产卵繁殖，又能隔绝空气，一定程度上延迟了尸体的腐败。棺木内外涂漆，胶漆封固，造成缺氧环境；深埋二十多米，减少了外界气候对它的影响。棺木四周有万斤木炭，可以防潮，木炭外用白膏泥封固，完全隔绝内外空气、水分的流通，防止了氧化反应的进行。

棺木内还有茶褐色的棺液，重约80公斤，内含乙醇、乙酸及其他有机酸。另外还含有大量硫化汞（即朱砂），具有抑酶和抑菌作用，既能防止尸体腐败，又能保持湿润。

此外湖北江陵凤凰山还出土了一具西汉男尸，下葬时间与辛追相差不远。尸体保存亦很完整，保存条件与女尸类似。有刺激性气味的绛红色棺液中亦含有朱砂等物，说明以上措施可能是西汉时期一种有意识的防腐处理。

两千年前的古尸能够如此完整地保存下来，在墓葬中是极为罕见的，反映了我国古代劳动人民在医药防腐方面的惊人成就。

◎为什么《灵枢》说"五脏有疾，当取之十二原"？

　　《灵枢》说："五脏有疾，当取之十二原。"此言是说，当五脏有疾患时，应取十二经的原穴刺之。原穴是脏腑原气输注和聚集的部位。马莳在《灵枢注证发微》中说："十二原穴出于四关，四关者，即手肘足膝之所，乃关节之所系也。"原，有本源之意，原气起源于肾脏，通过三焦布散于五脏六腑和十二经脉。十二经脉各有一个原穴，又名"十二原穴"。

　　这十二经原穴是：手太阴肺经——太渊（位于掌侧腕横纹上，桡动脉桡侧凹陷中，主治肺部疾病）；手阳明大肠经——合谷（位于一、二掌骨之间，约第二掌骨之中点，主治面口部疾病）；手厥阴心包经——大陵手少阳三焦经——阳池手少阴心经——神门（位于尺侧腕屈肌腱附着于腕骨的桡侧，掌后横纹上，主治神志病）；手太阳小肠经——腕骨；足太阴脾经——太白（位于第一跖趾关节后缘赤白肉际处，主治脾胃部疾病）；足阳明胃经——冲阳；足厥阴肝经——太冲（位于足背第一、二跖趾关节后方凹陷中，主治肝风内动所引起的头痛、眩晕等症）；足少阳胆经——丘墟；足少阴肾经——太溪（位于内踝后缘与跟腱内侧前缘之间凹陷处，主治肾虚头痛目眩）；足太阳膀胱经——京骨。由于原穴是脏腑原气输注、经过和留止的所在，因此刺激原穴可以调整其所属脏腑的功能活动，达到治疗疾病的目的。

◎为什么古人"谈蛊色变"?

　　世上总有一些可怕的事物，有些是自然界的，如虎，凶猛残暴，人们就"谈虎色变"；有些是社会现象，如苛政，孔子就曾言"苛政猛于虎"。这些事物的危害是显而易见的，还有一些事物始终披着神秘的面纱，让人更加畏惧，"蛊"就是其中之一。古人常谈"蛊"而色变。古人为什么会如此怕蛊呢？蛊是什么呢？蛊为两种，一种是巫蛊，一种是蛊毒。"巫蛊"是一种害人的巫术，其大致做法是用材料塑成敌人模型，然后用咒语或针刺等施之于模型之上，以伤害敌人，类似西方的黑巫术。古人相信用巫蛊之术可以暗中害人，并对此深信不疑。于是历代都有企图用此法害人的，甚至于将巫蛊用到政治斗争中。

　　西汉"巫蛊"之风甚盛，并由此引起震惊历史的大案，史称"巫蛊案"。据《汉书》记载，当武帝年老时，居甘泉宫患病，怀疑有人用巫蛊害他，并因此先后处死几百名后宫嫔妃及大臣。这时江充因为得罪过太子，怕汉武帝死后戾太子即位会杀自己，于是设计陷害太子，奏称汉武帝之疾是巫蛊作祟。汉武帝于是派江充为使者查治巫蛊。江充率领胡巫四处查找，到处挖施巫术的木偶人。当时为了巫蛊之事"坐而死者前后数

中华文化十万个为什么·

万人"，大多都是被陷害致死的。江充又说宫里有蛊气，要求查后宫。到太子宫果然查得施巫术的木偶人。戾太子知道江充陷害自己，于是发兵杀了江充，但却被认为是作乱，连同家属被害，皇后也因此自杀。此案成为西汉最大的冤案。因巫蛊一事，祸及太子、皇后，先后又有数万人因此而死。到了隋代，杨广也用这种方法诬陷他的弟弟蜀王秀，以谋夺权力。

蛊，《左传》言"皿虫为蛊"。《说文解字》云："蛊，腹中虫也。"其本义是器皿中的毒虫。商代就流行着养虫为蛊的做法。《诸病源候论·蛊毒病诸候》中记载："蛊毒有数种，都是变惑之气。有人故造作之，多取虫蛇之类，以器皿盛贮，任其自相啖食，惟有一独存者，即谓之为蛊。"它能变幻随着酒食害人。"患祸于他，则蛊主有利"，所以歹徒利用它害人。《三因极一病证方论》中也提到江南闽中山间人养蛊，其方法同上，也是"以害人，妄意要福，以图富贵，人或中之证状万端"。

据《肘后方》和《诸病源候论》记载，中蛊之后的症状是心腹切痛，如有物啮，吐血下血，败如烂肝等，而且如不加治疗的话益虫就尽食人五脏而令人死亡。历代的记载中都有谈到蛊的，以晋以后之书叙述的较多，大抵都是蛊主畜害人之类。人们对此都深信不疑，也十分畏惧，甚至汉代法令中也规定凡畜蛊及教人养蛊者都要处死。至明代医家记载蛊病也是称为畜蛊所致。

蛊病据今人考证大致是血吸虫病。畜蛊区域与多发蛊病的地区不相吻合，据其症状与发病特点应为血吸虫病。长沙马王堆汉墓出土的女尸中广泛存有血吸虫卵。彝族文献记载，对病蛊的鸡进行解剖，发现其肝多烂尽，从中见有"三颗米长"类似"小蛇样物"的虫体，应为血吸虫的成虫。至清末蛊病的真正原因还不清楚，而对于蛊的传闻却一直存在。神秘而可怕的"蛊"扑朔迷离，像一层无法看透的迷雾笼罩着先民，令人谈而色变。

◎为什么古人称唾液为"金津玉液"?

　　"白玉齿边有玉泉,涓涓育我度长年",这是古代养生家对唾液的赞誉。唾为津液所化,俗称口水。历代养生家十分重视它,誉之"琼浆"、"玉泉"、"金津玉液"、"甘露"、"华池之水"等。古人为什么如此重视唾液呢?中医认为"五脏化五液,心为汗,肺为涕,肝为泪,脾为涎,肾为唾,是为五液"(《素问·宣明五气篇》)。由此可知,唾液为脾肾所主,肾为先天之本,脾为后天之本,而脾肾功能的盛衰与人的健康长寿密切相关,故唾液在五液中具有特殊的意义。唾液可使五脏受益,强身健体,故曰"津既咽下,在心化血,在肝明目,在脾养神,在肺助气,在肾生精,自然百骸调畅,诸病不生"(《红炉点雪》)。在这一理论指导下,临床常根据口腔唾液盛衰判断患者体质强弱、疾病的性质及津液的存亡等。因此古人十分强调唾液不能随便丢失,时时注意其营养强壮作用,提示人们要珍惜唾液,故曰"勿咳唾,失肥液"(《养性延命录》)。

　　现代研究发现,唾液中含有分泌型免疫球蛋白、氨基酸、多种酶、多种维生素、唾液腺激素等物质。这些化学物质直接参与机体的各种代谢和发育生长过程,增强免疫能力,预防疾病。唾液腺素还具有抗衰老作用，促进细胞生长，加速细胞内脱氧核糖核酸和蛋白质的完成，有助消化，保护牙齿，解毒，促进伤口愈合等作用。

经常保持唾液分泌旺盛，就能延缓人体机能的衰退，故而历代养生家运用吞津养生法，每每收到"炼津化精，炼精化气，炼气化神"的效果，使人精神常留，气足神旺，容貌不枯，耳聪目明。正如古人所说："溉脏润身，宣通百脉，化养万神，肢节毛发，坚固长春。"

◎为什么医林又称为杏林?

"杏林"一词，源于"虎守杏林"的典故。据葛洪《神仙传》记载，三国时期，吴国有个民间医生董奉，字君异，原籍侯官（今福建省福州市），后还豫章（今江西省南昌市）庐山下居。董奉居山不种田，日为人治病，亦不取钱。重病愈者，使栽杏五株，轻者一株。如此数年，计得十万余株。乃使山中百禽群兽游戏于下，卒不生草，常如耘治也。后杏子大熟，董奉于林中作一草仓，并告诉人们，"欲买杏者，不须报奉，但将谷一器置仓中，即自往取一器杏去"。有一个投机取巧的人，置谷少而取杏多，林中群虎吼逐之，大怖，急挈杏走，路旁倾覆，至家量杏，一如谷多少。若有人去偷杏子，虎逐之到家，啮死。家人知其偷杏，乃送还奉，叩头谢过，董奉还会将他救活。董奉就这样每年用杏子换取稻谷，旋以赈济贫乏，接济来庐山旅行断了盘费的人。

"虎守杏林"的典故，一直被人们传为美谈，人们常用"杏林春暖"、"誉满杏林"等词来称颂那些医术精湛、医德高尚的医生，同时，"杏林"也成为医林的雅称。

◎为什么中医有"肝生于左、肺藏于右"之说？

"肝生于左、肺藏于右"是内经中一个重要的命题，出自于《素问》，原文是："藏有要害，不可不察，肝生于左、肺藏于右。"这种说法与现代人体解剖的脏器位置显然不同，由此导致了不少对中医的误解。

古人真的对肝与肺的解剖部位认识不清吗？《灵枢·九针》称："肺者，五脏六腑之盖也。"《灵枢·本藏》则说："肝大则逼胃迫咽，肝高则上支贲。"《灵枢·论勇》云："肝举而胆横。"可见内经中所言肺与肝的解剖部位，大致是符合现代认识的，而"肝生于左，肺藏于右"并非如我们望文所生之义，它所说明的一定不是解剖位置，应当另有所指。那么，"肝生于左，肺藏于右"指的又是什么呢？

我们说，任何一种思想与理论，都是有其特定的历史与文化背景的，要考查一种理论在古代的真实涵义，我们就必须进入古人当时的思考和观察角度，这样才能够拨去历史的层层迷雾，还一个命题的本来面目。

《素问·阴阳离合论》中说"圣人南面而立"，这应当是一种面南背北，左东右西，主客合一的体位。在这个位置上观察自然，则日月从东而生，向西而落，故左代表着东方，日月生，阳气发，代表着春天。《素问·六元正纪大论》说"春气始于左"，就是这个意思。而右则代表西方，日月落，阳气降，与秋天肃杀之气相关。《素问·阴阳应象大论》将这一思想总结为"左右者，阴阳之道路也"。从这段文字中，我们可以看出《内经》是以"肝生于左"来指代肝有生发向上之特性，而以"肺藏于右"来指代肺有收束顺降之功能，左右各代表了阳升阴降，阳发阴藏之义。张景岳所谓"肝木旺于东方而主发生，故其气生于左"。马莳亦云"肺象金，金主西方，故肺藏于右，虽其形为五脏之华盖，而其用则在于右也"。这两句话更加明确了"肝左肺右"功能模型的含义。这种模型的出现，与后天八卦的方位观有关。战国时代的《周易·说卦传》中就已有了上离下坎，左震右兑的观念。震在东，属木，主阳气上升；离在南，属火，主阳气升至极点；兑在西，属金，主阳气初降；坎在北，属水，主阳气降至极点又将上升。以此来模拟阳气生已复降，降已复生的循环与周流。

这些文字体现出一种中国文化特殊的叙述方式。它的奥妙在于往往强调言外之义的体悟，在这里语言和文字常常被认为是指向月亮的手指，而决不是月亮本身。我们借助于手指是为了看到月亮，而不可执著于手指。同样，"文以载道"，阅读文字是为了理解文字背后的深义，而不可停留在文字表层，一旦得其深意，文字和语言便是次一等的事情了。在中医的理论体系中，处处可以看到这种叙事说理的方式，例如，以日喻阳气，以月廓盈亏喻血气消长，以天藏地泻喻脏腑的功能，以物色晦明隐露喻气色善恶，以官职喻脏腑分工合作与主从关系，以物态喻脉象等等。这正是中医学所以重直觉，凭体悟的原因。

◎为什么说"神圣工巧"之说反映了中国传统文化的价值取向?

"神圣工巧"之说源于《难经·第六十一难》,是对中医望、闻、问、切四诊的一个层次划分,所谓"望而知之谓之神,闻而知之谓之圣,问而知之谓之工,切而知之谓之巧"。这种划分反映了中国古人思维准则、行为规范的一种价值取向,是中国文化积累、沉淀后在中医学中的一种延伸,是对中国人思维惯性的诠释。

这里的"神"是指掌握事物的玄妙之理,具有阴阳不测、非人力所及能力的神人;"圣"是指其知识博大精深、超越凡人;正如《孟子·尽心下》中所言:"充实而有光辉之谓大,大而化之之谓圣,圣而不可知之之谓神。"工者,只掌握某一类工作,巧者,擅长某种技巧。神圣之士是研究世界的本原,"形而上"的道;工巧之人是研究具体事物,"形而下"的器。所谓"形而上",即在形象之上,这里指规律的、共性的、抽象的、没有具体事物对应的概念,即所谓"形而上者谓之道";"形而下",即有形象的事物,所谓"形而下者谓之器"。古人认为只有掌握"形而上者之道"才是把握住世界的本原,获得终极真理,成为真正的大知识,而掌握"形而下者之器"是终极真理的支端末节，寻求这些只会使人妄生奇机淫巧，并不能获得真正的知识。老子说"为学日益，为道日损"（《道德经·四十八章》）就是这个意思。

中华民族的价值取向即重视"形而上之道"，轻视"形而下之器"。所以宋代大儒朱熹说："穷天地之理，明太极之道，而不存心于一草一木一器之用。"在古人的心目中真正的智者应当是达到一种心与天齐、性与万物和的心灵境界。中医"神圣工巧"的划分正是受中国文化这种价值取向的深刻影响。中医学是使用先秦哲学本体论所提供的方法论，建立与宇宙模型同构的"形而上"人体模型。在《黄帝内经》之前，由直接观察所得的医学资料，以大体解剖所能见到的实物性人体模型为核心，如五脏之中，"心"是一个象形字，它不仅表现出心脏的外形，也表现了心脏的内部结构，心房和心室在字形上明确可见；而肝脾肺肾等字，它们共有表意的"月"，就表明它们都是机体里看得见摸得着的实物性器官。自《黄帝内经》之后，人体模型开始走向"形而上"之路。其大致过程为：医学家使用当时的哲学本体论（即世界观）所提供的方法论，分析当时积累的医学知识，建立与宇宙模型同构的"形而上"人体模型。主要有阴阳模型、五行模型、三阴三阳模型等几个。如阴阳模型在《素问·阴阳应象大论》中清楚看到一个明显的从论天到论人，再分析现象、分析疾病、指导诊断、养生或针灸治疗的过程。由于历史条件限制，面对大量的人体生理病理等生命现象，中医学并没有走向现代医学深入器官水平以下寻求内在实物过程的道路；相反，在当时的文化背景下，它自然选择了通过把握外在现象共性与规律，从而认识万物的本质的道路。

　　以此为根据，衡量医生的标准也应与之吻合。只有对天道、医道理解透彻，通天地之理、晓阴阳之易、明生理之机、辨病理之变，把握人体阴阳不测之道，学贯古今，方可被称为"神医"。否则，只知道人体的解剖结构、生理病理，对其背后的深层次内涵不甚了解，也只能是"工巧"之医。这种对医生层次的划分是同中国人的价值取向一脉相承的。

◎为什么说帛画《导引图》是我国现存最早的医疗体操图？

导引是我国古代独具特色的一种医疗保健操和养生术，包括呼吸吐纳、肢体运动（如五禽戏、太极拳）等。现代的美容、按摩也属导引的范畴。孙思邈的《摄养枕中方》中记载："常以两手摩拭面上，令人有光泽，斑皱不生，行之五年，色如少女。"据说慈禧太后也常令人击双颊来进行美容。但导引图著流行于世的则极为少见，马王堆三号汉墓出土的《导引图》，被称为现存最早的医疗体操图。

马王堆三号汉墓的主人是西汉长沙国侯利苍的儿子，死时年仅30余岁。墓葬中发掘出大量方书、养生保健的著作。其中，帛画《导引图》，是一幅色彩绚丽的红蓝彩绘帛书，经复原后，图长约110厘米，高30厘米。图中描绘了40个不同年龄性别的人在做各种姿势，均为工笔彩绘的全身像。画中人都在凝神操练，形态逼真，服饰各异，栩栩如生。

人物姿态，大多因功法不同而异，多属古代气功中动功的形态。主要是立式导引和步式导引，动作间无相关性，可见帛画是汇集多种功法的综合图谱。

图中导引术有徒手运动，有器械操练。一幅题记为"以杖通阴阳"，画的是一蓝裙红袄红裤的女子，手持长棍，俯身弯腰，双臂利用长棍极力展开，使全身气血流畅，达到调和阴阳的目的。另外，其导引术中还包括了仿生保健气功、医疗导引气功和调息功法。如"螳螂"、"龙登"、"鹞背"等都是模仿动物形态以导引养生的。其中的"鸟伸"一幅，练功者向前弯腰，抬头伸颈，双手平展作鸟飞状，以锻炼腰背及颈部。这些仿生导引术到了东汉，经华佗归纳为"五禽戏"。

图中的医疗气功，内容更加丰富，能够治疗包括内、外、五官各科在内的多种疾病。如"折阴"，指治疗阴脉疾病的导引方法；"痛明"用以医治眼痛；"引聋"以防止耳聋等，均是非常珍贵的资料。

◎为什么说"肺为相傅之官"？

肺为相傅之官出自《素问·灵兰秘典论》："肺者，相傅之官，治节出焉。"相傅，古代官名，如宰相、相国。治节，治理调节。这句话是说：人体如同一个国家，肺如同国中宰相协助君王治理国家、协调政府各部门关系一样，治理和调节全身气血的运行，以及脏腑之间关系。"肺为相傅之官"可以从肺在人体中的正常位置、生理功能两个方面得到体现。肺同心同居于胸膈之上，如同宰相居于国家的京城一样，为庙堂之官，和君主之官——心位置很近，可随时同心相沟通，并辅助君主治理全身。

相傅之官，上可以辅佐天子，理阴阳、顺四时，下可以遵从世间万物之宜，外震抚四夷诸侯，内可以亲抚百姓，使卿大夫各尽其职，并负责全国"钱谷"的调动与分配。肺正同相傅之官一样，协调脏腑之间的关系，布散水谷精微。肺主气司呼吸，肺呼吸运动的有节奏地一呼一吸，可治理和调节全身的气机，即调节气的升降出入运动。正是这样才使脏腑经脉功能正常，所以说肺的呼吸运动的均匀和协调是气的生成与气机调畅的根本，也是机体功能活动正常的基础。李中梓说："肺主气，气调则听其节制，无所不治，故曰治节出焉。"（《内经知要·脏象》）正是由于肺有调节全身气机的功能与相傅协调百官的作用相类似，才说"肺为相傅之官"。

其次，相傅在君命之下，掌管着全国"钱谷"的收入与支出，使国家的财政取之有道，用之有方。在人体中肺正是通过它的宣发肃降功能，把仓廪之官——脾胃所转输的津液与水谷精微布散到全身的脏腑经脉、皮毛关节。同时还可以"朝百脉"而辅助君主之官——心，推动和调节血液的运行，使人体的气血津液代谢正常。这些功能可同相傅的工作相比附，所以说"肺为相傅之官"。

从中我们可以看出，中医将人体脏腑类比为社会中的官职，是"天人相参"的中医方法论的一种形式，把肺类比作相傅之官，既可以使肺的生理功能形象化，又可以使我们更加全面的理解肺的主要生理作用。这体现了古代医家的聪明和智慧。

◎为什么圣人"春夏养阳，秋冬养阴"？

《内经》当中一个非常重要的养生原则是"春夏养阳，秋冬养阴"，就是说春夏之时要注意养护人体的阳气，秋冬之季注重养护人体的阴气。然而世人都晓得春夏天气温热，人们避温就凉还嫌不及，怎么还要养阳，热上加热呢？秋冬天气寒凉，人们时时以避寒就温，怎么还要养阴，雪上加霜呢？

对此，《内经》的回答是："圣人春夏养阳，秋冬养阴，以从其根，与万物沉浮于生长之门。"就是说这种"春夏养阳，秋冬养阴"的原则，是顺应自然界万物生长变化的规律，是把人体的生长变化纳入自然规律之中，"与万物沉浮于生长之门"。

举例说，我们人体也是一自然之物，春天是万物复苏，阳气生发之时，人体的阳气也须生发。为了使人体阳气及时地生发起来，我们要有意识地温养体内的阳气，使其与自然之气同步。因此圣人春夏要养阳。同理秋冬之时，天气寒冷，万物沉藏，人体也要沉藏，因此要注意养护人体的阴气。

由此可知，古人从自身的体验中已经感悟到，我们人体也和大自然一样存在着"春夏秋冬，生长收藏"的节律；我们人类也是从大自然中走出的一个高级自然之物。如果违背这个原则，那么就是"逆其根，伐其本，坏其真"。故曰"智者之养生，必顺四时而适寒暑"。那么我们怎样做到"春夏养阳，秋冬养阴"呢？古人总结了一套具体的方法。

春季，是一年的首季，微风和煦，万物复苏，天地间蕴发着一种"生"的气机。故"春三月，此为发陈，天地具生，万物以荣"（《素问·四气调神大论》）。为了适应这种自然春生之机，人们在行动、起居方面应当"夜卧早起，广步于庭"，还要"披发缓形，以使志生"。就是说为了适应这种春生之机，我们除了增加活动，增加身体的生机之外，还要使我们从思想上真正形成一种"生"的观念，"以使志生"，这种思想观念具体表现为"生而勿杀，予而勿夺，赏而勿伐"。只有这样我们才真正做到"春气之应"，才真正掌握了"养生"（春生夏长的生）之道。

夏季将如何呢？《内经》曰："夏三月，此谓蕃秀，天地气交，万物华实。"人体此时要"夜卧早起，无厌于日"，在精神上要"使志无怒"，在形体上要"使华英成秀"（使形体容貌秀美），在气机方面要"使气得泄"（使腠理疏通，气机疏泄），就是说要使人从形体到思想意识都有一种夏的情态，这样才做到了与"夏气相应"，才是"养长之道"。

秋季怎样呢？秋季要求我们"使志安宁，以缓秋刑，收敛神气，使秋气平，无外其志，使肺气清"。这就是养"收"之道。

冬时，天寒地冻，"此为闭藏"，人体要"无扰乎阳"，"早卧晚起，必待日光"。如果要使人的形体闭藏，精神情志也必须闭藏，这就要"使志若伏若匿，若有私意，若已有得"

（思想情志内收），形体上要"去寒就温"，气机上要"无泄皮肤，使气亟夺"。这样才是"冬气之应，养藏之道"。

因此《内经》曰："夫四时阴阳者，万物之根本也，所以圣人春夏养阳，秋冬养阴，以从其根，故与万物沉浮于生长之门。""阴阳四时者，万物之终始也，死生之本也.逆之则灾害生，从之则苛疾不起，是谓得道"。

◎为什么中医认为精神思维分属五脏？

西医学认为大脑是负责思维活动的主要器官。中医学却认为心主"神明"，心掌管着人的意识思维活动，同时并不独揽大权，而是和其他四脏实行"民主集中制"，五脏各有自己主宰的精神思维活动，统摄于心。《素问·宣明五气论》中说："五脏所藏，心藏神；肺藏魄；肝藏魂；脾藏意；肾藏志。"这就是中医著名的"五神脏"理论。

要说明为什么神、魂、魄、意、志分属五脏，首先应明确它们的具体含义指的是什么。《灵枢·本神》篇对五种情志活动进行了一个总体的概括："两精相搏谓之神，随神往来谓之魂，并精出入谓之魄，所以任物谓之心，心有所记谓之意，意之所存谓之志。"神是指思维活动，主要是分析思考活动，是聪明才智的发源地，父母先天之精结合就可以产生"神"。它代表着人的生命机能、活动。

在古代先民的头脑中魂、魄都是人体中的精灵，是精神活动所派生出的意识活动。如果精神离开机体独立存在，就叫做"魂"，所以有"三魂出窍"这句成语，在民间有"叫魂"的民俗活动。梦游、梦语、幻觉等为魂所主，古人认为这些是精神离开机体的表现，我们常说的"魂牵梦绕"也是基于这一点。依附于机体而存在谓之"魄",正如《左传注疏》所言:"附气之神为魂,……附形之神为魄。"听觉、视觉、肢体活动感觉属于魄。志和意也是两种不同的精神活动,心中有所纪念而留下印象,叫做"意",指想念、记忆等;把记忆和思维能够集中起来,并形成认识变成决心,叫做"志"。以上是神、魂、魄、意、志的具体含义。神、魂、魄、意、志这五种精神活动是虚无缥缈的,必须与物质基础相互依存。只有提供一定的依附条件,五种精神活动才能工作正常,正如《灵枢·本神》所讲:"肝藏血,血舍魂,……脾藏营,营舍意,……心藏脉,脉舍神,……肺藏气,气摄魄,……肾藏精,精舍志。"魂与血、魄与气……精与志的关系,就如同居民与房屋一样,不同的生活习惯、脾气秉性要求居住的房屋风格不同。神、魂、魄、意、志这五种精神活动的性质不同,要求依附的物质基础也不同,正因如此,五种精神活动分别居于肝、心、脾、肺、肾五脏。

另外,如果房屋出现了问题,居民居住就不会安稳,同样,五种精神活动所居脏腑功能失常,精神活动也随之异常。例如:魂分属于肝,如肝不藏血,人体之魂得不到肝血的充分濡养,就会出现"魂不守舍"的症状,表现为失眠多梦、精神恍惚。如果肺气不足,就会发生少气懒言,神疲乏力等症状,成为一个"落魄之人",原来肺气充足时"魄力十足""气魄恢弘"的劲也荡然无存了。

总之,人体神、魂、魄、意、志这五种精神思维功能不同,它们发挥作用时需要一定的物质条件,五脏可以分别提供各自所需的条件,所以,中医认为精神思维分属五脏。

◎为什么马王堆医书中云"去谷者食石韦"？

却谷食气，又称辟谷食气，常常被认为是气功中出现的一种状态，即不吃任何食物，只饮水或吃水果就能生存。其实这种说法是不全面的，却谷食气是一种古老的养生方法，而且也不是不吃食物。马王堆帛医书《却谷食气》篇的出土，更加证实了这一点。

却谷食气，是我国秦汉至魏晋时期盛行的一种养生方法，包括却谷与食气两部分。却谷又称辟谷、绝谷、断谷、却粒、休粮；食气又叫行气、服气、吐纳。两种方法并不是完全结合的，有些却谷的养生家并不一定食气，食气者也不一定却谷，但二者相结合则会取得更好的养生效果。如葛洪的《抱朴子》中云："服药辟谷，虽为长生之方，若能兼行气，其效益速。"这也说明，那时的辟谷者是要服药的。《却谷食气》篇则明确指出"去（却）谷者食石韦"，是指却谷之人，当服食石韦。

石韦是一种中草药。它有什么作用呢？《本草纲目》石韦条下载："主治劳热邪气，五癃闭不通……补五劳，安五脏，去恶风，益精气。"说明石韦具有利尿通淋的作用，同时也有补益之功。《抱朴子》中云，石韦服之"足可以断五谷"。由此可见，石韦是一种具有补益作用的辟谷仙药。

却谷者在食石韦的同时还要配合食质，"朔日食质，日驾（加）一节，旬五而止……与月进退"（《却谷食气》）。意思是说辟谷者还要随日月的盈亏而食质。质是指什么呢？它是指一年十二个月，每个月所主食物。《周礼》有"春三月以酸为质，夏三月以苦为质……"之说。《礼记·月令》谓"春三月宜食麦与羊，夏三月宜食菽与鸡"等等，可知食质即食用该月所主食物。由此可见，却谷并不是不吃东西，而仅仅是不吃常用的习惯膳食而已。却谷时还要服用许多代用品。

秦汉以前的养生家辟谷时多选用水果或含油丰富的种子。秦汉以后，五谷也在选用之列。如王桢的《农书》中记载晋惠帝时，侍郎刘景先遇太白山隐士，传济饥辟谷仙方，方中即以大豆、大麻子蒸过晒干，捣末服之，而不食他物。大豆、大麻子都属五谷之列。五谷之中，胡麻亦是辟谷仙药。《本草纲目》记载："胡麻为仙药……刘、阮入天台，遇仙女，食胡麻饭，亦以胡麻同米做饭，为仙家食品焉耳。"现代研究认为，大豆、大麻子、胡麻的营养价值均极高。大豆蛋白含量高达40%以上，并含有多种氨基酸和维生素。胡麻和大麻子含植物油60%以上，并含有保持青春、延缓衰老的维生素E等成分，是现代人喜爱的保健食品。可见古代的养生家们把这些食物作为辟谷服食之品，是很有道理的。也可看出，辟谷的谷，指的并非是五谷，而是包括肉类在内的习惯膳食。

秦汉时期，上层人士被称为"血食之君"，日常膳食以酒肉为主，很多文献都有记载，如"膳用六牲"（《周礼》），

《论语》中提到孔子的膳食"鱼馁而肉败不食"，"脍不厌其细"，谷类食物则很少提到。而过多食用肉类则可化火生热，导致病生于内，给人体健康带来危害，所以养生家欲在饮食上返本归真。孙思邈订立的营养食谱便是果蔬谷米为先，禽肉虫鱼为末。可以说，辟谷养生是我国早期素食主义的反映，以五谷配合药用植物组成的新结构食谱，对食疗食谱的形成亦有很大影响。

另外，当时也有一些以减食、间断性饥饿为辟谷方式的养生家。这种做法也有其合理性，让机体进行有规律的休息和净化，对健康也是有益的。

◎为什么说针灸治疗有"粗守形，上守神"之说？

针灸的神奇功效，举世皆知。然而不是所有医生都能发挥起其神效，因而有粗工与上工之分。两者有何不同呢？《灵枢·九针十二原》云："粗守形，上守神。"

"守形"为只拘泥于局部之病变、皮肉筋骨的形迹进行针灸取穴治疗；"守神"所守为对人体的整体全面状态的把握，随人体整体虚、实、盛、衰变化掌握针刺补泻调节之法。如一个患者主要症状为耳鸣、耳聋，粗工为之，则只取听宫、耳门几个局部穴位针刺，不知其他；守神之治，就要诊察患者为肾虚之症还是痰火之症，依症调节，使人体达到健康状态。

不仅是针刺治疗如此，事实上中医的诊断治疗都贯彻"粗守形，上守神"这一观念。对患者的诊察也是四诊合参，综合把握其状态，而非拘局部形态之变化。如诊脉，虽然脉的具体脉形及脉的搏动频率应当诊察，但是"贵在察神，不在察形"，更重要的是从脉之整体状态，断其虚实。若徒守形态，则变化万千，难以明了，如坠雾中，疲于奔命，而不知虚实之理。只有明了整体的神才能把握关键所在。医家所应注意的是人体的整体状态，不可仅守一病而已，须知"见病医病，医家大忌"。只见疾病，而不见人，不知用整体调理治疗使患者达到良好的状态者，难收良效。治疗之时不应仅局于形，而是应注意整体配合，所重视的不是疾病，而是患者这个"人"，注重人的精神状态与形体之虚实，合而调之。当整个神调节好，人的本身抗病能力也就调动起来了，疾病自然就消除。所谓"得神者昌，失神者亡"，神才是生死存亡的关键。而头痛医头，脚病医脚者，所治必为末节。不知以根本调理，必是旧病不已，新病又起，而不知所因。

在状态医学兴起的今天，现代医学已注意到对人体状态的调整才是治疗之关键。而"粗守形，上守神"正是具有明显状态医学特征的中医诊疗观，也是中医特色之一。

◎为什么有"医不三世，不服其药"之说？

"医不三世，不服其药"，语出自《礼记·曲礼下》。如何理解"三世"一词，引起历代医家的纷争，且均论证充分。

一说是以父子三世相传释之。"医必父而子，子而孙，如是则其业精，始服其药。若传至曾、玄，更为名医矣。"此论一出，立即引来众多驳斥之词。《橘旁杂著》中言："其间贤者不待言，其不肖者奈何？因其世业而安心服其药，设为所误，生死攸关，虽愚者不为也。况医道通乎仙道，远数十百年，偶出一豪杰之士，聪明好学，贯微彻幽，然其上世并非医者，舍是人而必求所谓三世者，有是理乎？"语言犀利，一语中的，令人深思。

一说是以为三世为三世之书。"汉儒谓《神农本草》、《黄帝素问》、《玄女脉诀》为三世医书，必尽读之，方为有本之学，非言祖孙相传之三世也。"

宋景濂云："古之医师，必通于三世之书。所谓三世者，一曰《针灸》，二曰《神农本草》，三曰《素女脉诀》。脉诀所以察证，本草所以辨药，针灸所以祛疾。非是三者，不可以言医。"（《赠医师葛某序》）

"医不三世，不服其药"，实际上是病家择医的一种心理习惯，是对经验之医的信任。更有"三折肱知为良医"、"九折臂而成医"之说，因此，病家对世医尤为推崇。但是任何事情都不是绝对的，正如阴阳二极可以互相转换，如果过分追求世医，就会走向极端。更何况"古之豪杰自振者，不能悉举，若李东垣、朱丹溪、滑伯仁辈，皆非世传，而精选方术，屡起危殆，著书立言，为后世楷模，初不闻其父子相传也。是知医在读书，不在三世矣"。

◎为什么说"至人无梦"?

　　梦，是一种奇妙神秘飘渺而奇幻的生理现象，它本身就象征着不可思议。人类一生中三分之一的时间是在睡眠中度过。自古以来，人们非常重视梦，因美梦而喜，因噩梦而忧，原始部落的人们还起舞驱逐噩梦。而在梦醒之后，有些人还回忆梦境并为其奇异而疑惑，于是以解释梦兆为业的人纷纭而出，甚至古时还设有占梦的官员。甚至梦也是一种文化现象，古往今来与梦相关的事件载之与史册，记之于书简，众口传诵。襄王于高唐梦巫山神女，朝为行云暮为雨；孔子梦会周公；李白梦笔生花；陆游"铁马冰河入梦来"；门捷列夫受梦境启发绘制出元素周期表；庄子梦化蝴蝶……千古之下，谁人无梦？但正是那"晓梦迷蝴蝶"的庄生却在《大宗师》中说："古之真人，其寝不梦。"而二千年之后的大医家张景岳也在其巨著《类经》中言："至人无梦。"

　　为何这两大家有无梦之说呢？还是先从梦如何产生谈起吧。中医将睡眠与觉醒归结为阴阳之间的作用，认为阳气入于阴分，人就进入睡眠；当阳气出于阴分，人就从睡眠中醒来。阳进入阴分之后，当阴阳处于相对稳定之时，人就处于少梦的熟睡之中；当阴阳不相平衡，相互对抗、争斗的时候，就会出现梦境，并且这种阴阳的不平衡就会反映到梦中，"阴气盛则梦大水恐惧；阳气盛则梦大火燔灼；阴阳俱盛，则梦相杀毁伤"。

神与魂的作用也是形成梦境的原因。神是人的精神情志、心理活动的总概括。当神受外界影响或不安而躁动之时，就会产生梦。魂，是神的活动的一部分，所谓"随神出入谓之魂"。当魂离神而单独活动的时候就会出现梦幻，而梦游也被归结为与魂的活动有关，"魂魄飞扬，使人卧不安而喜梦"。

另外，外邪侵袭以及人体本身的生理病理反应也是梦形成的因素。当病邪侵袭人体某一部分时，人就产生相应的梦境，如邪气侵袭心"则梦丘山烟火"，侵袭肺"则梦飞扬，见金铁奇物"。而人体各脏腑各部位出现有余和不足的变化时，梦境也会有相应的变化："上盛则梦飞，下盛则梦坠……脾气虚，则梦饮食不足"，甚至体内寄生虫的活动也会反映到梦中——"短虫多则梦聚众，长虫多则梦相击毁伤"。人体的生理表现也可产生梦境，"盛饥则梦取，甚饱则梦予"。

还有一个非常重要的产生梦的因素，就是七情：喜、怒、惊、恐、忧、悲、思。早在《周礼·春官》中就归纳出正梦、寤梦、噩梦、思梦、喜梦、惧梦。其中，喜梦与惧梦，是按梦中的感情色彩划分的；思梦指因思成梦；寤梦相当于白日梦或幻觉；正梦与噩梦，是从梦的正常与否和吉凶划分的。除正梦与寤梦外都与七情有关。七情过度必反映到梦境之中，悲则梦哭泣，喜则梦笑。人常说：日有所思，夜有所梦。确实如此，人有所思所忧之事，必形之于梦境之中，而且七情越是过激，人的梦就越多。

庄子、张景岳所言之真人、至人，是理想状态下的人。庄子所言的真人，"入水不濡，入火不热"，"其觉无忧"，心中没有一点忧愁思虑，恬淡虚无。张景岳所言之至人，能心同造化，外物不能影响他的心神。至人、真人是非常健康的，五脏调和，阴阳平衡，外邪不能侵，内邪无以生，自然恬然无梦。至人无梦实际是理想化的人体状态，甚至是经修炼后的至高境界。一般人还是有梦的，甚至孔子、庄子这样被称为"至圣先师"、"真人"者也是有梦的。只有调理好自己的身心健康，才能达到安和恬静的优质睡眠状态。

从以上关于至人无梦的解释，不难看出中医的释梦不同于西方弗洛伊德对于梦的解释。弗洛伊德将梦大都归于潜意识，都是人们心底深处被压抑的欲望的反映。而中医之释梦根于人体的生理病理的变化，虽未出现弗洛伊德的《梦的解析》这样的专著，但从《内经》而下，中医对梦的解释研究颇多，成绩斐然。从人的生理病理来释梦，尤其从人体阴阳的偏盛偏衰及病邪所侵袭的部位而引起梦境的反应来释梦，对于疾病的诊断治疗及调节人的身心状态有很大的实际意义。从这里也可以反映出中医释梦之独特和优势。发挥中医传统的以病释梦，进一步治病治梦调节身心，必将使大众梦魇不起，心平无梦。

◎为什么中医理论中"神"多而且涵义广？

中医学谈"神"的地方非常多。但这"神"不是指文化传说和封建迷信的神仙，而是中医学的一种专业术语。然而这术语的规定性不太强，致使"神"的用法太多，造成我们经常要根据上下文的涵义来理解此"神"的意思及与彼"神"的区别。

如《内经》曰："望而知之，谓之神。"这"神"指的是医术极高明的医生，类似我们经常赞誉的"神医"。

又如："神者，正气也。"（《灵枢·小针解》）这当然是指人体的正气。再如"得神者昌，失神者亡"。这"神"是指病人的形色脉息正常与异常，正常则昌，失常则亡。

至于"心者，君主之官也，神明出焉"。这"神"指的又是思想智慧、精神活动。

对于神，最令人难以理解就是"以神会神"了。清代医家石寿棠曰："经曰：望而知之，谓之神。既称之神，必能以我之神，会彼之神……人之神气，在有意无意之间流露最真，医者清心凝神，一会即觉，不宜过泥，泥则私意一起，医者于病者神气相混，反觉疑似，难于捉摸，此又以神会神之妙理也。"这里的"以我之神，会彼之神"则类似一种直觉、体验的思维方式了。

◎为什么说"仁者寿"?

哀公问孔子:"智者寿乎?仁者寿乎?"孔子肯定地回答:仁者、智者都能多寿。孔子以"仁者寿"阐述了道德修养与寿命的关系,其强调"修身以道,修道以仁","大德必得其寿"。可见,孔子以德行为立身之首务,以"仁"为致寿之道、养生之根基。

养德,中医称为养性,在古代不单是儒家的摄生原则,而且道家、法家、医家等都把养德列为摄生的首务。古代医家及养生家都十分强调"养生莫若养性,养性莫若养德"。"有德则乐,乐则久远"。故唐代医家孙思邈曰:"德行不克,纵服玉液金丹,不能延寿。"古人认为养德与养生不可分开,只有二者统一方能"跻仁寿之域"。故曰:"君子心悟躬行,则养德、养生兼得之矣。"(《遵生八笺》)在历史上,许多著名医家,如华佗、孙思邈、叶天士等,一生修身洁行,医德高尚,妙手回春,解除病苦,不仅救死扶伤,而且济困扶贫,被世人称之为"善人",因而他们得以长寿。从对我国长寿的老人调查中也发现,绝大多数长寿的人都有一颗慈善的心,一生爱做好事,助人为乐。所谓"合于道,所以能百岁而动作不衰者,以其德全不危也"。

那么为什么养德能使人长寿呢？《内经》曰："内无思想之患，以恬愉为务，以自得为功，形体不敝，精神不散，亦可以度百数。"它指出了讲道德，重仁义，不谋私利，不患得失，有利于心神安定，气血调和，使人体的生理活动按照正常的规律进行，因而精神饱满，形体健壮，可以长命百岁。故曰："仁者内不伤性，外不伤物，上不违天，下不违人，处正居中，形神以和，故咎征不至，而休嘉集之，寿之术也。"（《申鉴·俗嫌》）仁者长寿，在于他们适应并遵循自身和自然及社会的客观规律，使自己形体和心神时时处于和谐的状态，"外无贪而内清净，心和平而不伤中正，取天地之美以养身"（《春秋繁露》）。人的生理和心理都健全，即所谓"富润屋，德润身，心广体胖"。

修性养德，要具有正人君子的博大宽广的胸怀，要培养浩然之气，宽宏大度，襟怀坦白，不为小事争执，不被冗杂烦恼。现代研究认为，人既是一个有内在规律的生物体，更是一个具有复杂心理活动的社会成员，一个人道德伦理观念对其心理状态必然会产生重大影响。只要保持良好的心态，心地宽广，就能达到"君子坦荡"。对待社会、他人、工作、困难挫折，总有一个正确的态度，舍己为人。助人为乐，克己奉公，养成了健康、高尚的生活情趣，从而获得了巨大的精神满足，因而身体健康长寿。故曰"执道者德合，德合者形合，形合者神合"。

"仁者，爱人"。爱人者，人恒爱之。一个既受家庭爱戴，又受社会爱戴的人，既无外困，又无内忧，心底坦然，旷达乐观，志意舒畅。心平则神安，神安则康泰，故"仁者寿"。

◎为什么马王堆帛医书使经络学说又起争议?

 提起经络,人们自然会想到遍布全身的十二经脉、奇经八脉以及经络所属的穴位。经脉和腧穴二者是统一的整体,无论是在理论上还是治疗实践上都不能把它们分开。然而马王堆汉墓出土的几部帛医书中却只记载有经脉而没有腧穴,这就使经络学说的起源问题又起争议。马王堆帛医书中属于经脉和诊断学的著作有四种,以秦代的小篆体抄写在同一张帛上。其中与经脉有关的有《足臂十一脉灸经》和《阴阳十一脉灸经》两部,分别记载了人体十一条经脉的脉名、循行路线、疾病症候和治疗法则,独没有穴位的任何记载。

 关于经络系统,《黄帝内经》有其最早、也较全面的论述。其经络腧穴纵横交错,内而脏腑,外而皮毛,将人体联成一个有机的整体,使经络理论一开始就以完整的面貌呈现在书中。因此历代医家都把《黄帝内经》视为经络学说的源头。而马王堆医书的出土为《黄帝内经》找到了源头,被认为是经络体系形成之前的一批早期经络学原始资料。

 对于经络的起源,长期以来人们认同一种观点:"由点到线",即先发现穴位,再由相邻穴位联结起来,从而发现经络。马王堆医书这批只有经脉没有穴位的新资料否定了这种说法。据此，学术界又提出了"由线到点"和"点线并存"的说法。

由线到点，即先发现整体的经脉，再陆续发现分布在经脉上的穴位。点线并存说则认为经脉和穴位的发现是各自独立、互不依赖的。这二者都可以解释马王堆医书中只有经脉没有穴位的问题，而第二种观点似乎更合理。因为它不仅说明了马王堆医书的问题，还揭示了《黄帝内经》中的问题。《黄帝内经》中虽然既有经脉又有穴位，但二者是分开的。《灵枢·经脉》篇所属十二经脉同样没有任何穴位，所有穴位都是在《内经》的其他篇章出现的。

无论是由线到点，还是点线并存，二者都只是假说。但马王堆医书的出土给人们提供了新资料，为探讨经络学说的起源起到了不可低估的作用。

◎古人为什么把精、气、神誉为"人身三宝"?

"天有三宝,日、月、星;人有三宝,精、气、神。"精气神被视为"人身三宝",足见对人生的重要意义。那么,古人为何把精气神看得如此重要呢?

精是生命的根源,古代先哲认为生命及宇宙万事万物是由"精气"产生的,明确指出精气是宇宙万物之根本,是一切物质现象与精神现象的本源。《内经》将哲学观念引申,并赋予医学上意义,把精看成是生命的物质基础,认为是构成人体,促进人体生长发育的基本物质。"人始生,先成精,精成而脑髓生,……"(《灵枢·经脉篇》)。中医认为"精"是生命的根本,是人成长,发育,衰老的关键,"精者,身之本也"。古代医家非常重视"阴精"对生命活动的影响。如若阴精不足,则人体衰老,生殖能力下降,神志失聪,诸窍不利。明代医家张景岳高度评价阴精在生命中的重要作用,"精不可竭,竭则真散。盖精能生气,气能生神,营卫一身,莫大乎此。故善养生者,必宝其精,精盈则气盛,气盛则神全,神全则身健,身健则少病,神气坚强,老而益壮,皆本乎精也"。说明阴精是人始生的基础,生命活动的根本,人体寿夭的关键。

气是生命活动的根本及能量动力。古代哲学家认为，气是构成物质世界的最基本元素，既是一种极其细微的物质，又是一种活力很强并不断运动着的物质，存在于宇宙之中，故"通天下一气耳"（《庄子·知北游》）。宇宙间一切事物都是由气运动变化产生的，人也不例外。"人以天地之气生"，"天地合气，命之曰人"（《素问·宝命全形论》）。

气既是流动的细微物质，又是一种功能。这种气有生命力，在人体生命过程中转化为脏腑组织功能活动的能量。人身之气，有精气、真气、宗气、营气、卫气、脏气、经气等种种不同。但以真气、精气至关重要。历代医家十分重视真气与人体健康的关系，认为调摄真气，使之充盛，可以尽终其天年，"真气者所受于天，与谷气并充身也"。真气是由自然界的清气与人体内的水谷之气结合而成，其功充养身体。因此，养气者，须当先调饮食，使生气有源。神，是生命的主宰，是人体生命活动和精神活动的总称。神既来源于先天之精气，又靠后天精气滋养，故张志聪曰"本于先天所生之精，后天水谷之精而成此神"。神以物质为基础而不能脱离形体独立存在，神附形而存，形为"神明之宅"。"形神合一"构成了人的生命，故曰："形者生之合，气者生之充，神者生之制也。"（《淮南子·原道训》）可见，在人的生命中，神占有着十分重要的地位。

人体五脏六腑各有其职能分工，但它们之间必须相互协调，"不得相失"，方能保障人体的正常生理状态，否则脏腑机能紊乱，气化失常，百病随生。那么，主导这个重要调节作用的就是"神"，神藏于"君主之官——心"，故曰："主明则下安，……主不明则十二官危。"可见，神健则机体各脏腑气化功能正常，营卫气血调和，因而正气旺盛，抗病力强，不易发病，故曰"神者，正气也"。

由上可知，人的生命物质基础在于精，生命的维持赖于气，生命的现象表现于神。精气神三位一体，相互资生，是人体生命的关键，故曰："人之气血精神者，所以奉生而周于性命也。"

◎为什么《内经》讲"诊有三常，必问贵贱，封君败伤，及欲侯王"？

　　《素问·疏五过论》中提出"诊有三常，必问贵贱，封君败伤，及欲侯王"。其中"三常"是指贵贱、贫富、苦乐而言。"封君败伤"指有封邑的贵族被贬，失去封地。也就是在诊查病人时，问诊要问病人的地位、生活条件及经历中是否有"封君败伤，及欲侯王"之类的事情。现代医学的一般问诊，只是问自觉症状、既往史、家族史之类的问题，古人为何要强调询问这些问题呢？

　　古人要求为医者"上知天文，下知地理，中晓人事"。"人事"就是社会。《内经》中提出了要结合人事诊治疾病的观点。

　　人与社会的关系密切，生理病理特点都与其社会背景有关。社会地位不同所感受的疾病也自然不同。劳苦大众，因多体力劳动，居住饮食较差，多外感疾病；"王公大人，血食之君"由于多食"膏粱厚味"，并骄奢淫逸，多患中风、消渴、痈疽、虚损这一类的疾病。由于其地位不同，生活环境不同，身体耐受力不同，对于两类人的治疗方法也不同。给"筋骨强健，肌肤粗糙"的"布衣匹夫之士"可以用火针，并留针深刺，而对于"身体素脆，肌肉软弱，血气悍滑利"的"王公大人"则要浅刺速拔针，不可用火针，要用热敷。《红楼梦》中施之于贾府晴雯身上为"虎狼之药"的药剂,若施之于筋骨强硬的"布衣匹夫"则是很见效的良药了。

在纷繁复杂的社会中,昔日之公侯君王一呼百诺,今日可能就一败涂地!从前的富翁万贯家财,今时可能一文不名。"得之若惊,失之若惊",如此巨大的落差,沉重的打击,不仅物质已不能如往日之穷奢极欲,精神也受到严重的创伤。这时候,身心俱损,精神上的创伤还甚于肉体,正如"封君败伤"之类,难免不病。《内经》中"失精"、"脱营"二病正是由此而发作的:"尝贵后贱,虽不中邪,病从内生,名曰脱营;尝富后贫,名曰失精。"骤然的社会地位的变化往往使人身心难以适应,暴苦暴乐,都会损伤人体,如范进中举,因狂喜而疯癫。《内经》中记叙"故贵脱势"和"始富后贫",虽然未受病邪侵袭但精神于内已伤,必然重病缠身。《外科正宗》所记之"失荣症"便是"先得后失,始富终贫"而患,其症状类似于体表的恶性肿瘤,经治疗后,若能淡泊于荣势方有病愈的可能,否则不治。对于"失精、"脱营"这一类病人,医生若不了解病因诊察时就觉得病不在脏腑,不改变躯形,"诊之而疑,不知病名",只见到病人身体一天天地虚弱下去,束手无策,甚至死亡。因此,为医者于此怎能不问?须知其致病之源,方可医治,将心理疏导与药物同时施用方能奏效。中医强调社会因素对人的影响,重视由于社会环境不同而造成的体质及疾病不同,从人类社会及宇宙自然的角度观察人类疾病,眼界广阔。这种社会——生物——心理模式,较之单纯从生物学角度考虑人类疾病有非常明显的优势。这也反映了中国文化的精髓,即:自然、社会、人三者合一的思维。

◎为什么说王叔和是对中医脉学贡献最为卓著的医学家？

王叔和，名熙，字叔和，约生活于东汉灵帝光和三年（180年）至西晋泰始六年（270年）之间，魏、晋时代山阳高平（今山东微山、邹县一带，有说山西高平县）人，曹魏时任太医令。脉学作为中医学的重要组成部分，源远流长。自今朝上溯到春秋、战国时代，脉学诸家及脉书甚多，然能称得上对中医脉学贡献最为卓著者，当推王叔和了。

《周礼》中已有关于切脉诊病的记载，扁鹊作为脉学的鼻祖也有脉书问世，《内经》、《难经》中更有脉学内容，张仲景、华佗之书同样不乏脉学的论述。但历史上这些有关脉学的资料零乱而不统一，离系统性相去甚远。如《内经》取脉的"遍诊法"，既切头，又切手，还要切足，很繁琐；仲景脉法，切脉取人迎、寸口、跗阳三处，仍不算简捷；《难经》虽然独取寸口部位了，但并没规范化。王叔和对晋以前的脉学加以全面总结，结合自己临症诊脉经验，撰成《脉经》10卷，凡97篇，共10万多字。

《脉经》是中医史上现存最早的脉学专著。该书使脉学理论与诊脉方法系统化、规范化。

首先，《脉经》改进了晋以前的脉法。《脉经》采纳了《难经》独取寸口的原则，并在此基础上系统地规范为"三部九候"诊脉法。其将寸口部位分为寸、关、尺三部，每部又各取浮、中、沉三种脉象，并作了诊断定位，即规定：左手寸口的寸部主病心与小肠，关部主病肝与胆，尺部主病肾与膀胱；右手寸口的寸部主病肺与大肠，关部主病脾与胃，尺部主病肾与膀胱。应当说，王叔和在《脉经》中阐述的脉法，大大提高了脉诊的准确性；但大、小肠的病变均反映在尺部，而不在寸部，后世修正了《脉经》的这点错误。

其次，《脉经》确立了脉、症、治三者的统一观。王叔和在《脉经》中不是孤立地阐述脉理，而是结合临症的生理、病理反映，分析脉象，辨别症候，确立治则。因之，该书所述的脉理，更有临症指导价值。

最后，《脉经》科学地归纳出24种脉象，并逐一予以描述，还把相似脉作了排列和比较。《脉经》中所述的脉象，基本上反馈出人体脉搏的速率、节律、强弱及血管壁的弹力性状。

王叔和的《脉经》集晋以前脉学之大成，为晋以后的中医脉学发展奠定了基础。晋以后的历代医家均对王叔和的《脉经》赞誉有加，如明代缪希雍即言它是"医门之龟鉴，百世之准绳"。《脉经》先后传往日本、朝鲜、阿拉伯及欧洲等地，并译成英、法等文字刊行于欧洲。王叔和以其《脉经》这部脉学上承前启后、影响中外之作，使之成为对中医脉学贡献最为卓著的医学家而彪炳千秋。

◎为什么说《针灸甲乙经》是最早的系统性针灸学著作?

我国从晋代开始有了系统性针灸学著作,这就是皇甫谧的《针灸甲乙经》,又称《黄帝三部针灸甲乙经》,简称《甲乙经》。

皇甫谧(214—282),幼名静,字士安,自号玄晏先生。安定郡朝那(今甘肃省灵台县)人。幼时家境贫寒,一边耕作一边读书,博通诸子百家之言,性情沉静,以著述为务。一生著述甚丰,有《帝王世纪》、《高士传》、《逸士传》、《烈女传》、《玄晏春秋》等史学著作,是一位颇有名望的学者。他42岁时,因患风痹,病卧在床,加之耳聋,遂转而钻研医学,尤其致力于针灸学研究。他终日手不释卷,时人称他为"书淫",自己的书读完了,他就上表向皇帝借书,于是晋武帝赐书一车,供他研读。他发现当时的针灸书籍"其义深奥,文多重复,错互非一",不易学习和流传。于是,他以《素问》、《灵枢》、《明堂孔穴针灸治要》三书中的针灸内容为依据,写成《针灸甲乙经》12卷,这是我国现存最早的一部系统针灸学专著。《针灸甲乙经》约成书于公元256—282年,12卷,128篇。其内容可分为两部分:卷一至卷六为中医基本理论和针灸学基本知识；卷七至卷十二是临床治疗内容，包括各种疾病的病因、病机、症状和腧穴主治。《针灸甲乙经》在针灸学方面的成就主要有：一、系统整理了人体腧穴，共整理定位的腧穴有349个，其中双穴300个，单穴49个，比《内经》增加189个穴位。并采用分部依线的方法，划分了头面、颈、胸、腹、四肢等35条线路，方便临床。二、全面论述了经络系统。对晋以前医书中记载的经络系统做了全面整理。三、论述了针灸操作方法和针灸禁忌。对后世形成子午流注针法有很大影响，还记载了每个穴位的针刺深度、留针时间、注意事项等内容。四、全面总结了晋以前临床针灸治疗经验。论及内、外、妇、儿、五官等科疾病的病因、病机、症候、针灸治法、禁忌和预后。因此，该书确立了完整的针灸学理论体系，并为针灸学成为临床独立的学科奠定了基础。《针灸甲乙经》对我国针灸学的发展起了承先启后的巨大作用。本书刊行以后，为医家所重视，被认为是学医者必读之书，唐代将其列为太医院学习和考试的内容之一。后世的针灸学著作，如《针灸聚英》、《针灸大成》等，都是在本书的基础上发展起来的。就是现在，在厘定某个穴位和进行临床治疗时，也往往参考取材于本书。本书在国外也有着深远影响，国际针灸学会把它列为必读参考书之一。同时，由于《明堂孔穴针灸治要》早已亡佚，《针灸甲乙经》就成为保存该书资料的一部重要著作，具有文献学价值。

◎为什么丹道学认为人"顺则死，逆则生"？

关于生命的体验是东方文化十分精彩的一幕，也是东方文化的玄妙所在，尽管它采取了一套隐晦譬喻的方式来说明这种过程。在体验中，东方的丹道家认为："道生一、一生二、二生三、三生万物……"，顺着这个方向走下去，只会流散无穷，离"道"愈来愈远。为了与至道相合，人们便需要逆向操作，逆着这条路向回推求，正所谓"顺则为人，逆则为仙"，一直返回到最初的出发点，完成人对自然的回归。

怎样回归呢？这便要从人是如何与自然相悖离，如何走出生命的"伊甸园"说起。在有生命的最初，人类并没有意识到自己与世界之间存在着差别，他与这个世界浑然而成为一体，便是丹道家所说的"神气相抱"的原始阶段了。但随着人们聪明渐开、知识渐长，意识到自己与世界有所分别之际，便是识神已经夺位之时。识神夺位后，七情由生，而七情过极，"怒伤肝、喜伤心、思伤脾、恐伤肾、悲伤肺"，都会对人的形神造成伤损，由此忧患日多、精神日耗，"神气相剥"，神与气便再也不是相抱的一体了。元气落入下田后，化为交感之精，又加之人们嗜欲无穷，伤身伐性，终至于精竭，气尽，神离，这也便是人们濒临死亡的时候了。

由此便说到这一过程的逆转了。这就需要先"炼己"，清除心中的种种尘牵俗虑、纷繁杂念，使"身安定无欲以全精，心清净无念以全气，志诚以全神"，从而保养医家所说的人身三宝"精、气、神"，待到入得无染境界后，身心安定了，筑基功夫做好时，便可以开始"三关修炼"。第一关是"炼精化气"，通过"抽坎填离"、"龙虎交媾"的功夫使肾中的元精不再渗泄，并将精与气合炼为一，达到"三归二"；第二关是炼气化神，使五脏五气合成的一气与神相抱，达到"二归一"；第三关是炼神还虚，使神冲破各种束缚与限制，入于虚空、与宇宙同体。《还源篇》中写得好"心田无草秽，性地绝尘飞。夜静月明处，一声青鸟啼"。如此，终于使已分离的精气神重新打成一片，达到物我同化，常照常寂，万化归元的境界。

上述便是东方在生命回归途中对修炼过程的形象譬喻。值得一提的是，所谓龙虎、金丹、神仙等种种名相，在丹道学中都只不过是对修为体验的一些象征与模拟罢了，而在真正操作的过程中，却往往只须"致虚极、守静笃"，便可"金丹"成就于不知不觉之间。学者切不可望文生义、妄加揣测，甚至人为地增添了许多神秘的色彩。正如历代丹道学家所痛加批驳的烧香、符咒、驱鬼等种种迷信者流。至于据文辞之意而生出执著妄想，则更被认为是自误之途了。

◎为什么说"医者意也"?

"医者意也"一语,出自东汉名医郭玉之口,其曰:"医之为言,意也。……可得解而不可得言也。"(《后汉书·郭玉传》)隋唐间许胤宗也曰:"医者意也,在人思虑,又脉候幽微,苦其难别,意之所解,口莫能宣。"(《旧唐书·许胤宗传》)至于《新唐书本传》论得就更加明白:"医特意耳,思虑精则得之。脉之候幽而难明,吾意所解,口莫能宣也……"那么这里的"意"指的是什么呢?

实际这里说的是一种特殊的思维方式,是一种以右脑为主,以事物的外观形象为媒介,广义的形象逻辑思维。欲知其"意",我们首先得明其"象"。魏人韩康伯的《明象》曰:"夫象者,出意者也。言者,明象者也。"就是说"意"是出自于事物的外观形象,"意"是从事物外观形象中抽象、概括而来。如一幅春暖花开,风和日丽的景象,会给我们一种"意",或者说我们从春暖花开,风和日丽的景象中(通过思维感知与抽象)得到了一种象,这象的意义我们心里明白,是我们的心中之象。但当我们要把这心中之象转答、交流出去的时候,就需要用语言文字来明确。比如我们感觉到这景象给我们一种温和明媚之感,这"温和明媚"就是"言者",就是

"明象者也"。

再比如，寸关尺桡动脉的搏动是一种具体的形象。当我们静心地感觉这脉搏的搏动，感到它给我们一种有意义的感觉的时候——如感觉到这脉搏往上浮，有漂出水面之感，或感觉这脉往下沉，有沉到水底之感，这时我们头脑中的这种"感觉"已经不是脉搏的具体形态，而是我们的大脑由脉搏的具体形态抽象、概括或感知出来的一种"象"，一种形象逻辑思维的结果，一种对脉搏形态逻辑分析的结果。若对这种结果进行表达和交流，还得需要语言文字来"明"，这就是"言者明象也"。

由此可知，中医所说的"医者意也"，不是抽象逻辑思维中的逻辑判断，也不是无原则、无根据地臆想，而是用人类右脑的形象逻辑思维能力对病人病症形象进行抽象、概括，进行形象逻辑分析而得出的一种思维结果，或者说是一种中医专业的形象逻辑思维的过程。在以病人的外观形象、体征为材料，以望、闻、问、切外观方法为手段，通过右脑为主的形象逻辑分析、判断而得出的逻辑结果，就是中医所说的"意"。这种"意"，由于来自于形象，或以多媒形象为中介，所以其思维的结果——意，也是形象性、多媒性的。这种多媒性的"意"，我们很难用符号性的、抽象性的语言文字来准确地表达，也就是"口莫能宣"。

因此，"医者意也"是一种很高的思维境界，非一般医者所能悟，非一般医者之所能。

◎为什么《内经》说饮食要"谨和五味"？

《素问·生气通天论》说："谨和五味，骨正筋柔，气血以流，腠理以密，如是则骨气以精，谨道如法，长有天命。"即人要健康长寿，必须要调和好五味，无可偏嗜过食五味。

五味，为酸、苦、甘、辛、咸。五味是人体生长维持正常生理活动的需要，如《内经》言"阴之所生，本在五味"，认为人体的阴气，依靠五味而生成。五味相应调养五脏，"五味入胃，各归所喜"。五味各能滋养类属的脏腑，如酸可滋养肝，苦可滋养心，咸能滋肾等。而且五味还各有不同的作用，如辛味具有宣散作用，甘味有补益缓急的作用，咸味有软坚、散结、补益的作用，酸味有收敛、固涩的作用，苦味可以清热、消食。合理地摄取五味，能够补益虚弱之脏，调节人体健康。

然而《内经》言"阴之五宫，伤在五味"。五味既能养五脏又能伤损五脏，为什么呢？这要从五脏的相互关系谈起。五脏之间既相互滋养又相互抑制，某一脏之"气"过度亢盛会影响其他脏的功能。

由于五味各有其相亲和的脏，能滋味养其脏，如果五味偏嗜，就会使其相应脏腑功能亢盛，损害其他脏的功能，偏食

"久而增气，物化之常也。气增而久，夭之由也"，使人体产生疾病。如过食酸味，使肝气过于亢盛，肝过亢则损伤脾气，以致"脾气乃绝"。在疾病中就同时产生肝气过亢和脾气虚衰两种症候。故《抱朴子》中言："酸多伤脾，苦多伤肺，辛多伤肝，咸多则伤心，甘多则伤肾。"

只有"谨和五味"，平衡协调五味的摄入，才能使五脏平衡。以饮食调摄养生是我国传统养生的重要方法，俗语说："药补不如食补。"张从正言："补者，以谷肉果菜养口体也。"食补之法就是要"谨和五味"，以五味补其相亲和之脏，还可以补本脏滋养之脏，抑所制之脏，如用咸味滋肾可以养肝并制约心火。因此，在饮食调养之中要注意五味的调和，充分利用其补益滋养人体的作用，同时也要注意不使其损伤人体。并且可以相对人体本身脏腑功能情况有针对性地摄取五味。

在现代生活中，不要仅强调所谓的"营养"价值，而不辨五味，过食偏食，都是致病之源。须知"五味偏啖，久而增气，皆令夭殃"，只有调和五味，维持五脏的平衡，才能"长保天命"。正如《养生肤语》中所言"修真之士，所以调燮五脏，流通精神，全赖酌量五味，约省酒食，使不过则可也"。故"谨和五味"之言，不可不知。

◎为什么说葛洪是制药化学的先驱?

葛洪,字稚川,丹阳句容(今江苏句容县)人,约生于西晋太康二年(281年),卒于东晋咸康七年(341年)。《晋书·葛洪传》有载,葛洪"性寡欢","为人木讷",衣着朴素,默然自守,人称"抱朴之士",故自号"抱朴子"。在中医史中,葛洪的名字虽无张仲景、华佗那样显赫,却也不是普通的医家。他是一位著名的流行病、传染病学家,更是制药化学的先驱。

葛洪首先发现了沙虱病(恙虫病),并将之描述记在《肘后方》一书中。他指出,我国南方的山水溪流中有种肉眼难见的"沙虱小虫",人被其螫伤,起初皮肤出红点,继而周身疼痛,发热,伤处红肿。直至20世纪初,日本学者长与又郎才证明了葛洪的这一发现。狂犬病厉害得很,可葛洪有妙法预防,如其所言,"杀所咬狗,取脑傅之,后不复发"。葛洪的这项研究被近代法国微生物学家巴斯德所证明。另外,天花、马鼻疽、肺痨的传染性,也都首载于他的《肘后方》一书中。

我们在葛洪的《抱朴子》中不难看出他在制药化学方面有许多重要发现。他说:"铅性白也,而赤之以为丹;丹性赤也,而白之以为铅。"就是说,把铅加热,便氧化成黄丹(四氧化三铅);再把黄丹加热,这种氧化物便还原成铅。葛洪所言，即是化学中的氧化还原现象。他还描述了化学中的置换现象："以曾青涂铁，铁赤色如铜……外变而内不化。"用曾青（硫酸铜）涂铁，铁的表面被铜置换，因此"外变而内不化"。更难能可贵的是，他发现了化学反应中的升华现象并且掌握了升华技术。他写道："丹砂烧之成水银，积变又还成丹砂。"葛洪说的"积变"，就是物质升华现象。

据司马迁《史记》记载，陈丹术起源于我国的战国时代，而东汉魏伯阳的《周易参同契》是最早的炼丹专书。但是，在葛洪的《抱朴子》问世之前，没有谁能搞清制药化学的原理，是葛洪揭开了它那神秘的面纱。

◎为什么古代道士多晓医术？

当我们偏爱传统文化，对古代人文历史留心关注时，会有一种约定的感觉，即古代的道士多晓医术，多与医学有不解之缘。其实中国古代一些对医学有卓越贡献的医学家，如葛洪、陶弘景、孙思邈等都是历史上极有名望的道士、道学家。

那么为什么道士与医学有不解之缘呢？首先我们看一看道教是一个什么样的宗教体系。中国有道教，是以老、庄之学为其理论渊薮；方士（指操医、卜、星、相之术者）、巫师、墨家侠士为组织基础；而谶纬神学和成仙得道是其发生的文化氛围；其"道——气——阴阳——五行——万物"是道教的系统理论。其始，道教为二，一是民间道教（即鬼道、巫鬼道），一为贵族道教（即仙道或方仙道）。前者以符水治病，后者炼丹服石，求长生不老，后来二者合一，成为道教大系，以神仙道教为大宗。

因此，在道教体系中，有些人是出身于方士（方士中的部分人就是医生，而两汉之医学实际是操于方士之手）；道教的系统理论"道——气——阴阳——五行——万物"也是中医系统理论的基础；另外，道教的神仙派方士在求不死药，作黄白术的同时，也兼行医术、方药诸法，也运用《内经》的理论，也学习《伤寒论》及民间验方、偏方，如著名的道家宝典《道藏》就收藏了许多医书、医方。同样，医学界也吸收道家的思想，医学经典中也大量渗入老子"恬淡虚无，清净无为"的道家思想，如《素问》的第一篇就说："故美其食，任其服，乐其俗，高下不相慕，其民故曰朴。是以嗜欲不能劳其目，淫邪不能惑其心，愚智贤不肖，不于物，故合于道。"因此，古代的医学与道教在理论与方法方面的水乳交融就不言而喻了。道教以神仙道教为大宗，因此其追求的目标是成仙与不死，或者说是为了生存与享受，因此道教对于人的健康表现了极大的热情，对人的寿命表现出最大的关注。在他们的理想中，"人道，当食甘旨，服轻暖，通阴阳，处官秩。耳目聪明，骨节坚强，颜色悦泽，老而不衰，延年久视，出处任意，寒温风湿不能伤，鬼神众精不能犯，五兵百毒不能中，忧喜毁誉不为累，乃为贵耳"（《抱朴子》）。而炼丹术则是道家达到上述目标的重要方法。

炼丹术有外丹、内丹两种，外丹有黄白术（制造药金、药银）和金丹术（制造可以服食的长生丹）；内丹术是入静调息、吐故纳新、运转内气循行于体内的一种道家健身术（谓气能在体内九转成丹）。炼内丹的主要要领是"安身养气"。这"气"就是所谓的"元气"，这元气是人身根本所在，由阴阳二气化生而成，阴阳二气不和，或阴盛阳衰，或阳盛阴衰，都会造成人体患病。到此这炼内丹的导引之术及导引健身的理论已难分是道家还是医家了。

◎为什么说"人要衍生，肠胃要清"？

"欲得长生，肠中长清，欲得不死，肠中无滓。"（《论衡》）说的是要想求得"长生""不死"必须保持肠中洁净而无积滞。

古人早就认识到保持大便畅通肠腑洁净，对防病延年具有十分重要的意义。《吕氏春秋·达郁篇》指出："用其新，弃其陈……精气日新，邪气尽去，及其天年。"金元医家朱丹溪倡"倒仓法"以祛病延年。故曰："肠胃为市，以其无物不有，而谷最多，故谓之仓，若积谷之室也。"所谓"倒仓"就是清理仓库，保持清洁，即"去积旧而涤濯，使之洁净"。

古人为何要去积旧而致洁净呢？这是因为"五味入口，即入于胃，流毒不散，积聚既久，致伤中和，诸病生焉"。中医认为大便经常不畅，可致肠浊积滞，"留毒不散"。浊气上扰而见头痛、耳鸣眩晕；郁浊化火，胃火上攻则牙龈肿痛；火热偏盛，气血壅滞发为痈疽疔疮，故有"膏粱之变，足生大疗"。如若长期便秘"留毒"而致气血逆乱，脏腑机能失调，进而导致人体早衰，甚至短命。《内经》有曰："惟以气血流通为贵。"所以古人有"血脉流通，病不得生"，"气血不和，百病乃生"之说。

现代研究证明，长期便秘，肠道细菌发酵腐败产生有害气体和毒素，而被肠壁吸收入血，造成"自身中毒"，从而加速人的衰老。保持大便通畅，是减少毒素进入血中，从而保护细胞，促进健康的重要途径之一。正如古人所说："陈莝去而肠胃洁，癥瘕尽而营卫昌，使上下无碍，气血宣通，并无壅滞。"（《儒门事亲》）

"要想衍生，肠胃要清。"如何做到肠胃洁净？古人提倡饮食茹素，清淡为宜。《吕氏春秋》告诫人们应少食油腻，提出了"肥肉厚酒，务以相强"。如"肥肉厚酒"饱食不厌，则会损伤肠胃，因此称之为"烂肠之食"。朱丹溪进一步强调了"爽口作疾，厚味措毒"。主张食养茹淡，认为"谷菽菜果，自然冲和之味，有食人补阴之功"。现今证实，素食含有大量纤维素，能及时清除肠中垢腻，排出"留毒"进而保持人体的健康。

明代冷谦说："厚味伤人无所知，能甘淡薄是我师。三千功行从兹始，天鉴行藏信有之。"

◎为什么魏晋南北朝时期盛行炼丹术？

炼丹术是古人为求"长生"而炼制丹药的方术，在我国起源很早。《史记》中就有燕国的方士们为统治者寻求"长生不老药"的记载。汉武帝刘彻也曾在民间广求丹药，并招致方士专门从事炼丹。从此以后，炼丹风气在各朝代统治阶层中流传下来。

魏晋南北朝时期，由于政权频繁更替，战乱不断，人民生活始终处于不安定状态。统治阶级所奉行的儒学思想的影响逐渐衰弱，以老庄思想为主旨，又糅合了儒家经义的玄学应运而生。玄学根本观点是主张道家的自然主义思想，就人的本性而言，主张人性自然，反对任何模仿和矫饰。

同时，由于佛教传入我国以后，势力不断扩大，对道教的发展有一定影响。从西晋到五代时期，道教为了与佛教争夺地位，从教义、理论和组织上都有极大发展。其根本教义在于追求长生不老，肉身成仙；具体内容除宗教迷信外，也有与体育、医药结合起来的养生之道。这一时期是道教发展的全盛时期，因而对当时社会的影响很大。

受这两方面思想的影响，魏晋南北朝时期在士大夫阶层出现了一种不务实际，不关心时事，放荡形骸，追求长寿成仙之风。于是，为了迎合士大夫们寻求长生不老之药的需求，炼丹术在这一时期出现了前所未有的兴盛局面。

东晋时期，由于著名炼丹家葛洪和他的炼丹专著《抱朴子·内篇》的出现，对炼丹术的发展起了推动作用，使炼丹的理论更加系统化，方法更加具体化，因而使炼丹术更加盛行一世。另外，南朝的药学家陶弘景也善于炼丹，著有《合丹法式》等炼丹著作，在历史上有一定影响。

在炼丹过程中，人们发现了化学上的可逆反应、升华反应、置换反应以及用烧灼某一物质，通过观察其烟雾的颜色来区分易混淆的物质的方法。所有这些，在当时都是了不起的发现。炼丹术虽然是为士大夫阶层服务的，但炼丹过程中实验操作技术的发明，无机药物的制备和应用，却成了化学发展的先锋。葛洪也成为炼丹化学的始祖。经炼丹而提炼成的外用药，如轻粉、红升丹等，也都为现代中医外科所常用。

◎为什么说治身如"治国修屋"？

国家治理的好坏，关系到江山社稷大事；房屋的坚固与否关系到房中主人的安危。古人认为养生治形乃人生之首务，如同治国修屋一样重要。故《抱朴子·内篇》曰："人之身，一国之象也；……神犹君也，血犹臣也，气犹人民也。故知治身，则能治国也。"

《吕氏春秋·审分》说："治身与治国，一理治术也。"认为治身和治国的道理是一样的，治国要勤政，而治身要动形。为何动其形呢？"流水不腐，户枢不蠹。"流动的水是不会腐败的。"形气亦然，形不动则精不流，精不流则气郁。"可见形体要经常活动，以保持精气畅流不息，布散脏腑，气机调畅，气血调和而"尽其天年"。南朝齐梁医家陶弘景主张"形欲小劳而不疲"，并强调"养生之道莫久行、久坐、久卧、久视、久听、莫强饮食、莫大沉醉、莫大愁忧、莫大哀思，此所谓能中和，能中和者必久寿"。反之，就会精竭神衰形败，百病萌生，不终其寿。

元代著名医家李鹏飞提出了人身如同屋的见解，故曰："盖身者屋也，心者居屋之主人也。主人常为之主，则所谓窗户栋梁垣壁皆完且固，而地元之寿可得也。"由此可知，人身如同房屋，必须时常注意检修，精心防护。身虽为屋，但心为屋之主人，主人常以护持居室为念，则屋栋自然完固。可见，古人强调治身的同时则更重养心。只要"心神"这个主人"能常为之主"屋才能得治。

形神兼具，始可长寿，故曰"形持神以立，神须形以存"。形神虽相互依存，相互影响，但二者仍有主从之分。"神"是人体活动的主宰，统帅人体脏腑组织的功能活动，喻为君主。中医的"神"不仅主导着人体的精神活动，也主宰着人体物质代谢、能量代谢，调节适应，卫外抗邪等功能活动。心神与形体、心理与生理，相互影响，良好的精神状态，可以增进人体健康长寿。恶劣的心境，不良的精神刺激，可以使人致病，甚至短寿。一旦心神受损，则五脏六腑皆受到影响，故曰"悲哀忧愁则心动，心动则五脏六腑皆摇"（《医门法律》）。司马迁说："形者，生之具；神者，形之本。"作为一个国家，君明则国泰，国泰则民安。"形为神之宅，神为形之主"，作为屋的主人——心神，能时常提醒自己"纯素之道，惟神是守"，屋才能完好无损。所谓"神明则形安"，自然就可以享得"地元之寿"。

◎为什么葛洪所著方书以"肘后"命名？

　　《肘后备急方》是晋代医家葛洪的代表作之一，原名《肘后救卒方》，简称《肘后方》。本书内容源自《玉函方》，乃将其中实用性、急救性较强的单方、验方及灸法摘录汇编而成。葛洪撰此书的目的在于供临时急用，因此书中收录方药以简、便、验为特点，正如其自序所云："余今采其要约，以为肘后救卒三卷，率多易得之药，其不获已须买之者，亦皆贱价草石，所在皆有，兼之以灸，灸但言其分寸，不名孔穴。凡人览之，可了其所用。或不出垣篱之内，顾眄可具，苟能信之，庶免横祸焉。"书的命名也体现了便于急用这一宗旨。考"肘后"有携带方便之意，谓卷帙不多，可悬于肘后。杜甫《寄张十二山人诗》亦有"肘后符应验，囊中药未陈"诗句，用法与葛氏相同。

◎为什么重阳节有佩茱萸、饮菊酒之俗?

"遥知兄弟登高处，遍插茱萸少一人。"这令人熟悉的诗句，将我们带入了九九"重阳节"。农历九月九日，是我国的传统节曰"重阳节"，又称"重九节"、"九月九"、"菊花节"、"登高节"。据《西京杂记》记载，汉代重阳之日，要举行头上佩茱萸，吃蓬饵（即重阳花糕），登高及饮菊酒等活动，其目的在于祭天祈福，消灾避祸，令人健康长寿。

梁人吴均的《续齐谐记》中就记载了一个有关九月儿日的很有传奇色彩的神话故事。河南汝南郡的桓景随费长房游学多年。一天，费长房告诉桓景说："九月九日汝家当有灾厄，宜急去，令家人各做绛囊，盛茱萸以系臂，登高饮菊花酒，此祸可消。"桓景一一照做。九月九日，全家佩带茱萸囊，登高饮菊花酒以避难。"夕还，见鸡犬牛羊一时暴死"。从这则故事中可以看出，佩茱萸、饮菊酒，可以辟不祥。

为什么重九之日要辟不祥呢？古人认为奇数为阳，偶数为阴，九为数之极，又称老阳。从一数至九就到了尽头，再往下数又得回到一了，所以说"九为老阳，阳极必变"。古人认为九是在占卜术中表示由盈而亏、由盛而衰的不吉祥数字，而九九相重，更是雪上加霜，必定会有灾难降临。因此，每年九月九日就是不吉的凶日，要举行祭祀消灾等活动。在这一天，人们"折茱萸以插头，言辟除恶气而御初寒"（《风土记》），"登高而饮菊花酒，云令人长寿"（《荆梦岁时记》）。茱萸，生于川谷，有浓烈的香味，古人称之为"辟邪翁"。菊花，一直备受人们喜爱，古代诗人常以菊入诗。屈原的"朝饮木兰之坠露兮，夕餐秋菊之落英"（《离骚》），表明早在春秋战国时期，人们对于菊花的食用价值和药效，就有了一定的认识。菊花的益养肝肾之作用，使它享有"延寿客"之美誉。饮菊花酒可以使人健康长寿。因此，九九重阳佩茱萸、饮菊酒，成为一种时尚，寄寓了人们辟除灾祸、祈盼吉祥长寿的美好愿望。

◎为什么将六气的过度称为"六淫"？

轻风送爽，暴雨倾盆，烈日炎炎，雪花飞舞，滴水成冰。自然气候千变万化，色彩缤纷，古人将这千变万化的、正常情况下的气候划为风、寒、暑、湿、燥、火六种气候因素，万物随着这六气一同生、长、化、收、藏。六气也是人类赖以生存必不可少的条件。《素问》言："人以天地之气生，四时之法成。"人类随着六气的正常变化而生、长、壮、益、老、已。然而张仲景于《金匮要略》中言："人禀五常，因风气而生长。风气虽然生万物，亦能害万物。如水能载舟，亦能覆舟。"说自然界的正常气候能生长万物，不正常的气候会伤害万物，如水能载舟，亦能覆舟一样。因此中医所讲的外感致病因素中也有风、寒、暑、湿、燥、火这种六种气候条件，称为"六淫"。六淫，实际就是六气的非正常变化。当六气变化异常，超过了正常的范围，就易侵袭人体而造成疾病，这时便成为了六淫。什么样的六气异常称六淫呢？

六淫的"淫"意为过度，指六气的过极。《素问·阴阳应象大论》说"风胜则动，热胜则肿，躁胜则干，寒胜则浮，湿胜则濡泻"，种种皆因其过极所致。如天气骤寒，则伤于寒，易患感冒发热等病症；过于炎热的天气，人们易中暑，等等。

这种六气过度的变化，使机体难以骤然调节或超越了人体能承受的限度，则易导致疾病。古人有谓"六气苟不过极，即不得名之曰淫"。《左传》言："过则为灾。"

因此，六气的过极成为病因，称为"六淫"。过极的六气不适于人的生活，只有中和的平衡的六气，才是人类生存需要的，而人类和动植物生存的这个世界就是协调平衡的。"过"实际上超越了事物的度量界限而必然引起质的变化。孔子言："过犹不及。"过和不及同样都不是美好的，真正美好的东西，应当是无过不及而符合于中的。孔子提倡中庸之道，言："中庸之为德，其至矣乎！"以中庸之道为至德，所谓中庸有用中、执中、中和及平第、普遍之意，而非中的即是过与不及。只有在这和谐里面，万物才可生长发育，人类才可生存，自然界才美丽动人。当和谐一旦被破坏，其后果必然是灾难。自然界遭到破坏，人类也难以生存。

中华传统医学深受中庸之道的影响，到处都体现着这种观点。因此于后世有人将六气的不及也归入六淫。六气的不及即是非时之气，即在季节中出现了不应当出现的气候。如冬天应是寒冷的，但如果应冷而不冷，忽然出现暖冬气候，人易感邪患病；夏天不热反寒，使人体难以承受时又必导致疾病的发生。

六气的过与不及只是中庸之道的影响之一。另外，如强调阴阳的平衡，"凡阴阳之要，阳密乃固，两者不和，若春无秋，若冬无夏，因而和之是谓圣度。……阴平阳密，精神乃治"。若阴阳偏盛偏衰，阴盛则阳病，阳盛而阴病。五脏气机之过强就克制其他脏，不及则受他脏之侮，"未至而至，此谓太过，则薄所不胜而乘所胜也，命曰气淫。至而不至，此治不及，则所胜妄行而所生受病，所不胜迫之也，命曰气淫"，都是致病之源。而达到这种至善的中和、和谐状态才是医治人体健康的根本方法。

◎为什么有"养生之方，以胎息为本"之说？

古代养生家认为，胎儿在母体内，外无思欲之患，内无精气之耗，而能健康地生长。普通人如果也能像胎儿在母体内那样呼吸，完全进入胎儿所存在的境界，"返婴还本"，"以后天之气，接引先天之气"，就能激活和积聚体内的元气，达到祛病强身，益寿延年的目的。因此，出现了养生妙法之一——胎息法。

胎息，指仿效胎儿呼吸。胎儿是如何呼吸的呢？在母体内，胎儿并不是通过自己的口鼻吸入清气呼出浊气，而是"惟脐带系于母之任脉，任脉通于肺，肺通于鼻，故母呼亦呼，母吸亦吸，其气皆于脐上往来"（《摄生三要》）。通过脐带，胎儿从母体禀受成长发育所需的一切营养物质，母气在胎儿体内循环，从脐带出入以吐故纳新，从而构成了胎儿独特的呼吸代谢方式，就是"胎息"。胎息法，是仿效母腹中胎儿的呼吸方式闭气调息的养生法。它通过深呼吸后抑制呼气，逐步增加闭气时间，以锻炼呼吸系统和缺氧能力。经长期修炼，可使呼吸变得深、细、绵、长，甚至感觉不到呼吸，犹如婴儿在母腹中，即所谓"再立胎息"，"重返婴儿"。

　　道教强调返朴归真，从这一理论出发，认为修习闭气，直至无鼻息出入，有如婴儿呼吸，就能返本归元，长生不死。晋代著名炼丹家、医药学家葛洪认为，胎息法不仅具有养生的价值，而且有祛疾的意义。在其著作《抱朴子》中说："行气或可以治百病，或可以入瘟疫，或可以禁蛇虎，或可以止疮血，或可以居水中，或可以行水上……其大要者，胎息而已。得胎息者，能不以鼻口嘘吸，如在胞胎之中，则道成矣。"隋代巢元方《诸病源候论》在200余种疗法导引中，也多次提到"闭气胎息"，说："以手摩腹，从足至头，正卧蹻臂导引，手持引足住，任臂，闭气不息十二通。以治痹湿不可任、腰脊痛。"唐宋以降，胎息由单纯闭息融入调息，强调"心神湛寂，其息自减"，主张"澄神定息"，通过意守丹田来减缓呼吸数率，以筑基延年。

　　现代医学研究表明，闭气而至鼻息微微，若有若无的高度入静状态，类似动物的冬眠。在这种状态下，人体各部机能活动将极大限度地减慢节奏，新陈代谢过程也极度减低，身体各组织器官得到充分地休养，机能活动得到调整、改善，这无疑对于身体的健康大有裨益。

◎为什么说《诸病源候论》奠定了病因症候学的基础？

据《开河记》记载，公元609年，主持开凿运河工程的大总管麻叔谋患风逆症，每逢发作，疼痛难忍，坐卧不安。隋炀帝命太医博士巢元方前去诊治。巢元方用嫩羊羔蒸熟，掺上药末给病人服用，病人迅速痊愈。关于巢元方的事迹，除此而外，史书记载的极少，以致他的籍贯、生卒年代均不详。但是，他的《诸病源候论》一书，却给后人留下了不可磨灭的印象。《诸病源候论》又名《巢氏病源》，成书于隋大业六年（610年），是我国现存第一部论述病因和症候学的专书。全书50卷，分67门，1720论，每论之下不载治疗方药，但大都附有"补养宣导"，即养生导引内容。

该书所论，以内科病为主，兼论其他。对疾病的记载广泛、详细而准确。它分别论述了各种疾病的病因、病机和证候。对病因的论述，突破了前人的观点，有自己独到见解，如提出有些传染病是由"乖戾之气"造成的。在症候方面，对1720种症候，大都根据《内经》的基本理论，从病因、病机等方面作了具体的阐述。这种对每一症候的理论性阐述，使《内经》的基本理论和临床实践统一起来，对由生理、病理到预防、治疗的中医完整理论体系的完成起了很大的促进作用。另外，该书发展了症候分类学，把隋代以前的各种病名、症候加以整理，分门别类，使之条理化、系统化。

《诸病源候论》是我国7世纪初一部很有价值的医学著作，对后世医学的发展产生了很大影响。唐代孙思邈编写《千金要方》时，较多地引用了该书的内容。《外台秘要》、《太平圣惠方》、《普济方》等名著，在病源症候方面多以该书为依据。宋代还把它作为医生考试的主要内容之一。因此，宋绶评价《诸病源候论》是"术艺之楷模而诊察之津涉"（《诸病源候论·序》）。直到今天，该书仍然是学习和研究中医学的重要文献。

◎为什么"正气存内，邪不可干"？

"正气存内，邪不可干"出于《素问遗篇·刺法论》。正气是人体生命机能的总称，主要指抗病能力。邪即邪气，指外界的致病的因素。这句话即指当人体元气充足之时，邪气不能侵袭而导致疾病。

"正气存内，邪不可干"，反映了中医对于发病的认识，也就是中医"正邪相搏"的发病观。中医认为疾病的发生实际上是正、邪斗争的结果。正气充足旺盛之时，邪气是无法导致人体患病的。所谓"风雨寒热，不得虚，邪不能独伤人"正是这个意思。也就是说正气的不足才是疾病发生的主要原因。正如几个同处于一种有致病因素的环境当中的人，其中有人生病，有人不生病，有人病重，有人病轻，是由于人体正气的盛衰虚实不同。所以《内经》中讲："卒然逢疾风暴雨而不病者，盖无虚，故邪不能独伤人。"正因此，当疾病侵袭人体发病时，是由于人体正气虚弱之时，"邪之所凑，其气必虚"。有时候，邪气一直存在，因正气强盛，所以没有发生疾病，当正气受损虚弱时，疾病才发生。比如：人体携带一病菌，当人体免疫功能正常之时，不会导致疾病，当人体免疫力下降时，就会发生疾病。因此，中医讲"正气存内，邪不可干"。

　　然而，这一句话强调只是疾病发生的一个方面，另一方面邪气的致病作用也不可忽视。正虚固然为内因，但若无邪气这一外因，也是不会发生疾病的，所以古人强调"两虚相得，乃客其形"，正气虚，而逢邪气侵入，才会产生疾病。

　　虽然身体健康正气充足，但也要注意预防疾病，注意养生保健，不可过恃于身体健康，而忽视外邪，不避疾风暴雨。这样虽然可能一时不病。但日久天长，必致后患，难保不病，所以常保正气，严防邪气，才是真正不病之道。正所谓"天之生风者，非以私百姓也……其行公平正直，犯者得之，避者无殆，非求之而人自犯之"，避之有道，方可不病。

◎为什么古代春节有饮屠苏酒的习俗？

农历正月初一，即今之春节，古称"元日"、"元旦"、"岁旦"等，为流行全国各地的传统节日。民间神话中，"年"是一凶残的怪兽，所以"正月初一，要鸡鸣而起，先于庭前爆竹，以辟山臊鬼也"（《荆楚岁时记》）。而这一天，人们都要饮用一种特别配制的药酒——屠苏酒，以辟除瘟疫。

正月初一饮药酒防疫的习俗，早在汉代就已经形成，当时饮用的是椒酒。秦汉时花椒不仅用来做酒，还与泥土相和，涂抹墙壁，主要是取其香气和防虫的性能。《荆楚岁时记》中记载：南北朝时，人们"进屠苏酒"，以为其辟瘟防疫，预防疾病之功效，远胜于椒酒，遂取而代之。

关于屠苏酒的由来，还有一个传说。唐代韩谔《岁华纪丽。元日》中记载："屠苏，草庵之名也。"昔有人居草庵之中，每岁除夕，"遗里间药一贴，令囊浸井中，至元日，取井水置于酒樽，合家饮之，不病瘟疫。"后世之人得此药方，却不知施药者姓名，于是将草庵之名作为酒名，流传至今。

唐代名医孙思邈在其《千金要方》中最早记载了屠苏酒的配方和制法，即将大黄、白术、桔梗、蜀椒、桂心、乌头、菝葜（屠苏）七味药切碎，用绛色的绢袋装好扎紧，除夕日中午，"悬沉井中，令至泥"。正月初一早晨出药，"置酒中煎数沸"，即为屠苏酒。此种药酒具有益气温阳，祛风散寒，避除疫病之邪的功效。

屠苏酒的饮法，颇为讲究。据《千金要方》中记载："屠苏之饮，先从小儿起，多少自在。"也就是说，元日里阖家欢聚，饮屠苏酒时，先从年少的小儿开始，年纪较大的在后，饮用多少自便。这种先幼后长的饮酒次序，在东汉时期便已流行，因为"少者得岁，故贺之；老者失岁，故罚之"。这种按先幼后长顺序饮用屠苏酒的习俗，一直延续到清代仍盛行不衰。今天，虽已不再大规模盛行此习俗，但在节日或者平时饮用这些药酒的习俗，仍然存在。

"但把穷愁博长健，不辞最后饮屠酒。"（《除夜野宿常州城外》）苏轼的诗中，真切地反映了屠苏酒带给人们的喜悦之情和期盼健康长寿之意。

◎为什么说"风为百病之长"？

风作为自然的现象是形态多样，变化万千，而作为外感病因，在"六淫"风、寒、暑、湿、燥、火中居首位。《素问·玉机真藏论》言："风者，百病之长也。"

"风者，百病之长也"，其中"长"表现的意思为先导，也就是说风是致病的先导。《素问·骨空论》也言："风者，百病之始也。"风作为病邪表现如同其在自然界中一样，行动迅速，善行而数变，而且无孔不入。因此，风容易侵入人体，发病非常迅速。有时缝隙中透进的一丝风气，在人体表气虚之时也可致人发病。不慎感风，可能一夜之间便口眼歪斜，肩臂着风，顷刻就疼痛难举。甚则由表及里，病亦随经传导由浅入深。故前代医学言："六淫以风为首，天地之间，惟风无所不入。"正是这种特性，使风成为六淫中的主要致病因素，成为外邪致病的先导。

寒、湿、燥、热诸邪常依附于风邪侵犯人体，而风邪也与其他病邪相合，如外感风寒、风热、风湿等。"故人之受风，风症最重，又能及诸淫，变生多病。"风所造成的症状百变，所以言其可"变百病"，如有头风、眼风、喉风、肝风、胃风、肠风、鹤膝风、肾囊风、历节风等等。古人甚至把风作为外邪致病因素的总称。如《灵枢·百病始生》说："邪不能独伤人，此必因虚邪之风，与其身形，两虚相得，乃客其形。"这里所说的"风"，即泛指一切外感病邪，故言"风者，百病之长也"。

古人言"大之生风，非以私百姓也……，其行公平正直，犯者得之，避者无碍，非求之而人自犯之"。风邪必因人体气之虚而感，人们只要避之有时，保养得理，自然外邪难侵。

◎为什么说"怪病多由痰作祟"？

"怪病多痰"、"怪病多由痰作祟"、"百病多由痰作祟"是中医的警句，因此人们对它比较熟悉，但是对为什么怪病多由痰作祟却不一定很是明白，事实上这确实是一个比较复杂的问题。

首先，中医所说的"痰"就不太好理解。中医的"痰"包括"痰"和"饮"两个部分，它们都是人体水液代谢障碍形成的病理产物，其中把形态质地粘稠的叫做"痰"，把质地清、稀的称做"饮"，通常把"痰饮"简称为"痰"。而我们能见到的那种从咽中咯吐出来的有形之痰，只是中医广义痰的一小部分。

其次，由于我们见到的有形之痰，只是广义痰症的一小部分，因此对不能见到"痰形"的一大部分痰症的诊断也就增加了难度。一般只能根据症候的特点和经验来确定。

再有就是成痰的病因太复杂。由于痰是人体水液代谢障碍的病理产物，然而人体的水液代谢与人体的肺、脾、肾、肝、三焦都有关，哪一个环节出了问题水液都会出现障碍。另外外感六淫、饮食劳倦、七情内伤等都会影响人体的脏腑功能，间接地影响到水液代谢，而生痰饮。因此人体的很多病变都有生痰的机会，人体的很多病症也多有兼痰夹饮的可能。所以朱丹溪说："百病中多有兼痰者。"（《丹溪心法·痰·附录》）

· 中华文化十万个为什么 ·

然而，痰之为病还有更复杂的问题，这就是——痰不仅是水液代谢障碍的病理产物，而且这种病理产物作为一种致病因素，又可直接或间接地作用到人体的脏腑组织，引起新的病变，产生新的病症。痰具有随气流行、走动特点，可"随气流行，无所不到"。因此，痰之为病，内而脏腑，外而筋骨皮肉，可形成多种奇病、怪疾。

如《杂病源流犀烛》说："痰之为物，流动不测，故其为害，上至巅顶，下至涌泉，随气升降，周身内外皆到，五脏六腑俱有。"《玉机微义》则曰："风痰多成中风、瘫痪奇症；寒痰多成冷痹、骨痛；火痰多成烦热、喘嗽；湿痰多成倦怠、嗜卧；惊痰多成心痛、癫痫；气痰多成胸腹膨胀；酒痰多成呕吐、泄泻；痰饮多成胁满、胸臂痛；食积痰多成癖块、痞满；脾虚之痰，因劳倦伤脾，痰清食少；肾虚之痰，因房劳伤肾，痿冷昏晕。然亦有痰冷而属热者，其为病状，种种难名。"

这里略举一例，更能说明问题。如患者由于心情抑郁，出现喉中如有物梗塞，吐之不出，咽之不下，但又不影响饮食，吞钡检查无异常，中医把此叫做"梅核气"。这里好像看不出与痰有什么关系，但中医辨之，其病机还是与痰有关，属于"痰气交阻"，要用理气化痰之品。然而，使人不敢轻视中医这些理论与经验的是，对一个精神疾患的患者，或高度抑郁，或幻听幻觉，却属怪病，但察其脉多见痰脉，观其病躯也见痰象，用其涌痰之剂，病人果真呕吐痰涎盈杯盈盏，后果见病情好转。

由此看出，痰之为病，病机复杂，病症奇怪，因此见有奇病怪症，要细察其脉有无痰象，审其躯有无痰之形，析其理有无痰之因，试其药有无痰之效。

◎为什么说敦煌医学卷子填补了隋唐医学的一大空白？

　　鸣沙山位于甘肃省敦煌县城南，山峰陡峭，沙丘林立，北麓有月牙泉，泉水清幽，景色宜人。据史书载，天气晴明之时，山中有丝竹管弦之音，故有沙岭晴鸣的美称。敦煌莫高窟就坐落在这沙漠绿洲之上。作为佛教的艺术胜地，莫高窟文物包含着极高的医学价值。

　　莫高窟始建于前秦（366年）时期，到唐代时就已成为拥有一千多石窟的佛教圣地，故又名千佛洞。后又历经五代、宋、元时期的增补修缮，石窟成为中华民族的艺术瑰宝，同时也反映了不同时代人们对医药卫生的认识。

　　莫高窟的藏经洞中发现有大量医学卷子，都是我国刻版印刷术发明以前的手写作品。

　　藏经洞是开凿在第十六窟甬道壁上的一个小洞，北壁绘有两棵菩提树，树两侧立比丘尼和侍女，禅床上塑一高僧坐像。洞中藏有大量文物，包括经卷、文书、织品、绣品，还有绘画、法器、儒家经典及图书资料等。这些物品是11世纪初西夏征服敦煌的战争中，莫高窟的僧人逃难时所藏。战后无人回到寺院。直到1900年，尘封了近一个世纪的洞穴才被守寺的王道士无意中发现。这些物品中大部分是卷子书籍，大约在3万卷以上，以佛经为主，其中也包括了各种极有价值的医学书籍，被称为敦煌医学卷子。

敦煌卷子出土后，大部分流失到国外，医学卷子也未能幸免。现在能够收集到的医学卷子包含内容就极为丰富，涉及到医经、诊断、方药、针灸、养生及医史资料等11大类别。另外还有若干藏医著作，分别收藏于法国巴黎图书馆和英国伦敦博物馆。

敦煌医学卷子以楷书、行书为主，大多抄录于隋唐时期。其著录年代可上溯到先秦时期，反映了以隋唐时期为主体的医学成就，弥补了隋唐时期医学文献的一大空白。隋唐史志中记载的医学著作数量繁多，不下二三百种，而完整保存下来的只有《外台》、《千金》等几部。敦煌卷子的出土则填补了很大的空白。如唐初官方撰写的药典性著作《新修本草》，自宋以后即无传本，而敦煌医学卷子中有关《新修本草》的就有4种，均系早期的不同传写本。另如《玉匮针经》一书，书目收载于《隋书·经籍志》中，原书早已亡佚，卷子中则直接引有该书的部分佚文。还有一些古医籍传本卷子，如《玄感脉经》、《明堂五脏论》等，文献中从未见有记载。不仅如此，敦煌医学卷子还为许多古医籍的校勘提供了重要依据。

卷子中的《辅行诀脏腑用药法要》（简称《法要》）中发现了不少已失传的古代经方。青龙、白虎、朱雀、玄武是古代的四神，今传世本《伤寒论》及其他医书中只有青龙汤、白虎汤、玄武汤（今作真武汤），独无朱雀汤，而《法要》则载有完整的四神汤。又如古医书中的明堂一词，含义很多，既指鼻部而言，又指帝王宫阙，而针灸图又称明堂图，则无明确解释。但医学卷子P.3655号《明堂五脏论》则明确指出："明者命也，堂者躯也。"即指有生命的人体，解释得非常清楚。

另外，敦煌医学卷子从本草、方剂，到临床内外妇儿各科，从治疗疾病到美容、养生、气功、祝由，涉及范围非常广泛。其数量之大，种类之多，其他考古墓葬出土医书不可与之相比。莫高窟中有关医学的内容除医学卷子以外，还有窟中壁画。

壁画的内容以佛教题材为主，面积达45000多平方米，其中有多幅反映了从北凉到宋代医疗卫生方面的内容。

盛唐时期的第217号石窟中有一幅壁画，名为"得医图"，又名"急诊图"，其内容出自佛经《法华经》的"药王菩萨本事品"中的"如病得医"。壁画本身历经多个朝代的历史变迁，已模糊不清。从壁画的复原图中可以看出，其表现了医生诊病的场面。在柳绿花红的庭院一角，一位体态丰满的贵妇盘坐床上，旁边坐着一位怀抱婴儿的红衣侍女。一位黑袍医生在绿衣侍女的引导下拄杖走来，后面跟着一位手捧医疗包的白衣少女。画中人物肤色白皙，只有医生的皮肤略带黄色，看来不像是中土人士。

另外还有晚唐时期的劳度叉斗圣图，其中有劳度叉用柳枝刷牙的画面。在牙刷出现之前，我国古人把柳枝一端的纤维弄散，做成小刷子的形状，用来揩齿。《本草纲目》柳枝条下载："洗风肿瘙痒，煮酒，漱齿痛。"柳枝具有清热解毒之功，用来刷牙，正是物尽其用。还有关于卫生预防的清扫图、理发卫生、公共浴池以及养生方面的导引图，救治溺水、治疗皮肤病、精神病等内容的画面。

莫高窟的医学卷子和壁画，不但有很高的医学价值，同时也具有很高的文物价值。

中华文化十万个为什么

◎为什么称孙思邈为"药王"？

孙思邈，生于隋文帝开皇元年（581年），卒于唐高宗永淳元年（682年），隋唐时代京兆华原（今陕西耀县）孙家塬人。人称"孙真人"。

孙思邈过世后，人们称之为"药王"，将其隐居过的五台山改称"药王山"，在山中建庙立像，树碑立传。

据《旧唐书·孙思邈传》记载，幼年的孙思邈就聪明好学，可"日诵千余言"。20岁时，已通晓诸子百家之说，被誉为"圣童"。

孙思邈一生淡于名利。杨坚（隋文帝）作周宣帝的助手时，曾征召孙思邈为国子博士（高官子弟学校的教官），孙思邈称病未去。唐太宗欲授其爵位，他推辞了。唐高宗让他做谏议大夫，他依然谢绝。

孙思邈之志不在当官，而在当一名活人济世的医学家。为此，他殚精竭虑，"博极医源"（《千金要方·大医精诚》），探究《内经》、《伤寒论》、《脉经》、《甲乙经》、《神农本草经》等书，到了晚年，仍手不释卷。他还虚心求教于当时的名医及民间医生，广收单方、验方和民众的防治疾病经验，兼取外来的医药知识。孙思邈将多年收集的民间验方、读书心得，结合自我临症体会，取其精华，舍其繁芜，著成《千金要方》30卷。该书述及医德规范，临症须知，妇、儿、内、外各科病症及解毒、急救、食治、养性、平脉、针灸、导引等内容，收方达5300首。如果说张仲景的《伤寒杂病论》是中医临症医学理论的奠基作的话，那么，孙思邈的《千金要方》可谓是中医最早的一部临症百科全书。孙思邈于晚年又续编成《千金翼方》30卷，内容涉及本草、伤寒、中风、杂病、疮痈，亦介绍外来医药资料。孙思邈的医著，深为医界所推崇。宋代叶梦得在《避暑录话》中称其书为"妙尽古今方书之要"；清代徐灵胎在《医学源流论》中赞其书"用意之奇，用药之功，亦自成一家，有不可磨灭之处"。孙思邈之方，今之临症常用；孙思邈之书，传至日、朝等国，备受欢迎。

　　孙思邈医道精通，人品尤为高尚。在其医疗生涯中，他极为重视医德的修养。在《千金要方·大医精诚》中，他提出作为一名合格的医生必须做到"精"和"诚"这两个字。医术上一定要做到精益求精。他认为，医学本身是"至精至微之事"，医生如果认识不到这一点，而是"求之于至粗至浅之思"，那是很危险的。他要求医生必须"精勤不倦，不得道听途说"；若做不到其所言，将误人误己。医生在品德上，一定以诚待人。对待患者，不分"贵贱贫富，长幼妍蚩，怨亲善友，华夷愚智"，均须一视同仁。要"见彼苦恼，若己有之"，痛病人之所痛。如果有人来请医往诊，医生应不避路途艰险，不惧昼夜寒暑，不顾饥渴疲劳，而去赴治，急病人之所急。如果被医者生疮泻痢，脓血淋漓，当医生的不能嫌脏怕臭。孙思邈更将医生炫耀自己、诽谤他人，或恃自己一技之长而取病家财物，视为极不道德的行为。孙思邈行医，立下一条格言："胆欲大而心欲小，智欲圆而行欲方。"医生既要敢做，当机立断，又要小心谨慎，周密思考；既要灵活变通，不墨守成规，又要遵照规律行事，不能主观武断。这条充满辩证法思想的格言，可谓一切行医者的准绳。

孙思邈以其高尚的品德与不朽的医学业绩赢得"药王"的美称，当之无愧。

◎为什么说唐代诗人刘禹锡医文并著？

刘禹锡是唐代杰出的诗人，他的诗"朱雀桥边野草花，乌衣巷口夕阳斜。旧时王谢堂前燕，飞入寻常百姓家"家喻户晓。同时，他又是有名的医家，为人诊病，名震一方。他认为"医拯道贵广"，主张博采众方，取诸家之长，特别重视百姓防治疾病的经验总结，故他编写的《传信方》，在唐宋方书中流传较广。

"枝繁本是仙人杖，根老新成瑞犬形。上品功能甘露味，还知一勺可延龄。"这是刘禹锡写的一首赞誉枸杞的诗，从中可见其渊博的学识和高明的见识。诗中描绘了枸杞"久服坚筋骨，轻身不老"的功效，同时，还将服食枸杞成仙的传说，巧妙地引用过来，更突出其补益功效。据《续神仙传》记载，朱孺子登山采药，见两只花犬相戏，便追至树下，忽然不见。掘于树下，得两树根，"形如花犬坚如实，归食之"，遂升云成仙而去。"枝繁本是仙人杖"，即本于此。

刘禹锡（772—842）

　　医文并著的诗人，除刘禹锡外，还有北宋著名诗人、文学家苏轼、南宋爱国诗人陆游等。苏轼的医书《苏学士方》与沈括的《良方》，被合称为《苏沈良方》。陆游更是医技精良，有诗为证："驴肩每带药囊行，村巷欢欣夹道迎。共说向来曾活我，生人多以陆为名。"他云游四方，长期接触民间医生，博众家之长，并把收集到的处方编写成《陆氏续集验方》。诗林豪杰白居易，因禀质羸弱，体虚多病，故也与医药结下了不解之缘，特别是在后半生为眼疾所苦时，更加潜心研究医术。

　　在我国古代文学史上，有不少诗人医文并著，其中一些人甚至成为著名的医学家。儒家文化的日久熏染，其作用深不可估。政府重视医学，特别是宋代，大力倡导士子知医，影响深远，"不为良相，则为良医"，遂成风尚。

◎为什么魏晋人有服五石散之风？

服五石散，为魏晋时尚，凡士族豪门名士达官多有服者，甚者皇帝也在其中。那么，什么是五石散呢？

五石散又名寒食散，其主要成分有五：赤石脂、白石英、紫石英、石钟乳、硫磺。由于古人认为金石坚固而长久，故人服用金石之类的药物，可以长生甚至成仙，因此方士和道徒们大约在先秦时期就服用云母、钟乳等金石之品。而《神农本草经》将紫石英、白石英、石钟乳、五色石脂（包括青、赤、黄、白、黑五种）列为上品，"主养命以应天，无毒。多服、久服不伤人，轻身益气，不老延年"。

服五石散大约始于汉代。《史记·扁鹊仓公列传》中就记载"齐侍医遂病，自练五石服之"，最后发痈疽而死的医案。至魏晋时，名士何晏大力提倡，言可获"神效"，于是服五石散之风大盛。时人皆称服之能气力转强，延年益寿。然五石皆为大温大热之品，服用之后有一种强烈的药物反应，那就是全身先发热后发冷，而必须食冷物，饮冷水，并烦劳行走，才能将体内积热散发出去，时人称"行散"。其"行散"之时，必宽衣大袍，轻裘宽带，颇显潇洒；有的甚至裸袒赤身，人曰放荡不羁，颇具高逸之态、名士之风。然服食五石散之法非常繁琐，讲究六反、七急、八不可、三无疑等等，否则有性命之忧。且五石散价值不菲，因此非是豪富之家不敢问津。故常以服食与否来分高低贵贱，因而成为时尚。如有于隆冬之际，单衣轻裘卧于青石之上或坠入冷水之中，言药力发散，以显高贵富足，而其间于五石散不知为何物者亦大有人在。

实际，虽然五石散初服之时，并无异状，甚或有转弱为强的"神效"，但其隐伏的热毒非常之重，蕴之愈久发之愈重。魏晋名士医学家皇甫谧服五石散之后"隆冬裸袒食冰"。他亲眼见到服石者有"暴发不常，夭害年命"者，大多发痈疽疮疡，甚者死于非命，其害触目惊心。甚至晋哀帝司马丕、北魏开国皇帝拓拔珪等也死于服用五石。而魏晋之际服食之风仍盛。至唐代，孙思邈疾呼："宁食野葛，不服五石……有识者遇此方即须焚之。"此后服石虽不像魏晋之盛，但信其能延年益寿者仍有之。金元之后，世人更知其害，至近代医家则"比寒食散于鸦片"，故渐无人用。

现代已不会再有人服用五石散了，但其教训却让后人深思。服药养生不是不可，但绝不可逐潮流追时尚。清末吸食鸦片，开始也是打着能治病强身的旗号，富户达官吸食成风，最后造成国弱民弱，"东亚病夫"之称由此而起，至今亦令人扼腕叹息悲愤不已。

◎为什么说龙门石窟的药方是最早的石刻方书？

中国医学史上，佛教对医学的影响很大。南北朝时期，佛教的发展达到高峰，寺院林立，僧尼日众。佛教的三大石窟之一龙门石窟，就是开凿于北魏时期。石窟药方洞的石壁上刻有许多药方，其镌刻目的是宣扬佛教行善积德、消灾除病的宗旨。

龙门石窟坐落在九朝古都洛阳南13公里的伊河两岸。《水经注》云"两山相对，望之若阙，伊河历其北流"，因此又名伊阙。伊河两岸的香山和龙门山山水相依，苍松翠柏，泉水飞瀑，风景秀美。唐代大诗人白居易曾在香山居住多年，龙门石窟就建在伊水东西两岸的山崖上。石窟包括古阳洞、宾阳洞、莲花洞等许多洞窟，其造像、雕刻、题记均以佛教内容为主。其中，药方洞中的药方则成为医学研究上的重要史料。

药方洞位于龙门山西侧，始建于北魏晚期，建成于唐武则天时，历时二百余年。洞深4.3米，宽3.6米，高4.1米，洞窟内壁雕刻有大小佛、菩萨像450余尊，部分已残缺，洞外有力士的造像。药方就镌刻在左右两侧的石壁上，据考应是刻制于北魏时期。由于年代久远，字迹已模糊不清，内容残缺不全。药方书体风格，与龙门宾阳洞初唐书法家褚遂良所著《伊阙佛龛之碑》以及初唐所建赵客师洞的碑文、题记字体风格相近，瘦劲工整，颇具初唐书家之风，而不似盛唐书体之丰肥方正。所以，也有人认为药方雕刻年代应在初唐时期。

药方洞中共载方140个，其中能辨认清楚的有129个，多为来自民间的方剂。这些方治疗疾病45种，也多数是民间常见病和多发病，如反胃、心痛、疟疾、疔疮等。方中既有单方，又有复方，还也有针灸方。方剂用药简练方便，复方也不过二三味药，三四味以上的方剂只占17%，如用当归研末酒服治疗心痛，蜀漆研末酒服治疗疟疾等等。方中药物从植物药到动物药、矿物药共120余种，也多是民间易得之品；剂型从丸散膏煎到洗剂、搽剂，涉及内容非常广泛。药方洞中药方（又称龙门方），有很高的治疗价值，有很多药方现今仍在临床应用。如碑记下刻的治冷心痛方："吴茱萸一升，桂心三两，当归三两，捣末，蜜丸如梧子……"冷心痛即因寒而致的胸痛，病由寒凝气滞血瘀、阳气郁闭而致。三味药相合可达到温阳散寒、化瘀止痛的效果，组方巧妙，用药合理，简便易服。又如疗漆疮方"煮柳汤洗"，《本草纲目》柳叶条下载："恶疮痂疮马疥，煎煮洗之立愈……煎水，洗漆疮。"还有独蒜治恶疰等，都是民间常用的有效单方、验方。

龙门方自古至今在国内外医学界均产生了很大影响。《本草拾遗》中燕粪疗疟之法就取自龙门方，《本草纲目》、《千金》、《外台》等书中亦收有龙门方。公元984年，日本丹波康赖在著《医心方》时就收录了龙门方百余条，日本药物学博士赤屈昭先生亦有关于龙门方药的论著，可见龙门方在日本有一定地位。目前人们仍在对它进行考证研究，其价值不菲。刻方于石壁上，便于抄诵传播，在我国西南地区非常流行，而以宋代为多。如宋代陈尧叟在任广州广南西路转运使时，把药方刻在驿馆的墙壁上，以便他人传抄，即《桂州驿石刻医方》。而所有石刻方书中，龙门药方为最早，是研究我国医药学的重要资料。

◎为什么说天灸疗法"外惹内效"？

天灸，古时又称自灸，是将某些能引起皮肤发泡的药物，敷在一定的穴位或部位上，使局部皮肤充血、起泡，甚至化脓，以达到治疗疾病目的的一种中医外治之法。

早在我国现存最古的医书《五十二病方》中对此法就有所记载，如以芥子泥敷百会穴，使之红肿发泡，来治疗蛇咬伤。我国现存第一部药物学专书《神农本草经》载："斑蝥，主恶疮……其末和醋，涂布于疮疽上，少倾发泡脓出，旋即揭去。"唐代孙思邈首次提出"天灸"一词，在《千金要方》中曰："用旱莲草椎碎，置手掌上一敷，当两筋中，以古文钱压之，系之以故帛，未久即起小泡，谓之天灸，尚可愈疟。"明代李时珍在《本草纲目》中以斑蝥局部发泡治疣痣。《串雅外编》以独蒜瓣贴眉心治喉痹。清代吴师机以天灸治内、外、妇、儿、五官、皮肤科疾病。至此这一外治法已广为应用。

天灸所使用的药物大多具有较强的刺激性，如斑蝥、巴豆、甘遂、皂角等，敷于皮肤上，会对表皮产生强烈的刺激，导致局部发红、起泡、化脓，甚至形成瘢痕，此即外惹。但是，局部发泡却使许多疾病好转或痊愈，这效应来自：一是通过对局部的强烈刺激，使皮肤表面血管扩张，血液循环加快，进而达到活血化瘀、消肿散结的作用。二是药物敷于表皮后，由于刺激反应，局部多呈现灼热感，类似艾灸，这种热效应可起到温阳散寒、祛风除湿、通痹止痛、温经行气的作用。三是通过使病变局部强烈发泡，腐蚀恶疮，清热攻毒，祛腐生新。四是药物可以通过刺激局部穴位，激发人体经络之气，借助经络传导，而内达脏腑，调节脏腑功能，治疗脏腑病变，又可通过皮肤吸收，进入血液循环，直达病变部位，发挥药物的药理作用。五是通过皮肤发泡，激发机体的自然调节功能。从而提高人体的抗病能力，进而起到未病先防，患病治病的作用。古代常以天灸的保健穴有足三里、神阙、关元、气海、身柱、风门等等。如对足三里穴施以发泡之法，可以治疗或预防胃肠疾病，即所谓。"要使肠胃安，三里常不干"。

天灸这一古老而奇妙的祖国医学外治医苑中的奇葩，以其独有的防病保健、祛病延年特色，为人类的健康保健事业仍散发着奇异的芳香。

◎为什么中药组方讲"君臣佐使"?

古人称天子、诸侯为君，辅佐君主的称之为臣。君臣有着严格的等级之分，君就是君，臣就是臣，君臣名分不能逾越。作为一个国家，上有国君统管天下治理朝政，下必有良臣辅佐，方能国泰民安，故曰"君君，臣臣，父父，子子"（《论语·颜渊篇》）。

祖国医学将君臣等级的概念引入中药治病组方配伍中，来说明药物的主次轻重，即"主病之为君，佐君之谓臣，应臣之谓使"（《素问·至真要大论》）。明代何瑭又提出了"大抵药之治病，各有所主。主治者，君也；辅治者，臣也；与君药相反相辅者，佐也；引经使治病之药至病所者，使也"，进一步补充了佐使药的主治功能。

遣药组方，祖国医学是在辨证论治方法的基础上，将药物按照一定的规律组合配伍以达到治疗目的。如麻黄汤由麻黄、桂枝、杏仁、甘草四药组成，用于治疗风寒束表、营卫失调所致的恶寒发热，头痛身疼，无汗而喘等症。方中麻黄辛温发汗，以解风寒表邪，宣降肺气，调理肺卫之功以消喘咳之症，一药兼具多种作用，可谓方中之君药，又称主药；桂枝既能温经通阳，增强麻黄发汗作用，辅助君药以解表邪，又能通调营卫，使气血流畅，以消兼症，为方中之臣药，又称辅药；杏仁辅佐君药麻黄宣降肺气，又能止咳平喘以治兼症，故为方中之佐药；甘草缓急调和诸药，为方中之使。一首方剂经过如此君臣佐使的组合，既可增强药效，又能制约或缓解其药物的偏性，以防"补偏泻过"，进而充分发挥方剂的治病作用。

《黄帝内经》又根据病情的需要提出了制方有"大小、奇偶"之别。一般而言，君药分量最大，味数少，臣药味数稍多，而分量稍轻，佐使药味数稍少，分量更轻。如，大黄、厚朴、枳实，同是三味药，若改变一下大黄与厚朴的剂量，以大黄为君药，则为治疗热结便秘的小承气汤；以厚朴为君药，则为治疗气滞痞满的厚朴三物汤。可见，君臣佐使不仅体现治病的主次，而且又体现在用药的分量上。故东垣曰："君臣有序，相与宣摄，则可以御邪治病也。"

由此可知，方剂的组成不是几种药物作用的简单综合，如果主次不分，杂乱无章，便成为乌合之众。一定要体现"君为主，臣为辅，佐为助，使为用"制方之原则。君臣佐使相互配合组成一个有机的整体，如同一个国家君臣各就其位，各尽其职，协调上下，才能达到"如五味之调和，八音之和谐"。

◎为什么张仲景制发散之方以"青龙"名之?

"青龙者，东方木神，色主青，主发育万物。大者发汗力强，似龙兴云致雨；小者能驱散水饮，如龙潜隐于波涛之中。"古人以此说明大、小青龙汤的发散外邪，温里化饮的功效。

古谓龙为鳞虫之长，能兴云致雨，利济万物，故成为最受崇敬的神物。青龙之名源自我国古代的"二十八星宿"和"四象"之说。二十八星宿分布于东南西北四方，每方各有7个星宿。东方7宿是角、亢、氐、房、心、尾、箕。如想象用线连起来，如同一条龙，因东方色青，故称青龙。东方属木，又称为东方木神。

张仲景借青龙之喻，命名大、小青龙汤，与二方的功效作用有关。大青龙汤，能发汗解表，清热除烦，用于治疗外感风寒，兼有里热的恶寒发热，无汗烦躁之症。方中麻黄重施以加强发汗解表的作用，使其在表之寒邪，施以汗解。犹如龙兴云致雨，云行雨施，利济万物，天下太平。故喻嘉言曰："天地有蒸，得雨则和，人身烦躁，得潜则解。"小青龙汤能解表散寒，温肺化饮，用于治疗外感风寒，水饮内停，恶寒无汗咳喘

东方青龙图

之症。方中麻黄、桂枝，发汗解表，宣肺平喘。又以干姜、细辛取之温肺化饮之功，犹如龙潜隐在波涛之内，驱除水饮。故张秉成曰："名小青龙者，以龙为水族，大则可以兴云致雨，飞腾宇宙之间；小则亦能治水驱邪，潜于波涛之内。"

明代医家吴琨有曰："青龙者，东方木神，主发育万物，二方以发散为义，故名之。"可见大小青龙汤治病之功，正如青龙东方木神，具有生长发散之力。

◎为什么中药有"四气五味"？

清代医家徐大椿说"兵之设也以除暴，药之设也以攻疾"，指出了用药治病，如同派兵打仗一样，一定要"知彼知己，多方制之"方能克敌制胜，治愈疾病。所谓"知彼"就是要了解疾病，"知己"便是要精通药性。也就是说作为医生必须审症求因，把握疾病的本质，以药物气味之偏性，来纠正人体阴阳气血之偏盛偏衰，达到治愈疾病的目的。

何为药物的气味呢？《神农本草经》有云："药有酸咸甘苦辛五味，又有寒热温凉四气。"这是对中药四气五味不同药性的概括。那么，中药的四气五味与治病有着什么联系呢？

药物的寒、热、温、凉四种性质，称之为四气。简单地说，中药可分作寒凉、温热两种。至于寒和凉、温和热只是寒性和热性的程度不同罢了。药物的寒热性能是临床实践中逐步认识到的。如人感风寒，出现头痛身痛、恶寒怕冷，被称之为寒症，喝碗姜汤，发一些汗，病就好了。于是人们就认为生姜属于温热性的药物。相反，有人出现发热、出汗、口渴、喜冷饮，就被称之为热症，此时服用以石膏为主的汤剂，热症就会得到解除，人们便认为石膏是寒性药物。因此，药物的寒和热，是从解除病症的寒热病性的意义上来认识的。就一般规律而言，寒凉性质的药物，具有清热泄火的作用，用以治疗热症；温热性质的药物具有助阳祛寒的作用，用以治疗寒症。故有"疗寒以热，疗热以寒""寒者热之，热者寒之"之说。

药物除了上述的寒、热、温、凉四性之外，还具有辛、甘、苦、酸、咸的五种味道。药味不同而各有其不同的作用，如黄芪、甘草等味甘，则有补养、缓和的作用，多用于虚症。黄连、黄柏等味苦，则有泻火、祛湿的作用，多用于热症、湿症；紫苏、木香等味辛，则有发散、行气的作用，多用于表症、气滞血瘀症；乌梅、五味子等味酸，则有止泄、敛汗的作用，多用于汗症；芒硝、牡蛎等味咸，则有泻下、软坚的作用，多用于便秘、瘰疬。另外还有淡味，如滑石味淡，能渗利小便，一般淡味附于甘味，故不称之六味，仍称五味。故有"辛甘发散为阳，酸苦涌泄为阴"之说。

其实，每一种药物既有气，又有味。因而在用药时，必须把药物的性味综合起来。古人云"用药如用兵"，那么医者，就得像将军熟悉每名士兵的品性一样，准确地掌握每一味药物的性味，知彼知己，方能临床治病，有的放矢。

◎为什么中药组方有"引经报使"之说?

"兵无向导则不达贼境,药无引使则不通病所。"古人以此说明中药治病要有引经报使,而使某些药物引导他药的药力到达病变部位或某一经脉,起"向导"的作用。

古人用汤,多有置引,故曰:"汤之有引,如舟之有楫。"古今汤方莫尽,药引无穷,临症取用,各有所宜。如发表用鲜姜,温中用炮姜,解胀用姜皮,清痰用姜汁;调和营卫可用大枣,少阳经病用柴胡,导虚火用童便,痹症上肢疼痛用桂枝,下肢疼痛用牛膝。

又如头痛一症多因所致,或六淫之邪外袭,或痰浊,或瘀血,或肝阳上扰,或清阳不升,治宜引经。太阳头痛,痛在头后部,下连于项,以川芎引之;阳明头痛,痛在前额,以白芷引之;少阳头痛,痛在头之两侧,以柴胡引之;太阴头痛,必有痰湿作祟,用苍术引之;少阴头痛,以细辛引之;厥阳头痛,痛在巅顶,以吴茱萸引之。

再如,治心君火的导赤散之木通,苦寒降泄清热,专清心经之火,导利小肠、膀胱湿热,曲曲下行从小便排出;治肝肾相火的六味地黄丸之泽泻,甘淡而气寒,功专泻少阴肾中相火。再如甘草可为诸药之引使,味甘性平,功主补,主缓,主解毒，善调和诸药，而解百毒，与热药可缓其热，与寒药可缓其寒，使补而不至于骤，泻而不至于速。因而，多数药方用甘草为缓和诸药之偏性、毒性和烈性，故甘草又有"和事佬"之称。

由此可见，用药"引经报使"同打仗用向导义多相近，药之引使犹兵家之向导，打仗即使有精兵良将，但没有好的向导，则不能直达敌巢，歼敌致胜。治病用药，若有引使之药，直达病所，中之要害，邪可速去，病而告愈。

◎为什么益母草有"益母"之号?

如今，妇科临床上使用的益母丸、益母草冲剂、益母草膏等中成药，均为治疗月经不调、产后恶露不行的常用药，其主要成分就是被称为"妇科要药"的益母草。

益母草又名茺蔚草、益母艾、益母蒿等，性微寒，味辛、苦，归心、肝、膀胱经，其主要功用有活血、祛瘀、调经、消水，能治疗月经不调、胎漏难产、胞衣不下、产后血晕、瘀血腹痛、尿血、泻血、痈肿疮疡等症。可见它以主治妇科病为主，所以《本草汇言》称本品能"行血养血，行血而不伤新血，养血而不滞瘀血，诚为血家之圣药也"。《本草求真》亦云本品"为胎前胎后要剂。是以无胎而见血淋、血闭、血崩、带下痛，既胎而见胎漏，临产而见产难，已产而见血晕、疔痈、乳肿等症，服此皆能去瘀生新"。

益母草之名正是从它的功效而来，因它"有益于妇人，专一血分"（《本草汇言》），故名曰益母草，正如张景岳《本草正》所说，它"善调女人胎产诸症，故有益母之号"。

◎为什么说白虎汤能"行秋令退夏火"?

白虎汤，源自张仲景《伤寒论》，临床用来治疗高热、汗出、烦渴、脉洪大有力之症，中医称之为阳明气分热症。那么，热盛之症，为何以白虎名汤治之？明代医家方有执曰："白虎者，西方之金神，司秋之阴兽。虎啸谷风冷，凉风酷暑消，神于解热，莫如白虎。"

古代以"苍龙、白虎、朱雀、玄武"为天之四神，东西南北各占一方。四神又称四象，古人把四象配以春夏秋冬，以观测在每个季节所出现的不同星宿的方位。东方苍龙配春，南方朱雀配夏，西方白虎配秋，北方玄武配冬。西方金星色白，秋高气爽，万物成熟，故白虎以司秋令。

秋令天气清凉，如果秋令太过，大自然就会过早萧条，故秋主萧杀。时至秋令，就会出现凉风至、白露降、寒蝉鸣、候雁归的景象，故曰："西方其在天为燥，在地为金，其性为凉，其德为清，其色为白，其变为萧杀，其眚苍落……"（《素问·五运行大论》）古人把白虎司令的季节，视为主萧杀的季节。

白虎汤一方，乃为治疗寒邪传入阳明，由寒化热，正盛邪实，正邪相争非常剧烈的阳症、热症、里症、实症。既不宜发

三才圖會【身體】卷

八

西方白虎图

汗，又不可攻下，故选辛甘大寒之石膏，人阳明气分，清热除烦，生津止渴；知母苦寒质润，清热养阴。两相配伍，相得益彰，大清里热。又恐寒凉伤中，佐以粳米、甘草，缓石膏、知母苦寒沉降之性。如此配伍组成了一个清热生津良方，可谓：白虎司秋令，夏火炎暑自解矣。

◎为什么中药有"升降浮沉"之性?

升降浮沉是指药物作用的趋向而言。凡升浮的药物,进入人体后,都主上行,向外,有升阳、发表、散寒的作用;凡沉降的药物,进入人体后,都主下行,向里,有潜阳、降逆、收敛、清热、渗利的作用。

药物这种向上、向下、向外、向里的功能趋向,是人们在长期的临床实践中,观察到药物具有消除或缓和各种不同趋势病症的特性。如患有风寒感冒,恶寒无汗,头身疼痛,服用麻黄、荆芥,一经发汗,解除表邪,病症消失,人们就会认为麻黄、荆芥具有升散的趋向;又如喘咳气逆之症,以前胡、苏子降其肺气,喘咳平息,便认为前胡、苏子有沉降的趋向。同样,遇到久泄脱肛、子宫下垂等症,用柴胡、升麻等治疗取得比较明显的效果,便认为柴胡、升麻有升提的趋向。那么药物为何有如此的升降浮沉的趋向呢?

这与药物的气味、质地的轻重有着密切的关系。其质地轻,气味薄者,具有升散的特性;而质地重,气味厚者,具有降敛性能。通常有辛甘味道以及温热性能的药物,如桂枝、防风、豆豉等,有升浮特点,向上向外,具有升提、发散的功能;有酸、苦、涩味道及寒凉性能的药物,如芒硝、礞石、海蛤壳等，有沉降特性，向下向内，具有降逆潜阳的功能。

药物的气味厚薄而有"升降浮沉"之性，古人则认为本于天地阴阳之气所致。金元医家李杲曰："气象天，温热者天之阳，寒凉者天之阴；味象地，辛甘淡者地之阳，酸苦咸者地之阴……气味薄者，轻清成象，本乎天者亲上；气味厚者，重浊成形，本乎于地者亲下。"故有"辛甘发散为阳，酸苦涌泄为阴"，"气厚味薄者浮而升，味厚气薄者沉而降"之说。

另外升降浮沉与药用部位、药物质地也有一定的关系。一般而言，质轻的大多升浮，质重的大多沉降，如植物的花、叶、皮、枝的药物（菊花、桑叶、连翘、桑枝）大都有升浮作用；植物的种子、果实或金石、贝类的药物（苏子、枳实、磁石、石决明）大都有沉降的作用，故有"根升而梢降"、"诸花皆升"、"诸子皆降"、"凡药轻虚者浮而升，重实者沉而降"之说。

药物虽然有升降浮沉的固有性质，但经过炮制或配伍之后，则可改变其原有的性质，或使性本沉降者升浮，或使性本升浮者沉降。如黄柏苦寒，治阴下降，原本是清下焦之品，经辛温升散的酒制后，则苦寒之性减，借酒升腾之力，引药上行，清上焦头面之热。又如具有辛温香散升浮之木香，与苦寒咸寒的大黄、芒硝配伍，则可使木香原有升浮之性变为沉降。故李时珍云："升者引之以咸苦，则沉而直达下焦；沉者引之以酒，则浮而上至巅顶。"由此可知，古人常以酒制药，取其上行升提之功；以姜汁制药，取其辛能散能行之功；以醋制药，取其酸味入肝收敛之功；以盐水制药，取其咸能入肾软坚之功。故古人说"酒炒则升，姜汁炒则散，醋炒则收敛，盐水炒则下行"。

利用药物的升降浮沉属性，调整脏腑的升降平衡，对临床用药有着重要的指导作用。人体病变部位有上下表里之分，病势又有逆上陷下之别。一般来说，病位在上在表的宜升浮，而不宜沉降，如表症当发散；在下在里的，宜沉降而不宜升浮，如里实便秘当泻下；病势上逆的，宜降不宜升，如呕吐当降胃气而止呕，气喘当降肺气而平喘，肝阳上亢当平肝潜阳；病势下陷的，宜升不宜降，如内脏下垂当升阳举陷。故"阳气下降者用味薄气轻之品，举而扬之……阴气不降者，拟而降之"。

凡此种种，均凭借药物升降浮沉属性之异，来纠正机体脏腑升降平衡之偏，使之恢复正常，因势利导，祛邪外出。

◎为什么灵芝在古代被看成人间"仙草"?

灵芝在古代被看成是能医治百病的神奇之物,有"仙草"、"瑞草"之称。

其实,灵芝草并不是草,而是一种巨型真菌,可分为青、赤、黄、白、黑、紫六种颜色,形状奇特,菌盖如伞,株形挺秀,有漆状光泽和云状环纹,不仅作药用,亦可观赏。

早在两千多年前,我国劳动人民已开始认识灵芝.《楚辞》中称之为"三秀",《尔雅》中称之为"芝"。灵芝作为药物,最早见于《神农本草经》,被列为上品,有"久服轻身不老,益精气,补五脏,安神,增智慧,不忘,明目"等作用。李时珍也把它收入《本草纲目》中,并附有紫芝丸的配方。

古人认为灵芝的来历不凡,《神农本草经》中有"山川云雨,四时五行,阴阳昼夜之精,以生五色神芝"之说,因而认为它有神奇的作用。晋代葛洪在《抱朴子》中说,有一种"七明九光"的灵芝,吃一口就"翕然身热,五味甘美",连食一斤,不但可"返老还童",还能"夜视"。

与此同时,古人还把灵芝与美丽的神话传说联系起来。例如,《白蛇传》中的白娘子,为了救活许仙,不顾生命危险,从南极仙翁那里盗回了能起死回生灵芝草;刘伯温《郁离子》

中记载了秦始皇为求不死之药——灵芝，派徐福带五百童男童女入海求仙的故事等等，从中可以看出古人对灵芝的推崇和喜爱。

虽然灵芝在古典医籍中记载颇多，但用于临床的却不多。灵芝的疗效到底如何呢？现代医学研究证实，灵芝中含有甾醇、有机酸、氨基酸、葡萄糖、多糖、树脂、甘露醇、生物碱、香豆精、水溶性蛋白质和多种酶类，用来治疗神经衰弱、支气管炎、冠心病、白细胞减少症和急、慢性肝炎等，均收到确切疗效。目前，灵芝已被制成酊剂、片剂、糖浆、注射剂等多种剂型，应用于临床。

◎为什么中药治病须"依法炮制"?

古人在运用中药治病时，观察到药物经过炮制后，可改变其药性，并且直接影响到临床治病的疗效，因而提出了中药治病须"依法炮制"。其原因何在？

由于中药多数来源于自然界的植物、动物、矿物，品种繁多，性质有别。有的有毒，不去毒则不能服用；有的容易变质，不利贮藏；有的不易煎出有效成分；有的一药多效或生熟作用不同。因此必须通过炮制，调整药性，增利除弊，才能使药物起到应有的治疗作用，充分发挥疗效。

中药成分复杂，常常是一药多用，而临床治病根据病情有所选择，这需要通过炮制对原有性效予以取舍，权衡损益。如何首乌，生品苦泄，性兼发散，且能润肠通便，故可取治肠燥便秘；制首乌，其性甘温而涩，纯补无散，故用于补肝肾，益精血。又如"姜"，"生姜"发汗解表："干姜"则回阳温中，温肺化痰；"炮姜"则温经止血，多用于虚寒性的吐血、便血、血崩等症；"煨姜"则和中止呕，温胃肠之寒。

药物性味都是其自身所固有的，并且各有所偏。而药物性味过于偏胜，在治病的同时也给身体带来不利影响，如太寒则伤阳，太热则伤阴，太苦则伤胃，太辛则耗气等。而"炮制"

可以损其有余，扶其不足，趋利避害。如大黄一药，性味苦寒，具有清热荡涤、泻火凉血、活血祛瘀、利胆退黄的作用，生用则气味重浊，苦寒沉降，走而不守，直达大肠，泄热攻下峻烈；酒润炒干，其力稍缓，并借酒升提之性，引药上行，可清上焦之热；酒润蒸制后，可缓和泻下之力，具有行血活血之功；炒炭后，寒性锐减，偏于平和，并有良好的止血功效。又如较猛烈的或毒性较大的药物，炒后可缓和峻烈之性或减毒存效，如炒牵牛子、马钱子。中药加入辅料用不同方法炮制，可借助辅料发挥协同、调节的作用，使固有的性能有所损益，进而符合临床治疗要求。如黄柏，生用主泻火、燥湿，用于治疗足膝红肿、小便黄赤；酒制后主泻上焦之火，以治口舌生疮头面疾患；盐水炒制后主降相火，滋肾水，治以阴虚盗汗、梦遗之症；蜜制后主泻中焦之火，且免伤脾胃；炒炭后则偏于止血，治妇人崩漏不止。一味黄柏的不同炮制方法，可以显示出多种功用。可见，药物经炮制后，因为气味的变化，可以改变其升降浮沉的趋向，并对归经有着明显的影响。故有"酒炒则升，姜汁炒则散，醋炒则收敛，盐水炒则下行，童便制除劣性降下，米泔制去燥性和中，及蜜制甘缓增益元阳"以及"醋制归肝经，蜜制归脾经，盐制归肾经"之说。

　　总之，中药通过不同方法和不同的辅料炮制后，可从不同途径，以不同方式，兴利除弊，提高疗效。药靠医用，病靠药治，因而，中药治病须"依法炮制"，使之更准确地发挥作用。

◎为什么说真武汤有"镇水之功"?

真武汤源于张仲景《伤寒论》,原名玄武汤,宋人为避圣祖赵玄朗之讳,改名为今之"真武汤"。

玄武,古人认为代表着二十八宿的北方天区的斗、牛、女、虚、危、室、壁七宿,北方玄武七宿,类似龟蛇的形象。"玄武,似龟蛇,位在北方,故曰玄。身有鳞甲,故曰武"(《楚辞·远游》洪兴祖补注),所以称玄武,为北方之水神。

宋代高承《事物纪原》载:"营卒有见龟蛇者,军士因建真武堂。二年闰四月,泉涌堂侧,汲不竭,民疾疫者,饮之多愈。"宋真宗听后,下诏就地建观,赐"祥源",封玄武为"真武灵应真君"。从此真武一直为后世沿用。元代封真武为"元圣仁威玄天上帝",被视为北方最高神。明代加封为"北极镇天真武玄天上帝",认为真武神威显赫,能驱邪卫正,善除水火之患。

真武汤治疗肾阳衰微、水气内停之肢体浮肿、小便不利之症,故以大辛大热的附子温肾,使肾阳得复,气化得行,阴水得消,即"壮元阳以消阴翳"。然制水在脾,又以白术、茯苓健脾利湿,以治水湿内停之标。生姜温阳祛寒,温散水气,白

膽神圖

神名龍耀字威明
膽之狀如龜
蛇混形其象如
懸匏色青紫附
於肝中

十九

北方玄武图

芍缓急止痛。

诸药相伍，取其温阳利水，犹如司管水火的"真武"之神，故曰"真武北方之神，一龟一蛇，司水火者，肾命象之，此方济火而利水"，故取"镇水"之义。

◎为什么人参为补虚第一要药？

人参又名人衔、鬼盖、地精、土精、神草，因其根状如人形而得名。现以五加科多年生草本植物人参的根入药，其性微温，味甘微苦，入脾、肺二经，善补脾肺之气。

人参入药的历史虽然很早，但人们对它的功效的认识，却有一个逐渐加深的过程。《神农本草经》中把人参列为上品，认为它具有"补五脏、安精神、定魂魄、止惊悸、除邪气、明目、开心益智"等功效。在临床应用中，张仲景在《伤寒论》、《金匮要略》36首含人参的方剂中.主要用它生津止渴，益气补虚。《肘后备急方》用人参一味为末，治卒上气喘息欲绝，为人参用于急救开创了先河。最早的外科专著《刘涓子鬼遗方》首先将人参用于外科疮疡。随着医学的发展，人们对人参的认识不断深入，应用范围有所扩大。到明代，诸家本草对人参作了总结性评述。《本草纲目》载人参"治男妇一切虚证，发热自汗，眩晕头痛，反胃吐食，疟疾，滑泻久痢，小便频数、淋沥，劳倦内伤，中风、中暑、痿痹，吐血、咳血、下血、血淋、血崩，胎前产后诸病"。张景岳《本草正》亦载："人参，气虚血虚俱能补，阳气虚竭者，此能回之于无何有之先；阴血崩溃者，此能障之于已决裂之后。惟其气壮而不辛，所以能固气；惟其味甘而纯正，所以能补血。"此后人参广泛应用于临床各科，含有人参的新方不断涌现。清代以后，由于人参物稀价贵，一般气虚轻症多用党参代替，加之误补误用人参造成危害的情况屡有发生。人参的应用有一定程度减少。但人参大补元气、补气固脱之力，又非党参可比。凡元气大虚、气虚欲脱之危候，人参仍为必用之品。

现代，国内外对人参作了大量研究，已知其化学成分主要有人参皂甙、挥发油、人参醇、人参酸、植物留醇、胆碱、各种氨基酸和肽类、葡萄糖、果糖、麦芽糖、蔗糖、人参三糖、果胶、维生素B_1及B_2、烟酸和泛酸等等。正是这些成分，使人参具有多种药理作用：能兴奋中枢神经系统，增强大脑皮层的兴奋和抑制过程，使之平衡；能增强人的脑力和体力机能，有显著的抗疲劳作用；有"适应原样"作用，即能增强机体对各种有害刺激的防御能力；有促进性腺激素的作用，能促进男女性腺机能；能调节胆固醇代谢，抑制高胆固醇血症的发生；能改善消化吸收功能，增进食欲；能刺激造血器官，使造血机能旺盛；能提高机体免疫力，促进免疫球蛋白的生成；有增强网状内皮系统的吞噬功能，并有抗肿瘤作用等等。

自《神农本草经》以来，人参一直被视为补虚珍品，凡气血亏损诸症，皆可用人参补之。但人参也不能滥用。若长期服用，或用量过大，会产生头痛、失眠、心悸、咽干口燥、大便秘结、口舌生疮、鼻衄、血压升高等中毒症状。因而肝阳上亢的高血压患者、肾功能不全伴有少尿者、失眠烦躁属实证者、感冒发烧者、素来阴虚火旺者等不宜服用。

· 中华文化十万个为什么 ·

· 175 ·

◎为什么甘草又称"国老"？

国老是古代对功成名就、告老还乡的卿大夫的尊称。以"国老"称甘草，足可见甘草在品种繁多的中药之中的地位非同一般。

甘草味甘，性平，入心、肺、脾、胃经，主要功效有补脾益气，治疗各种气虚症；清热解毒，治疗疮疡肿毒；祛痰止

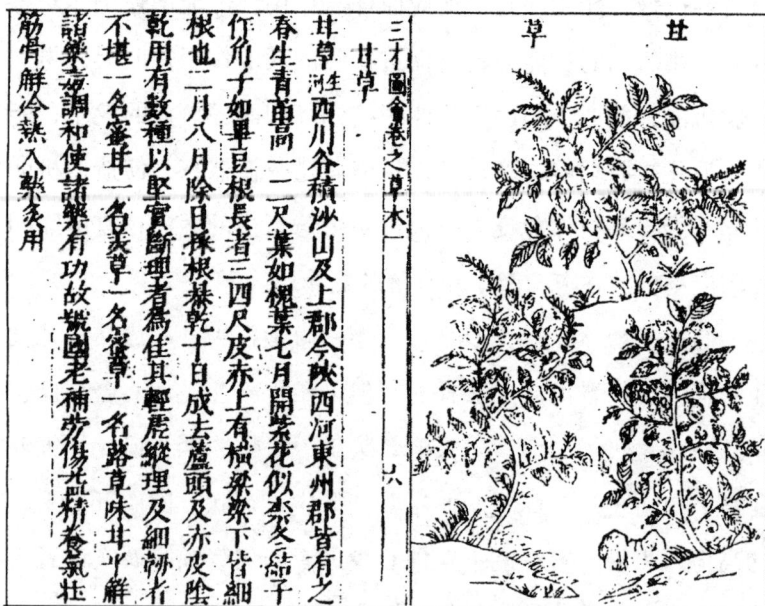

甘草

咳，治疗各种咳嗽；缓急止痛，可治疗痉挛腹痛。此外，它用途最广的是缓和药性、解百药毒的作用，在复方中常用以减低或缓和其他药物的偏性、毒性，并调和诸药。《用药法象》云：甘草能"协和诸药，使之不争，故热药得之缓其热，寒药得之缓其寒，寒热相杂者，用之得其平"。民间有句歇后语，叫"药铺的甘草——和事佬"，非常形象地说明了甘草这一特殊功用。因此，《广群芳谱》载甘草"最为众药之主。治七十二种乳石毒，解一千二百种草木毒。调和众药，故有国老之号"。

由于甘草的用途颇多，因此在方剂中出现的机会也就多，《伤寒杂病论》374首方剂中，使用甘草的方子就达250首之多。可以说，甘草是中医临床中使用频率最高的一味中药。

◎为什么说"上医医国，中医医人，下医医病"？

被后世称为药王的唐代杰出医学家孙思邈于《千金要方》中言："上医医国，中医医人，下医医病。"这句话正反映中医对医生的要求及自身职责的定位，绝非仅是"治病工"而已，只知疗疾的医生只是下医。

"下医医病"，是将诊治的层次只定位于疾病，也就是定位于生物层次，所注意的仅仅为疾病本身，从未考虑到病人以及其所处的环境，目光狭隘，并且正由于如此，治疗往往难得良效。只知治病，病头医头，病足医足，不知全面调人之身心，只见病不见人，只能是"治病工"，下医而已。须知"见病医病，医家大忌"。

"中医医人"治疗诊察的角度就较"医病"广阔得多，涉及到人的心理、道德及生活方式。医人者更重视的是病人本身，以各方面照顾调治患者，不是仅治疗疾病，而是调节病人的整个身心状态。医人不仅仅是治疗，更进一步包括调整人的不良生活习性和心态，才能使人无患病之虞。而不健康的心态、过激的七情六欲都是患病之源，调和其情志使神气安和，才是"治未病"。金元医学大家朱丹溪治病人时"未尝不以葆精毓神开其心"，如此方为医人之道。

"上医医国"是在社会经济文化环境中考虑人的生理病理等各方面。人作为一个主体性开放系统是与其生存环境相互作用的，而环境尤其是社会环境对人有着巨大的影响。社会的状况经常决定人群的多发疾病，并且处于不同社会阶层的人群的生理病理特点都不相同。因此，在行医的过程中对于社会状况和患者的社会地位及经历都要关注。

作为可称为上医的人，只明治病不关心天下忧乐，不知百姓疾苦，是不可想象的。为医者，应该了解社会，关心社会，有强烈的责任感，有以天下为己任之心。医圣张仲景因东汉末年战火频起，疾疫流行，死亡甚众，而"感往昔之沦丧，伤横夭之莫救"，于是"乃勤求古训，博采众方"，撰写出被称为"方书之祖"的《伤寒杂病论》。

另外，中华民族传统文化中，各家都以治国为己任，凡论述无不及治国之道，医家亦然。以心为君主，肺为相傅，肝为将军，俨然一国；以外邪为敌寇，以内伤为内乱，以药石为兵士，任医如任将，用药如用兵。《抱朴子》甚至如此表述："故一人之身，一国之象也。胸腹之位，犹宫室也；四肢之列，犹郊境也；骨节之分，犹百官也；神犹君也；血犹医也；气犹民也。故知治身，则能治国也。"认为调治人身与治理国家有相通之处，国家有政策法规，治国者当高瞻远瞩，体察民情。古人认为医道与治国之道，均为至高的天地之道的具体体现。因此医家有理法方药，治病当洞悉证候，成竹在胸，而医生开方处药，也如调兵遣将，君臣佐使不可错乱。"夫治民与自治，治彼与治此，治小与治大，治国与治家，未有逆而能治之者，夫惟顺而已矣。"

中国传统医学，强调的是治病、救人、济世必一齐行之，疾病、病人、社会必综合考虑，否则不能称为良医。"上医医国，中医医人，下医医病"正是这一思想的最好表现。

◎为什么说杜甫"种药扶衰病"？

杜甫是我国文学史上伟大的现实主义诗人，他的诗被公认为"诗史"。然而，命运的安排，使他一生与中药结下了不解之缘。

杜甫所处的时代，是唐帝国由盛而衰的一个急剧转变的时代。他经历了开元盛世，也经历了安史之乱。35岁以后，他被困居长安十载，过着"朝扣富

杜甫（712—770）

儿门，暮随肥马尘。残杯与冷炙，到处潜悲辛"的生活。经济的拮据，迫使他以采药、卖药为生，"长镵长镵白木柄，我生托子以为命。黄精无苗山雪盛，短衣数挽不掩胫"（《杜工部集》）。

政治上失意，仕途中不得志，也使采药、种药成为他精神上的寄托。最后他索性弃官辞职，归乡种药。在杜甫草堂边，诗人当年曾经开辟有一块一亩左右的药圃，可惜现在已不复存在。他长期接触药物，积累了丰富的药学知识.并开始尝试鉴

别药物。他曾同好友、药物学家郑虔一起鉴别一种来自西域的"戎王子"。"万里戎王子，何年别月氏？异花来绝域，滋蔓匝清池。"他写的有关中药的诗，生气盎然，如"雨中百草秋烂死，阶下决明颜色鲜"；"细叶带浮毛，疏花披素艳（丁香）"。从这些优美的诗句中，我们可看出杜甫对中药怀有的特殊感情。

当然，杜甫与中药结缘，还有另一层原因。他长期颠沛流离，生活极不稳定，加之贫困潦倒，心境不佳，导致体弱多病。于是，他经常采集和制备中药以疗自身之疾，"种药扶衰病"，是他内心情感的真实写照。

◎为什么说"去忧莫若乐"？

自古以来，人们就把音乐当成一种自然药物加以利用，认为它能去忧除疾，延年益寿，能"寻养神气，宣和情志，处穷独而不闷"（《琴赋》）。那么，音乐为何有如此大的神力呢？明代医家张景岳在《类经附翼》中解释说："乐者音之所由生也，其本在人心之感于物。"也就是说，音乐首先感于心，而"心主神明"，"神明则形安"。所以，活泼欢快的乐曲能使人精神振奋，优美典雅的乐曲让人畅志舒怀，而悲哀低沉的哀乐却能催人泪下。

"去忧莫若乐"（《内业》），北宋著名文学家欧阳修对此感悟颇深："吾尝有幽忧之疾，而闲居不能治也，既而学琴于孙友道滋，受宫音数引，久而乐之，不知疾之在体也。"（《欧阳文忠公集》）忧思伤脾，而宫动脾，欧阳修取宫音之温舒、长、下之特点，以疏发幽忧之情，其作用在于使自己的心理活动处于移神、疏泄、生乐的过程中，自然有益手身心。

"看花解闷，听曲消愁，有胜于服药矣。"（《理瀹骈文》）音乐对人体健康如此重要，可谓人类文明的至宝。难怪孔子有"闻韶，三月不知肉味"之说。

◎为什么要"冬病夏治"?

"冬病"为容易发生在冬季或在冬季加重的病变,"夏治"则是指在夏季择时施治,这是中医重要的择时施治法则。为什么"冬病夏治"而能取效呢?

"人以天地之气生,四时之法成"。可见自然界的时间对人体具有一定的影响。《灵枢·百病始生篇》曰:"毋逆天时,是谓至治。"说明治病当把握与生理病变相应的天时因素,才能获得最佳的治疗效果。根据阴阳四时消长的变化,人体阳气春夏多发生而旺盛,秋冬多收敛而衰弱。这是人与自然相应的结果,故万物随四时阴阳的消长节律而"浮沉于生长之门"。即使人体处于病理状态之下,亦时时受到自然界变化的影响。如阳虚者,尽管四季均为不足,但受夏季阳气隆盛的影响与促动,加之人体的阳气处于一年中最旺盛时,阳虚有欲动而趋于好转之态势,体内凝寒之气因此有易解之势,乘其势而施治之,临床往往收到事半功倍之效。故"谨候其时,病可与期,失时反候者,百病不治"(《灵枢·卫气行篇》)。

据"春夏养阳,秋冬养阴"之理,对逢冬发作的支气管炎、支气管哮喘、风湿与类风湿性关节炎、慢性结肠炎等属于阴寒虚冷之症,均可采用"冬病夏治"之法。如慢性支气管炎、小儿哮喘，可选取于夏季三伏天，以细辛、桂心、白芥子等药末，敷贴大椎、肺俞、心俞、脾俞等穴位治疗，可获得明显的稳定的远期效果。此外，风湿寒痹，夏季打"伏针"；冬天手足皲裂者，夏天浸药；脾肾虚寒者，夏季进服温中补阳之药等等，均借助自然界夏季阳旺阳升，人体阳气亦随之欲升欲旺之势，使体内阴寒之气易解，阳气易复，从而达到"阴平阳秘"。由此可知，在生理或病理状况下，人体应天时变化节律具有维持自我稳定、自我平和的能力。"本四时"，"知日月"，即根据天时变化因素，采用相应的治疗措施，促使机体自我稳定、自我平和能力的完善与增强，使机体由"病"向"平"康复，即"毋逆天时，是谓至治"。

◎为什么说"扶正可以祛邪"?

"善用兵者，必先屯粮；善治邪者，必先养正。"说的是打仗必须保证后勤给养，才能有充沛的精力以御敌。人体正气充沛，则有御邪之力，故《内经》云："正气存内，邪不可干。"中医认为疾病发生的重要原因，并不在于致病因素，而在于人体内正气的衰落。"正气"即人体的抵抗力。人体正气旺盛，血气充盈，抗邪力强，外邪无从侵入，疾病也无从发生，故有"正能胜邪"之说。如人体正气虚弱，正不胜邪，病邪就乘虚而入，导致疾病的发生，故"邪之所凑，其气必虚"。由此可见，外邪入侵，寓有正气不足的内在因素。故祛邪当顾及补养正气，只有保障正气之充盛，才足以祛邪外达。即所谓"正足邪自去"。

扶正即扶助人体正常的机能活动和抗病能力、康复能力，旨在保护正气以防疾病的发生。正气不仅决定疾病发生与否，而且还决定着预后。故曰："若元气不伤，虽病甚不死。元气或伤，虽病轻亦死。"这就是说，元气是人体生命之根本，元气足则脏腑功能旺盛，抗病力强，人就健康少病；反之元气不足，脏腑功能低下，抗病能力弱，则疾病相继而生，乃至夭亡。因此，扶助正气，增强体质，恢复健康，充分发挥机体内在的抗病能力，是抗除病邪的关键。

　　"扶正"应用恰当，则正气复，邪气去，疾病告愈。若扶正不足，则抗邪无力，太过则阻碍邪出。故治疗虚证，应注意三点：一为补中寓通，补而勿滞。如治疗脾虚的六君子汤，人参、白术补脾，以陈皮醒脾利气即是。二为气为血帅，血由气生，故补血常兼补气。三为阴生于阳，阳生于阴，阴阳互根，故补阴兼补阳，补阳亦兼补阴，正如张景岳说："善补阳者，必于阴中求阳，阳得阴助而生化无穷；善补阴者必于阳中求阴，则阴得阳升而源泉不绝。"

　　正气虚则扶正之法治之，补中自有攻邪之意，盖补阴即所以攻热，补阳即所以攻寒，未有正气复而邪不退者，故"补正以祛邪，邪去正自守"，从而达到"阴平阳秘"正常的生理状态。

◎为什么灸疗有隔物之法？

灸法起源于火的发现和使用之后。"灸"字《说文解字》解释为"灼"，是灼体疗病的意思，即通过火热对穴位的刺激来疏通经脉、调理气血，从而达到防病治病的目的。随着医学知识的进步和发展，灸疗知识不断丰富。先是灸疗药物的发展：从最初的树枝柴草等，逐渐发展为以艾为主要的灸疗药物；其次是灸疗方法的不断丰富，出现了"施灸亦可隔物"之说。

最早采用隔物之法的医家是晋代葛洪。他在其所著的用于急救的书籍《肘后备急方》中，首先记载隔物之法："取独颗蒜，横截厚一分，安肿头上，炷如梧桐子大，灸蒜上百壮"，"勿令大热，但觉痛即擎起蒜，蒜憔，更换用新者，不用灸损皮肉"。这种方法，他曾亲身体会，每可获效。可以看出，隔物灸是指所隔之物通过皮肤吸收作用于人体，和灸疗的作用相结合，来达到治病目的的。书中除载隔蒜之法外，还载有隔盐、隔椒、隔面、隔灸器等灸法。他在另一部著作《抱朴子》一书中，也有许多隔物灸的记载。他的妻子鲍姑受他的影响也擅长灸法，尤其对疣病，以灸法治疗屡治屡验，深受百姓称赞，鲍姑也成为有史记载的第一位女灸法家。

历代有许多医家对葛洪提出的隔物灸较为推崇。元代朱丹溪在他的《脉因证治》、《丹溪手镜》、《丹溪心法》等著作中，记载了许多隔物灸的方法，并增加了一些间隔之物。明代薛己也善用隔物灸法治疗外科疾病，对隔物灸之疗法也有所发展。

由于后世医家不断地丰富和发展隔物灸之疗法，隔物灸所治病种也越来越广泛，所隔之物也越来越丰富，据统计多达四十余种，包括植物药、动物药和器皿等。因为所隔之物不同，所以治疗的疾病也各异。如隔蒜灸用于拔毒消肿；隔豉饼灸用于肿硬不溃或溃而不敛；隔姜灸可用于脏寒呕吐；隔木香灸可用于肝气郁结等等。

总之，隔物灸是将药治与灸法相结合的一种治病方法，是通过二者的相互作用来治疗疾病的。

◎为什么说"良药苦口数黄连"?

　　黄连属毛茛科多年生草本植物,其根入药,性味苦寒,归心、肝、胃、大肠经。由于其根成连珠状而色黄,故名黄连;又因历史上主要产于四川峨眉山和洪雅一带。而形如鸡爪,故又有川连、雅连、鸡爪连之称。

　　早在两千多年前,黄连已作药用。《神农本草经》把它列为上品,"主热气目痛,眦伤泪出,明目,肠澼腹痛下痢,妇人阴中肿痛"。《本草纲目》概括为"黄连治目及痢为要药"。黄连现已成为驰名中外的名贵药材,主要功用有清热、泻火、燥湿、解毒、清心除烦等,用于治疗肠胃湿热呕吐、泻痢、疮疡痈肿和心火亢盛、烦躁不眠、热病神昏、谵语及耳目肿痛、口舌生疮等病症。黄连解毒汤、黄连泻心汤等都是以黄连为主的常用方剂。西医也将它作为健胃药和治疗痢疾的特效药。

　　黄连以大苦著称,古往今来,凡言苦者,多以黄连喻之。"良药苦口利于病",正是因为其味苦才有很高的医疗价值。现代科学研究证实,黄连主要有效成分为小檗碱和甲基黄连碱等多种生物碱,这是黄连苦味的来源。这种苦味物质又名黄连素,它是一种植物抗生素,对多种细菌有较强的抑制作用,对

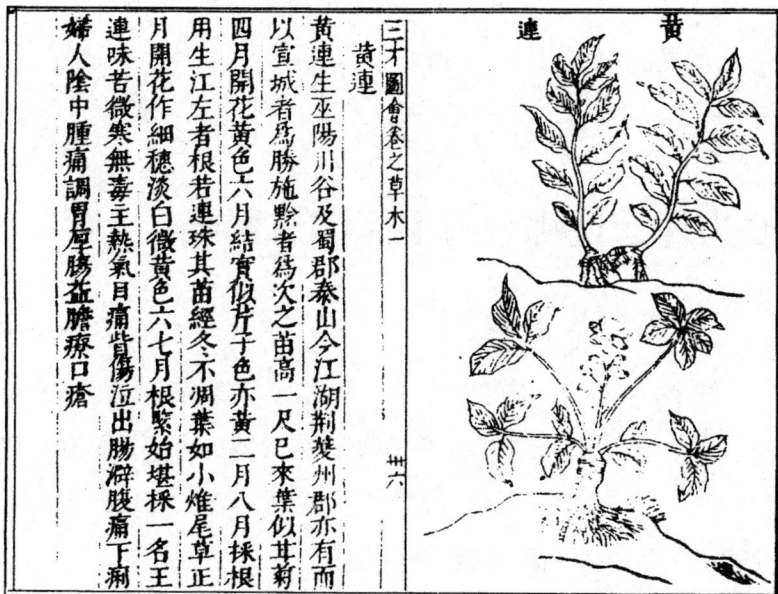

《三才图会·黄连》

十余种常见真菌也有显著抑制作用。黄连为天然抗癌药物，日本学者把它列入"单刀剑"类抗癌药物，即不但具有强烈的抑癌作用，而且不伤害人体任何正常细胞。由于黄连味特苦而疗效极佳，故民间有"良药苦口数黄连"的说法。

◎为什么说佛教对中医多有影响?

佛教"五明"中的医方明,即古代印度医学。在《大藏经》里包括了许多治疗疾病的医书,内容博大丰富,既有医理的阐述,也有方药的记载。它们随同佛教一起被介绍到中国,并对中医学产生了深远的影响。

佛教医学认为,人的身体是"四大"构成的,"地水火风阴阳气候,以成八尺之体"(《佛医经》)。一切疾病都是"四大"不调引起的,并把所有的疾病归纳成404种,每"一大"辄有101种病症,并认为应辩证施治。这些佛教医学理论传入中国后,对中医理论产生了一定的影响。如隋代医家巢元方的《诸病源候论》里写道:"凡风病有四种,总而言之,不出五种,即是六脏所摄,一曰黄风,二曰青风,三曰赤风,四曰白风,五曰黑风。所谓五风,生五种虫,能害于人。"这是中医五行学说与佛教四大学说的结合。

佛教医学对中医的影响不仅在理论上,还表现于方术方面。唐代医家孙思邈的《千金方》中,汲取了耆婆龙树的药方及其他方剂十多种,包括耆婆万病丸、耆婆治恶病方、耆婆大士补益长生不老方等。传说龙树菩萨善治眼病,故眼科书多假其名。《龙树眼论》对我国眼科学的发展影响颇大。金针拨障法，就是始于印度医僧传来的"金篦术"。

坐禅是佛教徒修行方式之一，是配合呼吸吐纳而守意、养心神的一种方法。禅即是定，为梵语的音译。佛教天台宗智颤大师由此推出的"禅定疗法"，可以说是最有特色的佛教医疗方法，它包括"止"（系缘止）、"息"（调息运气）、"气"（六字气）三类，已为中国传统医学所吸收，发展成为气功疗法，至今仍被应用于临床。

佛教在饮食上强调素食，主张饮食有节，"若过分饱食，则气急身满，百脉不通，令心壅塞，坐卧不安"。至今，饮食不节仍是重要的致病因素之一。

"救人一命，胜造七级浮屠"。在古代的寺院之中，常设有收容救治病人的"悲田院"和"养病坊"。中国古代医院即起源于佛教。同时，也涌现出了一批名医，世称僧医。如北宋时四时僧人奉真，望诊技术高超，闻名于世。同时代庐山僧人法坚，以"医术闻名天下"，号称"广济大师"。僧医们为弘扬佛法作出了贡献，同时也为祖国医学发展建立了不朽的功勋。

除僧医之外，还有一些崇信佛学的医家，他们的著作或多或少受了佛学思想的影响。如喻昌在其医著《医门法律》中，以佛法戒律来约束行医者的道德规范，成为千古传诵的医德篇章。著名医家张仲景的《金匮玉函经》、陶弘景的《肘后百一方》等都明显烙有佛教思想的印记。有人曾统计过这样一个数字：佛经中共出现医药卫生方面的名词术语达4600多条，既有生理解剖、脏腑经络方面的名词，也有医疗、药学、心理、病名和医事杂论方面的术语，内容涉猎之广，一般的医学词典也望尘莫及，由此可见佛教对祖国医学影响之一斑。

无怪乎近人陈邦贤说："我国的医学，自秦以后，西晋至隋都混入道家的学说。到了唐宋的时候，医学之学说为之一变。考唐宋医学的变迁，实基于印度佛教的东渐。"

◎为什么鉴真被誉为"日本神农"？

鉴真，垂拱四年（688年）生于广陵江阳县（今扬州市），父亲是佛教徒，鉴真受其影响较深。他14岁随父到大云寺参佛，受璀璨的佛教文化吸引，出家为僧。至二十余岁，不仅精究佛学，还广泛涉猎绘画、书法、建筑等。佛经有"五明学"，其中有"医方明"，内容包括用医理、医方、药物、针灸和禁咒治病，高僧必须精通"医方明"。鉴真求教于道岸师兄和弘景法师，学习医学知识。据载弘景的师祖道宣曾与唐代著名临证医学家孙思邈交往甚密，两人在医学与佛学上互相影响，因此可以说鉴真所学医道渊源师承孙思邈。公元713年，他以律学大师身份返回家乡，建寺造佛，讲经弘法，医病施药，成为坐镇江淮的授戒大师。

中日文化交流始隋盛唐，日本派"遣唐使"入唐，研究唐文化。因为唐文化"法式备定"，可为刚刚实现中央集权统治的日本借鉴。同时派学问僧来华，聘高僧去日本担任授戒大师，因为当时日本流行佛教而无资望高的律师授戒（不经过授戒则不能取得政府承认的僧侣资格）。鉴真认为中日两国是"山川异域，风月同天"的有缘之国.受学问僧荣睿、普照之邀，决定赴日本传授佛学和医学，其时55岁。此后10年内，5次东渡日本未成。他发誓："不达日本国，壮志不息。"公元753年第六次东渡成功，于12月20日抵达日本。次年，在日本首都奈良亲自为圣武太上皇、皇太后、孝谦天皇等授戒，其佛法东渡的夙愿终于得以实现。孝谦天皇任命他为"大僧都"，赐宅地给鉴真，鉴真建"唐招提寺"，成为讲经授戒、看病施药以及传播唐文化的基地。公元763年，逝世于"唐招提寺"，享年75岁。

鉴真精通医药学，他在日本从事的医疗活动，不仅对中医药学在日本的传播有重要的作用，而且对日本医学的发展颇具影响。鉴真医术十分精湛。据记载：公元756年圣武天皇患病，126位精于医道的和尚诊视，鉴真诊治效果最好，足见其医术之高明。他的诊疗经验和医方经常由弟子讲授给僧俗百姓，其验方撰成《鉴上人秘方》，后亡佚，但有些内容在《医心方》中得到保存，如脚气入腹方、诃黎勒丸、鉴真服钟乳随年齿方等。据说日本现在仍广为应用的治万病药"奇应丸"还是鉴真带到日本的。鉴真又可称为药物学家，他对中药学在日本的流传做出了杰出的、开创性的成就。唐代由于频繁的中日医学交流，中医在日本广泛传播，中药进口量也很大，但是却缺乏中药鉴别技术，经常出现药名搞错或真伪不辨，甚至导致医疗事故的发生。鉴真到日本后，帮助将正仓院所藏药物一一辨正，并讲解各药物的用途。尽管当时他已经双目失明，但他依靠手摸、鼻嗅、嘴嚼，准确无误地完成了鉴别任务。时至今日，日本东大寺的正仓院里，还存有唐时从扬州运去的中药。正是由于鉴真这些卓越的功绩对日本汉方医学的重要贡献，日本人民一直称鉴真为"日本神农"、"医药初祖"、"药王"，并在药袋印上鉴真肖像，直至江户幕府时代。

1974年中日友协副会长赵朴初访日，到奈良唐招提寺，森本孝顺长老还以印有鉴真肖像的药袋郑重相赠，可见日本人民对这位伟大使者的怀念。

◎为什么说古人重视胎教？

胎教起源于三千年前的西周文王时。据《大戴礼·保傅篇》云："大任孕文王，目不视恶色，耳不听淫声，口不起恶言，故君子谓大任为能胎教也。"

大任所施行的胎教法，主要侧重于视、听、说三个方面，后人总结之，由此提出了"外象内感"胎教法，使胎教理论愈加完善。

那么，何为"外象内感"胎教法呢？巢元方在《诸病源候论》中对此作了解释："妊娠三月，名始胎，当此时，血不流行，形象始化，未有定仪，因感而变。欲子端正庄严，常口谈正言，身行正事；欲子美好，宜佩白玉；欲子贤能，宜看诗书，是谓外象内感者也。"也就是说，外物作用于孕妇，孕妇产生主观感受而影响胎儿，胎儿也会感应母体内外的许多变化和刺激。

深入探究"外象内感"，其重点是在"象"，孕妇的主观感受因"象"的不同而变化。，"象"包括形象、音象等。所行之事与所视之物，皆为形象，如"行正事"、"佩白玉"、"不视恶色"等；所听之音与所言之声为音象，如"听诵诗书讽咏之声"、"不听淫声"、不出恶言等。因此，孕妇的视、听、行等，对胎儿之所感有着至关重要的作用，"感于善则善，感于恶则恶也"（《博物志》）。所以，古人重视胎教，尤其是胎孕的第三个月，认为此时最易感应而成教。

医学大家孙思邈在肯定"外象内感"的基础上，又强调调心神、和情性的情绪调摄，以及"居处简静，节嗜欲"的生活起居调摄。北齐的徐之才提出了"逐月养胎法"，其目的只是一个，就是"生子皆良，长寿忠孝，仁义聪慧"，也就是我们今天所说的优生。

◎为什么有"推拿代药"之说?

当你患有腰背痛、痹症、凝肩、落枕而感觉疼痛不适的时候,如果有医生为你施以适当的手法按摩,即使不吃任何药,你也会感到疼痛明显减轻,甚至自觉症状完全消失。因为你接受的是中医外治法之一——推拿疗法。

推拿,又称"按摩"、"按跷"、"乔摩"。唐代王冰认为:"按,谓抑按皮肉;跷,谓捷举手足。"此法是通过在人体体表一定部位施以各种手法,或配合某些特定的肢体活动来防治疾病的一种方法。

推拿疗法是劳动人民在长期同疾病的斗争中逐渐认识并发展起来的。相传战国时期扁鹊抢救虢太子"尸厥"时,"使子明饮汤,子仪脉神,子游按摩"(《周礼疏》)。《素问·异法方宜论》提出:"病多痿厥寒热,其治宜导引按跷。"《素问·血气形志篇》记载:"形数惊恐,经络不通,病生于不仁,治以按醪药。"东汉时期张仲景在其著作《金匮要略》中说:"若人能养慎……四肢才觉重滞,即导引、吐纳、针灸、膏摩,勿令九窍闭塞",并创头痛摩散方。晋代葛洪在《肘后救卒方》中说"掐虎口"治疗咽喉痛,"令爪病人人中"治疗猝死。明清时期,在总结前人推拿经验的基础上,发展成为一门具有独特治疗规律的外治疗法。

推拿治病是从中医整体观念出发，按照"补虚泻实"、"动静结合"、"动动结合"的原则，通过施以不同的手法，作用于人体的特定部位，以平衡阴阳、调和营卫、疏通经络、活动关节，从而起到活血化瘀、消肿止痛、滑利关节的作用。祖国医学认为，疾病的发生是由于阴阳失调，因此，调整阴阳、补偏救弊是治疗的关键。推拿就是把手法与经络穴位密切结合在一起，以调整因疾病而致阴阳偏盛与偏衰。如肝肾阴虚、肝阳上亢所致之头痛，通过选用推足心的涌泉穴，配合揉腰眼、三阴交等穴，达到平肝潜阳，使阴阳恢复平衡，头痛乃愈。经络是运行全身气血、联络脏腑肢节、沟通上下内外的通道。推拿手法可直接刺激体表部位，产生酸、麻、胀等得气之感，既可直接使周围的经络系统得以疏通，又间接地调节了内脏的功能，使气血得行，瘀滞得通，病邪得祛，正气得复。另外，"动"也是推拿的特点之一，在施治过程中，一方面通过促使病者肢体关节被动运动，而使气血流通，将因各种损伤所导致的筋肉痉挛、关节的粘连得以松解，如"老年肩"（即肩周炎），用推拿治疗能够取得十分满意的效果。另一方面，推拿手法可直接对脏腑器官的功能活动起到促进与调节作用，如腹部适当推拿可调节胃肠活动，治疗寒凉腹痛、习惯性便秘等。正如《圣济总录》所言："血不得散，小络急引，是痛也，按之则血气散而痛止。"

现代医学研究证明：施推拿手法于肌肤，可使受作用的局部产生生物物理和生物化学的变化，发生一系列生理反应。这种反应通过神经反射和体液循环的调节，形成生理和病理过程的改变。同时，通过推拿可以引起神经末梢向中枢神经传入兴奋。所以，推拿的益处不仅限于被推拿的局部，借助神经反射机制和推拿时产生的类组织胺物质进入血液，对身体的其他部位也产生一定影响，体现了中医治病的整体性。

正是因为推拿疗法对一些疾病的治疗有时会取得与服用药物同样的或比服药更好的疗效，甚至有些疾病用药物无效时，施以推拿之术，可随治而愈，因此古人认为"推拿代药"。

◎为什么有"利小便以实大便"之法?

昔欧阳文忠公常得暴下,国医不能愈。夫人云:"市人有此药,三文一贴,甚效。"公曰:"吾辈脏腑与市人不同,不可服。"夫人使以国医药杂进之,一服而愈。召卖药者厚遗之,求其方乃肯传。但用车前子一味为末,米饮调下二匙。云此药利水道而不动气,水道利则清浊分,谷脏自止矣。

这则故事说的是,仅用车前子一味药,治好了欧阳修的腹泻。有人会问,车前子本为通利小便之品,如何能治疗腹泻呢?这便是中医的"利小便以实大便"之法,临床上依此法确能治疗某些类型的腹泻,如《伤寒论》中的五苓散治疗湿胜泻泄。

中医有"湿胜则濡泻"之说,人体内病理性的水湿多了,就会导致湿邪过多,水走大肠而出现腹泻。水湿是中医特有的生理和病理名词。其在正常生理状态下,以津液的形式滋润五脏六腑、四肢百骸,一旦水湿过多,就会造成人体多种病症。那么,为什么会出现水湿过盛呢?这要简单了解一下正常生理所需水液在人体是怎样代谢的。

水液进入胃,经过胃的受纳、脾的运化,将水液中的精微津液上输于肺,一方面由肺的敷布宣发滋润全身;另一方面将浑浊的水湿下输于膀胱排出体外。水湿经过大小肠时，大小肠亦吸收一部分水湿，以调节人体水液的平衡，故有"小肠主液，大肠主津"之说。如果人体水湿代谢失常或水湿过胜，就会造成水湿内停，水湿在肌肤上聚留过多，则出现水肿；停留于肺，则咳吐稀痰；滞留于肠，肠道不能充分吸收，则水趋下泻，因而腹泻如水。中医认为这是由于脾胃运化水湿功能障碍，而不能"分清泌浊"的结果。

治疗"湿胜濡泻"，从发病病机着眼，应该加强脾胃运化水湿之功能，利其小便，使大肠水湿转移，从小便排出，而腹泻自然治愈，即所谓"利小便实大便"。

◎为什么称六黄为"将军"？

大黄苦寒泄降，气味俱厚，能泻下破结，荡涤肠胃实热积滞，泻血分实热，破癥积，行水气，具有将军斩关夺隘、勇往直前、锐不可当之势，故被称为"将军"。

大黄生者，走而不守，性禀直遂，长于攻伐，入肠治疗热结便秘、潮热谵语或狂躁的阳明腑实证。配以芒硝、枳实、厚朴即成大承气汤，泄热通便，荡涤肠胃，以推陈致新；治疗寒积便秘。配以附子、细辛即成大黄附子汤，散寒凝，开闭结，治疗肠痈初期、气血凝滞、大便闭结。配以牡丹、桃仁等即成大黄牡丹汤，泻肠间瘀热结聚，清热解毒而行血，治疗热痢积滞、大便不畅。配以芍药等即成芍药汤，泻热通滞。

大黄酒制剂能引上至高之分，以清上炎之火，如阳明胃火之咽喉肿痛、牙龈肿疼、肝火之两目红肿等。大黄又善解疮疡热毒，以疗疗毒，又治湿热黄疸，配以陈蒿即成陈蒿汤，以清泄湿热，下走大肠。

大黄味苦、气香、性凉，能入血分，凉血破血，借其苦寒降泄之力，治火热之邪亢盛、迫血所致的多种出血。配以黄连等即为泻心汤，以直折其炎上之火热，治妇女血瘀经闭。配以蟅虫等即为大黄蟅虫丸，祛瘀生新见伟效。至若跌扑损伤，血

· 中华文化十万个为什么 ·

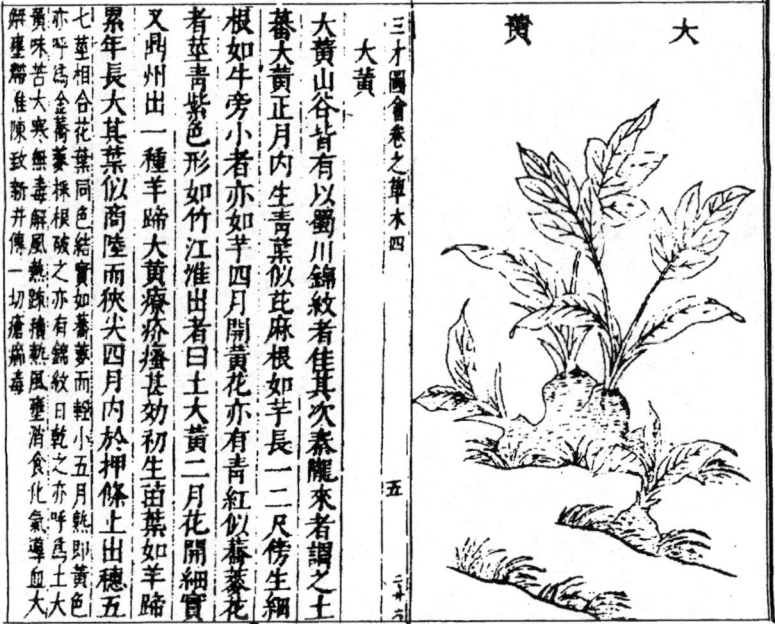

三才圖會卷之草木四

五

大 黃

大黃

大黃山谷皆有以蜀川錦紋者佳其次秦隴來者謂之土蕃大黃正月內生青葉似芘麻根如芋長一二尺傍生細根如牛旁小者亦如芋四月開黃花亦有青紅似蕎麥花者莖青紫色形如竹淮出者曰土大黃二月花開細實又鬥州出一種羊蹄大黃療疥瘙甚劾初生苗葉如羊蹄累年長大其葉似商陸而狹尖四月內於押條上出穗五七莖相合花葉同色結實亦有細紋日乾之亦呼爲土大黃味苦大寒無毒解風熱積熱風壅消食化氣導血大解壅癰雝陳致新并傳一切癰瘡腫毒

《三才图会·大黄》

有所瘀，闭而不行，酒炒大黄，配以桃仁、红花即为复元活血汤，散瘀行血。

　　大黄能荡涤邪热，推陈致新，去陈垢而安五脏，如"戡定祸乱以致太平无异"，既能攻也能守，实为软硬兼施的克敌制胜之平安将军。

◎为什么古人称菊花为"延寿客"？

"宁可抱香枝上老，不随黄叶舞西风"，人们之所以喜爱菊花，是因为它不畏风霜，傲然绽放于飒飒秋风之中的坚毅性格。菊花乃"梅、兰、竹、菊"四君子之一，也是我国十大名花之一。菊花在我国有悠久的栽培历史。公元前5世纪的《礼记》中已有"季秋之月，鞠有黄华"的记载。周文王时代的《致富全书》中，详细地记述了菊花的品种、繁殖、栽培和管理。发展到今天，我国菊花品种已达两千多种，高者丈余，矮者不足尺；花朵大者如盘，小者如纽扣，花色有黄、白、红、粉、紫、墨、绿、赭、雪青、泥金等，真是千姿百态，变化无穷。

菊花除供观赏外，还有很高的药用价值。菊花入药的历史也很悠久，在《神农本草经》中已有记载。祖国医学认为，菊花味甘苦，性微寒，归肝、肺经，具有散风清热、养肝明目和解毒消炎等作用，可治疗肝肾不足所致头晕眼花、目赤肿痛，以及外感风热、温病初起之发热、头昏痛等症。一些常用方剂，如杞菊地黄丸、桑菊饮等，都含有菊花。

菊花的用途非常广泛，正如李时珍所说："其苗可蔬，叶可啜，花可饵，根实可药，囊之可枕，酿之可饮。"菊花泡茶能清肝明目、清凉解毒、消暑止渴；白菊花与金银花同用，沸水冲泡代茶饮，还可治疗高血压。菊花粥用粳米60克、菊花末15克文火熬成，可治疗肝火头痛、眩晕、风热目赤多泪等症；菊花酒有清利头目、养阴清热之功，为常用的保健药酒；菊花枕有明目降压之功。

菊花还有延年益寿的作用。《神农本草经》说菊花"久服可利血气，轻身耐老延年"。苏东坡《记南海菊》也说："菊黄中之色香味和正，花叶根实，皆长生药也。"据《后汉书·郡国志》记载，南阳郦县城北八里外的山谷中有一条清溪，两岸长满了菊花。当地人家从不打井，饮水、洗涮皆从河里取水。居民普遍长寿，上寿一百二三十岁，中寿百余岁，七十岁去世就算早夭。葛洪《抱朴子》中也记载了这件事："南阳郦县山中有甘谷。水所以甘者，谷上左右皆生菊花，菊花坠其中，水味为变。谷中居民皆不穿井，悉食甘谷水，无不长寿，得此菊力也。"可见，菊花与长寿的确有密切关系，因此，古人尊菊花为"延寿客"。

有意识地用菊花延寿，早在《楚辞》中已有所反映，如屈原《离骚》中有"朝饮木兰之坠露兮，夕餐秋菊之落英"的诗句。此法到清朝时已成为慈禧太后的保健专方，名"菊花延龄膏"。它只取一味鲜菊花瓣，以水煎透，去渣再煎浓汁，加适量蜂蜜收膏，每次用开水冲服一匙，是太医院专为慈禧制备的宫廷秘方。

◎为什么有些中药常以"胡"、"番"名之？

古代中外文化交流频繁，传入中国的药物，不少都冠以外域的标记，像"胡"、"海"、"番"、"洋"等。从这些不同的标记中，我们可以了解药物传入的时代及方域。凡药名前冠以"胡"字的药物，多为两汉、两晋时由西北丝绸之路传来，如"胡麻（即芝麻）"、"胡豆"、"胡荽"；凡冠以"番"字的药物，多为南宋至元明时由"番舶"（外国来华贸易的商船）引入，如番椒、番木鳖、番泻叶；凡冠以"海"字的药物（除指明产于海洋的外），多为南北朝后由海路引进，如"海藤"、"海枣"、"海桐皮"；冠以"洋"字的药物，多为清代从海外引入，如"洋葱"、"洋参"、"洋姜"等。更有一些药名前直接标明国度，如"石榴"是"安石榴"的省称。《博物志》云："张骞使西域，得安石国榴以归，故名安石榴。""安石"，是古波斯的属国，又作"安息"，芳香开窍药"安息香"，亦从彼国传来。他如"波斯白石蜜"、"倭硫磺"、"高丽参"、"花旗参"等，皆标有外来的印记。

◎为什么"阿是穴"能诊疗疾病?

中医腧穴大体分为三类:一类是经穴,是指分布于人体十四经循行线上的腧穴;另一类是奇穴,指未归属于十四经脉的腧穴;还有一类就是阿是穴,它的取穴方法是以痛为腧,即人们常说的"有痛便是穴"。

"阿是"之称始见于唐代孙思邈《千金要方》中:"有阿是之法,言人有病痛,即令捏其上,若里当其处,不问孔穴,即得便快成痛处,即云阿是,灸刺皆验,故曰阿是穴也。""阿"字,《汉书·东方朔传》颜师古注为"痛"的意思。因为按压某处时,病人会因疼痛而发出"阿(呀)"的声音,故命名为"阿是穴"。因阿是穴无固定的部位,亦无具体名称,《玉龙经》称其为"不定穴",《医学纲目》称为"天应穴"。以痛为腧的治病方法,最早见于《灵枢·经筋》,其曰:"足太阳之筋……其病小指支跟肿痛,腘挛,脊反折,项筋急,肩不举,腋支,缺盆中纽痛,不可左右摇。治在燔针劫刺,以知为数,以痛为腧。"《素问·缪刺论》亦曰:"疾按之应手如痛,刺之。"

中医认为,人是一个有机的整体,人体通过经络系统将五脏六腑、四肢百骸、五官九窍、筋脉肌肤联系成一个统一的整体。穴位是脏腑之气输注于体表的部位，阿是穴通过经络系统与脏腑组织相联系，而经络系统，在生理上具有沟通上下内外，将气血营养输布至全身的作用；病理上又是将病邪由表入里传注的途径。所以，阿是穴既是治病的最佳刺激点，同时也是疾病反应点，在临床上，被广泛应用于诊断和治疗。

◎为什么说"丹参一味，功同四物"？

丹参，其根细长，呈圆柱状，外皮为朱红色，故称丹参。丹参始见于《神农本草经》，被列为上品。本品味苦、微寒，入心、心包、肝经，有活血祛瘀、凉血消肿、养血安神之功效，主治瘀血所致的各种疼痛、癥瘕积聚、疮疡痈肿以及心悸失眠等症。

《妇人良方》载有丹参散一方，只用丹参一味为末，酒调下，治妇人经脉不调、或前或后、或多或少、产前胎不安、产后恶血不下诸症。《妇人明理论》对该方评价极高，曰："四物汤治妇人病，不问产前产后，经水多少，皆可通用，惟一味丹参散主治与之相同，盖丹参能破宿血，补新血，安生胎，落死胎，调经脉，止崩中带下，其功大类当归、地黄、川芎、芍药故也。"四物汤是中医著名方剂之一，也是妇科常用方之一，将丹参与四物汤相提并论，可见时人极尽推崇之意。《本草汇言》也进一步指出："丹参一物，而有四物之功。补血生血，功过归、地；调血敛血，力堪芍药；逐瘀生新，性倍川芎。妇人诸病，不论胎前产后，皆可常用。"可见在妇科病的应用中，更显示本品的优越性。所以中医界有句名言，叫"丹参一味，功同四物"。

经现代研究分析，丹参含丹参酮、隐丹参酮、异丹参酮、异隐丹参酮、丹参新酮、丹参醇、维生素等成分，具有多种药理作用。近年来，用丹参治疗冠心病取得很大进展，无论是单味丹参或复方制剂，都有良好效果。

另外，丹参适用于慢性肝炎、血栓闭塞性脉管炎、浅表静脉炎、血吸虫病的肝及脾肿大、肺心病等的治疗，也有良好的疗效。

◎为什么说王焘是唐代著名医家?

王焘,唐代郿(今陕西郿县)人,约生活于公元8世纪。

王焘之祖父王珪,是唐太宗时的著名宰相。王焘之父王敬直官为驸马都尉,王焘之母乃李世民之女南平公主。王焘就生于这样的世家。王焘本人并非业医,却做过徐州司马、邺郡太守、房陵郡太守,曾封爵为"开国伯",并在台阁(尚书省)供事达20年,主理弘文馆(国家图书馆)事务。

从王焘家传及其本人简历看,似乎与"医"字无关;但《中医人物辞典》、《经史百家医录》、《中国历代名医百家传》、《中国医学家列传新注》、《中国医学史略》等书均将之列入医家之列而加以介绍,这是为什么呢?

王焘务医,原因有二。其一,王焘自幼多病,其母更是终年抱病卧床。《新唐书》言王焘"性至孝",时常衣不解带地侍陪病母,为之调和羹汤药剂。为了治疗母病,王焘广涉方书,且多次随高明医生崔知悌等习医。其二,王焘主理弘文馆,方便阅览大量医学文献,使之自学成才,并萌生编纂大部头的综合性医著之念。于是,毅力坚强的王焘,正如其《外台秘要·自序》中所云,昼夜不辍,阅前人著作五六十家、近人医书千百卷,"上自炎昊,迄于盛唐,括囊遗阙,稽考隐秘"，"捐众贤之砂砾，摄群才之翠羽"，终于在唐天宝十一年（752年），将《外台秘要》40卷写成。

《外台秘要》分1104门。一至二十卷记内科病，二十一至二十二卷记五官病，二十三至二十四卷记瘿瘤、瘰疬、痈疽等病，二十五至二十七卷记二阴病，二十八至三十卷记中恶、金疮、恶疾、大风等，三十一卷至三十二卷记丸散等成方，三十三至三十四卷记妇人病，三十五至三十六卷记小儿病，三十七至三十八卷记乳石，三十九卷记明堂灸法，四十卷记虫兽伤及畜疾。每门记述，先论后方，秩序井然。论多源于《巢氏病源》，方多取自《千金要方》，收方高达6900余种，在中医载方之书中，方量排位第五。

《外台秘要》集唐以前医学之大成。这部医学巨著，学术价值、临证实用价值都很高。书中内容宏富，广收博采，包容了内、外、妇、儿、五官、皮肤、精神病、骨伤、传染病等各科，尚有检验、护理、急救等技术介绍，连兽医学都包括在内，甚至述及外来医学及少数民族医术。更可贵的是，该书保存了诸如《范氏方》、《小品方》、深师方》、《删繁方》、《古今录验方》等十余种亡佚医书的内容，其为文献研究提供了甚为丰富的资料。且王焘将书中引文均注明出处，方便了该书的查阅。

没有医家水平很难编成《外台秘要》这样的医学名著。既已完成了这样一部传世医书，就说明王焘虽非业医，却是医家，众书将之列入医家之列，是理所当然的。

◎为什么医生要"小大方圆全其才"?

明代医家张景岳于《病家两要说》中认为医生"必也小大方圆全其才……斯是谓之真医,而可以当性命之任矣",要求医生要心小、胆大、行方、智圆。

心小就是在行医时必须细心诊察患者,纤毫勿失,对于疾病微小的征兆也不可放过。因为医生职责关乎患者生命,不能疏忽。胆大,是在小心诊察、精心思考后,大胆地进行治疗,不可优柔寡断。否则一味畏首畏尾,就会贻误病人。

行方,为行为方正之意。为医者要有医德,行为要端正。医生的职责是神圣的,关乎人的生命和健康,只能一心解救患者的疾苦,不可作营求财物等他想。在行医时,医生常会接触病人的隐私,若心术不正或不能为患者保守秘密,就无职业道德可言。

智圆,灵活掌握,不错过时机。病情纷繁复杂,瞬息万变,病人年龄有老有少,体质有强有弱,性情有急有缓,地位有高有低,患病时令有寒有热。对于这些因素和变化,医生要能知常达变,治法圆机,不可墨守旧法,贻误病人。

唐代大医孙思邈对小大方圆之义阐发得非常透彻:"心为之君,君尚恭,故欲小。《诗》曰:'如临深渊,如履薄冰'，小之谓也。胆为之将，以果决为务，故欲大。《诗》曰：'赳赳武夫，公侯干城'，大之谓也。仁者静，地之象，故欲方。《传》曰：'不为利回，不为义疚'，方之谓也。智者动，天之象，故欲圆。《易》曰：'见机而作，不俟终日'，圆之谓也。"

心为君主之官，而古代君王应当是位愈高而愈礼贤下士，越小心翼翼。对于治理国家要慎之又慎，"如临深渊，如履薄冰"，方可国泰民安。一不小心则国弱民贫，内忧外患丛生，而亡家失国。而医生的治疗病人时应是如此，面临病人诊视一丝不苟，思虑辨证周密不失，才有保证无误诊误治，否则亡神失国而贻害病人，则生命无价，后悔晚矣，因而医生亦当"如临深渊，如履薄冰"。《内经》言医生治疗之时"持针如握虎，神无营于物"。

心虽欲小，胆却必大。在人体五脏六腑中，"胆为将军之官，决断出焉"。为医者要胆大，有决断。疾病危重之时，"肝风内动者，当平则平；脾虚气陷者，当培则培"。用药力较强之药时，若虚证用参、芪，实用硝、黄，寒用姜、桂，热用犀、羚，勿宜迟缓，应当机立断。否则当用而不敢用，或用而不敢重，往往姑息养奸，坐观成败，贻误病人。《言医》中言："医家之误人有六：有学无识，一也；有识无胆，二也。"因而为医胆应大。

行方，正如孙思邈之所言"仁者静，地之象"。医乃仁术，医生要有"大慈恻隐之心，誓愿普救含灵之苦"，无论对谁都要一视同仁，无论身份高低，贫富与否，关系疏密，都如至亲之想。排除一切困难，救助患者。"斯方为苍生大医"，否则是"含灵巨贼"。"为医先去贪嗔","未医彼病,先医我心","业医者,治人之心不可无,而自私之心不可有",此皆为前人谆谆教导。行为方正的医生,才是真正救患者疾苦的医生。

智圆,要"见机而作,不俟终日"。占人言智者动如水,即智者灵动不拘泥。作为医生必须有高超的智慧、迅速的应变,因此智慧要圆通,在纷乱的病情中找出其本,并且不能拘于常法,必及因人因证,结合各种因素进行治疗。

此四者必须要完全具备才能做一个真正的医生,否则只细心而不大胆,狐疑鼠首,或只胆大不细心,若暴虎冯河,怎不误事?行为虽方正但拘泥而不知变通,亦可误人,而智慧虽圆通,但明哲保身不顾患者之性命,又怎能救人?因而一个医生必须"小大方圆全其才"方是真正济世救人的良医。

◎为什么说四君子汤有"君子之德"？

　　古人称有才德的人为君子，故曰"博闻强识而让，敦善行而不怠，谓之君子"。四君子汤，用药四味，参、苓、术、草，温而不热，补而不滞，性皆平和，具有君子"中和"之德，故有"君子"之称。

　　四君子汤健脾和胃，为补气第一要方，自然就成为治气虚证的首选药方。那么气虚为何从健脾治之呢？

　　脾为中宫之土，土为万物之母，人有此身，必资谷气，皆有赖于脾胃运化的水谷精微，故后天之本在脾。脾之功能健壮则气血生化有源，五脏六腑、四肢百骸以及皮毛得以充养，人的生长发育机能旺盛。所以脾胃具有坤德，担负着食物的承载、生化、吸收、转输的重任，亦与君子之德同。故曰"脾脏居中，为上下升降之枢纽，饮食入胃，脾为行运其气于上下内外，犹土之布于四时，故属土，于卦为坤"。若脾气虚弱，气血生化乏源，脏腑组织失养，人就会产生面色无华，四肢无力，食少便溏，气短懒言等气虚病症。

　　脾胃之病系由"冲和失布"而生。冲和者"万物负阴以抱阳，冲气以和"（《老子·四十二章》），说的是阴阳二气互相交冲而成均调和谐状态，形成一种和气，称之为冲和之气。

古人认为惟有君子具备冲和之德，"冲和者，君子之性"。四君子汤以人参甘温，大补元气，以补脾气之不足，为君；白术苦温，燥湿以实脾，为臣；茯苓甘淡而平，渗湿健脾，和胃益肺，为佐；甘草甘平，和中益土，为使，用药四味，性皆平和，健脾和胃，具有君子"冲和"之义。

参、苓、术、草均属甘温甘平之品，四味相伍，温而不热不燥，补中有泻，补而不滞，组成平补和胃之剂，后世很多补气健脾之方，均从此方演化而来。故曰"补气者补之以甘，参、术、苓、草甘温益胃，有健运之功，具冲和之德，故为君子"。

可见，四君子汤具备了"坤厚载物"、"中和"、"冲和"之德，故有"君子"之名。

◎为什么说"肝为刚脏，用药宜柔宜和"？

人体的肝脏主怒性急，具有将军刚武直勇不屈之性，故被称为将军之官，又称之为刚脏。肝在五行中与风、木同属，风有善行数变之性，而肝风内动常变幻莫测；木有伸展条达之性，肝性疏泄乃是遂其动性。故肝为风木之脏。

肝具有刚愎自用之性，故有喜条达、恶抑郁、喜升散、恶郁遏，主升主动之性。由于肝性刚主动，一旦肝的疏泄功能被抑郁，就会出现肝气郁结，气机不调，由郁而滞，甚至气郁化火，阳亢无制而致肝风等证。可见，人体气、火、痰、瘀、风的病理变化过程，常以肝气郁滞为先导，故有"肝为五脏六腑之贼"之说。

针对肝脏这一刚悍之性，若肝郁之证，投以柴胡、香附、木香、枳壳等大量辛温香燥行气之品治之，每多肝气郁而化火，已伤肝阴，香者必燥，燥更伤阴，阴液越耗，肝气越滞，愈疏愈滞，不但无益，反而生害。故肝全赖肾水以涵之，血液以濡之，则刚柔之质，得为柔和之体，遂其条达之性。

为什么说肝非柔润不和呢？这主要取决于肝"体阴而用阳"的生理特性。肝属木，其母为水（肾）。肝以血为体，以气为用，血属阴，气属阳，故体阴而用阳。肝为刚脏，非柔不和，也就是说肝必须依赖阴血的滋养，才能发挥其正常的生理作用。如若肝的阴血不足，就会出现肝的疏泄条达失常，以致肝气横逆，肝胃不和，肝阳上亢，肝风内动之症，因此，肝病治疗以顾护肝阴、肝血为要，用药宜柔不宜刚，宜和不宜伐。

临床常用杞菊地黄丸、"一贯煎"等方，用于治疗肝肾阴液不足、肝阳上亢所致的头痛、眩晕、耳鸣、两目干涩等，及肝肾阴虚、肝气郁结所致的胁痛、口苦咽干、易怒等症。方中所选用之主药，如地黄、枸杞、麦冬、白芍等，均为酸甘滋润之品，有滋养肝肾阴血之功。其组方配药本着肝藏血，肾藏精，肝肾同源，以养肝血，滋肝阴，泄肝气，补肝体，以和肝用，取之"滋水涵木"之义。

总之，肝为刚脏，全赖肾水以滋之，血液以濡之，用药不宜刚而宜柔，不宜伐而宜和，当以甘凉、辛润、酸降、柔静中求之，所谓"以柔制刚"。

◎为什么百合有"百事皆合"之喻?

百合,又名重箱、摩罗、强瞿、中逢花。地下有扁形或近圆形的鳞茎,鳞片肉质肥厚,白色,重叠相合如莲瓣,故名百合。花六瓣,有红黄、黄、白或淡红等色,其红黄色有斑点者称卷丹。

百合有极高的观赏价值。它花朵硕大,形似喇叭,色泽美丽。洁白者象征纯洁和光明,鲜红者象征热情和活力。俏丽的外形再加上芬芳的气味,实在令人喜爱。由于百合有"百事皆合"之寓意,是吉祥的象征,历来是馈赠亲朋好友的上等花卉。

百合还有很高的药用价值。

百合入药最早见于《神农本草经》,现以百合科多年生草本植物百合和细叶百合的肉质鳞茎入药。于秋季百合茎叶枯萎时采挖,洗净,剥取鳞片,沸水烫过,或略蒸过,晒干或烘干备用。百合味甘,性微寒,归心、肺二经。百合有润肺止咳之功效,用于肺热咳嗽、劳咳咯血,常与款冬花配伍使用,如百花膏。百合还能清心安神,用于治疗虚烦惊悸、失眠多梦,如百合知母汤、百合地黄汤,即以本品与知母或地黄配伍,治热病后余热未清所致的烦躁失眠、神志不宁等症。

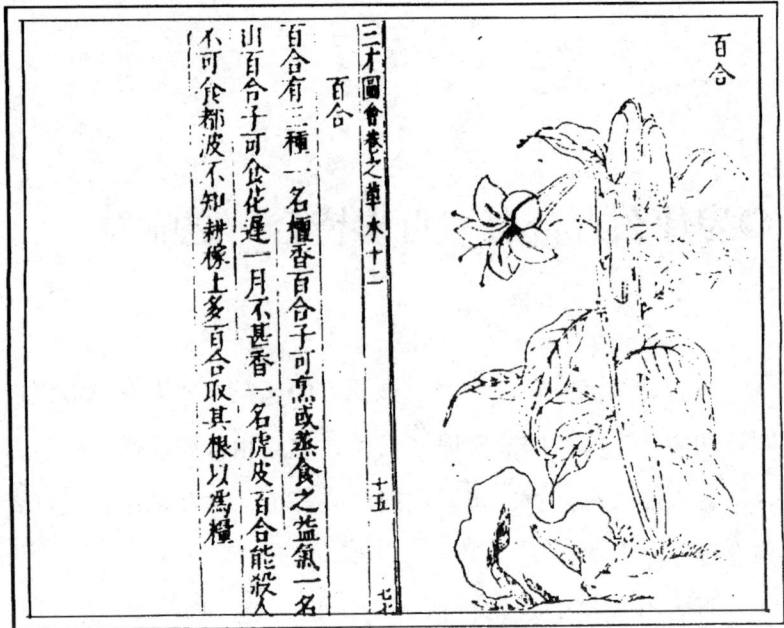

《三才图会·百和》

百合花和百合子也可入药。百合花能润肺、清火、安神，可治疗咳嗽、眩晕、夜寐不安等症。百合子可用于治疗肠风下血。

百合也是很好的食疗佳品。百合汤、八宝饭里都少不了它。在湖南，百合煮肉是一道著名的食疗菜肴。在我国南方，还将百合煮绿豆汤或赤豆汤，作为夏季防暑降温的清凉饮料。用百合煮粥，还可滋润肺胃，对呼吸道和消化道粘膜有保护作用。据化学分析，百合含有蛋白质、淀粉、脂肪、蔗糖、还原糖、果胶、磷、钾、钙、铁、胡萝卜素及维生素B_1、B_2、C等，营养非常丰富。经常食用百合，对人体大有裨益。

可见，百合无论在观赏、药用以及食疗方面都有很高价值，不愧有"百事皆合"之喻。

◎为什么说四物汤能通治血家百病？

"四物归地芍川芎，补血调经此方宗"。四物汤出自《和剂局方》，历来被誉为补血之要剂，为血证通用之方。

"血主濡之"，"以奉生身，莫贵于此"。人体血液的生成，取资于脾，生化于肾，贮藏于肝脏，运行于心脉。故"肝受血而能视，足受血而能步，掌受血而能握，指受血而能摄"。若脾虚化源不足，肾中精气亏损，生化血液功能障碍，则不能把阴精化为血液；营血亏虚，则不能外荣于唇面；心体失养，筋脉失濡，人就会出现面色萎黄，唇白无华，心悸怔忡，爪甲枯槁等症。月经的正常来潮与人体冲任二脉关系密切，中医认为"冲任隶属肝肾"。肝藏血主疏泄，月经按时来潮，按时而止，有赖肝的应时疏泄和闭藏；如经血涩少，甚而经闭不行，乃为肝血不足，滞而难行之象。

妇人以血用事，经、孕、产、乳，耗伤阴血，故血亏血滞乃妇人病理之通常。古人治妇人病立方无不以血药为主，故朱丹溪曰："四物汤乃妇人众疾之总司。"方中熟地又称之"地髓"。地髓者，即指地之精华，因地黄合地之坚凝，又得土之正色，人手足少阴、厥阴之经，为补肾要药，益阴正品，精血形质中第一醇厚之药。白芍酸平敛血和营，此二味血中血药，以静为主，专养精血，为补血之正药。但二药乃纯阴滋腻之品，然血虚多滞，经脉每多不畅，故配以当归血中之圣药，气味具厚，专能补血又能行血，走而不守，以行为补。川芎辛温香串，味薄气雄，性最疏通，无所不至。归芎二味血中气药，以动为主。

四药相配，滋而不腻，温而不燥，一动一静，一阴一阳，刚柔相济，动静结合，阴阳调和。故为血虚能补，血燥能润，血溢能止，血淤能行的调血之剂。正所谓"四物地芍与归芎，血家百病此方通"。

◎为什么说麝香是香药之"王"？

在中药材中，凡带有香味者，大多以"香"命名，如藿香、丁香、沉香等，约有60多种，其中以麝香的香味尤为芳烈，非其他香药材可比，故称之为香药之"王"。

李时珍曾说："麝之香气远射，故谓之麝。"麝又叫香獐或土獐，是一种珍稀动物。雄麝的脐下有香腺囊，囊内分泌麝香。麝香有"元寸"、"当门子"之分，后者更是佳品。它多呈紫黑或棕褐色，粉末状，油润光亮，质软有油性，手捻成团而不粘手，手放开后立即松散弹起。其香味浓烈，是极为名贵的香料和药物。

麝香入药在我国有悠久历史，《神农本草经》称它能"辟恶气，温疟，痫痉，去三虫"，以后的历代本草均有详细论述。麝香性温味辛，无毒，入心、脾、肝三经，具有开窍醒神、活血散结、止痛、催产等作用，可治疗温热病热入心包、神昏痉厥、中风痰厥、惊痫等闭症。因本品辛香走串之性甚烈，具有较强的开窍通闭作用，故为醒神回苏的要药。它也可用于痈疽肿毒、跌打损伤及痹证诸痛。还可治疗胎死腹中或胞衣不下等症。许多中成药，如苏合香丸、安宫牛黄丸、六神丸、至宝丹等，均配有麝香。

麝香所含成分主要有钾、钠、钙、镁、铁、氯、含氮化合物、胆甾醇、脂肪酸、粗纤维等；其芳香成分主要为麝香酮，含量仅占0.5%—2%。麝香有兴奋中枢神经系统作用，使呼吸、心跳加快，并促进多种腺体分泌。还有发汗、利水及兴奋子宫作用。

由于本品芳香走串，用之不当可耗散人体正气，又宣散气血之力峻猛，故孕妇忌用。

◎为什么孙思邈说"凡用针之法，当以补泻为先"？

孙思邈在《千金方》中曰："凡用针之法，当以补泻为先。"就是说针刺治病，补泻的手法最为重要。

人食五谷杂粮，孰能无病？疾病是由于机体的阴阻失调、脏腑虚实变化所致。《针灸大成》曰："百病之生，皆有虚实，而补泻行焉。"即"实则泻之，虚则补

孙思邈（581—682）

之"，这是中医总的治疗原则。针刺治病也要遵循上述原则。这就要靠针刺时，采取补泻手法来完成。如《素问·调经论》曰："刺法言，有余泻之，不足补之。"《灵枢·九针十二原》曰："虚实之要，九针最妙，补泻之时，以针为之。"这都是说以针刺手法达到补虚泻实的治疗目的。

关于针刺补泻法的研究，《内经》中已有记载，补泻法就包括开阖补泻法、寒热补泻法、呼吸补泻法、迎随补泻法、徐疾补泻法等。自金元以后，针刺手法又有很大发展，补泻手

法由简到繁，从单式操作发展到综合运用。如何若愚在《流注指微赋》中，依据《素问·针解》的"补泻之时者，与气相结合"的理论，创造了"接气通经"法。窦汉卿《针经指南》所载的补泻手法，也颇有特点。即补法：左手按穴，右手持针，令病人咳，进针，吹气，针随入，觉针下得气，吸气，出针，闭其穴；反之为泻法。金代窦杰首次提出"烧火山"、"透天凉"补泻法。

目前临床常用的补泻手法可分为单式补泻法和复式补泻法。单式补泻法是指基本手法的简单组合，有提插补泻法、捻转补泻法、开合补泻法、寒热补泻法、呼吸补泻法、迎随补泻法、徐疾补泻法。复式补泻法是指将操作形式完全不同，而作用相同的手法组合在一起的补泻方法，有"烧火山"、"透天凉"、"阳中隐阴，阴中隐阳"等。

◎为什么屈原说"后皇嘉树，橘来服兮"？

"后皇嘉树，橘来服兮"。每当人们吟诵屈原的著名诗篇《橘颂》时，眼前仿佛就会展现出一片片流香溢采的橘林，尤在秋色灿烂，橘子成熟时，那美丽的景色，金色的果实，更令人心旷神怡。

橘子，据史料记载，周代已把它作为贡品。到汉代，橘子已被大规模种植。人们喜爱橘子，不仅因为它是一种美味可口的水果，同时也因它是一味良药，具有开胃理气、止咳润肺、醒酒除烦等功效。

橘皮入药以陈久者为佳，故又称陈皮。它的理气、燥湿、化痰、调中的作用较强，对消化不良、食欲不振、咳嗽痰多、胸闷腹胀等症有较好的疗效。明代著名药物学家李时珍将陈皮的功效概括为"同补药则补，同泻药则泻，同升药则升，同降药则降"。

橘络是橘子果皮内层的筋络，比较完整而理顺成束者，称为"凤尾橘络"，又名"顺筋"；多数断裂、散乱不整者称之"金丝橘络"，又叫"乱络"。橘络具有通络、理气、化痰之功，尤适用于经络气滞、久咳胸闷等症。橘核的理气止痛作用较强，特别适用于治疗疝气、睾丸肿痛、乳房胀痛等症。

· 中华文化十万个为什么 ·

屈原（前 343—前 277）

橘叶药用的记载，最早见于汉代刘向撰写的《列仙传·苏耽传》中。传说苏耽"以仁孝著闻"，曾对其母说："明年天下疾疫，庭中井水橘树能疗患疫者，与井水一升，橘叶一枚，饮之立愈。"来年，果然发生疾疫，其母用橘叶救治了不少病人。这就是"橘井泉香"一典的由来。当然，这仅仅是一个传说而已，对橘叶治疫的作用尚待进一步验证，但其疏肝、行气、化痰、消肿毒之功，则是确定无疑的。

的确，橘子以其鲜洁可口的美味，独异扑鼻的清香，广泛的药用价值和治疗作用，不但引起人们的钟爱，而且还曾激发了不少诗人的灵感。唐代当过宰相的牛僧孺有"橘中之乐，不减商山"之佳句，向往要做一个橘林中的"橘隐"。

无怪乎伟大的浪漫主义诗人屈原，吟唱出了千古名篇《橘颂》。"后皇嘉树，橘来服兮"，不正是表达了一代诗人对橘子的推崇吗？

◎为什么"膏药一贴，百病皆已"？

中医之膏药，广义上说可分为内服和外用两种。内服的称为膏滋，由汤剂、煎剂浓缩而成，如《本草纲目》中的"益母膏"、《张氏医通》中的"二冬膏"。外用的分为软膏和硬膏。软膏出现较早，它主要是以植物油、动物油或蛋清、蜂蜡为基质，加入药物细末，制成的半固体状膏，如《灵枢经》中的"马膏"、"豕膏"，《千金翼方》中的"蛇衔生肉膏"；硬膏由软膏中的油质膏演变而来，古时叫做薄贴，多以植物油、铅丹等为基质，经过熬制掺以药而成，如"狗皮膏药"。膏药疗法是将中药制成的软膏或硬膏贴敷在人体表的一个或几个穴位上，以及病变的局部，从而达到防治疾病的目的。

膏药之法源远流长，马王堆汉墓出土的现存最早的医书《五十二病方》载：用芥子泥外敷头顶百会穴治疗毒蛇咬伤。《内经·灵枢·痈疽篇》载："发于腋下赤坚者，名曰米疽"，"涂以豕膏"。《后汉书·方术传》载：外科鼻祖华佗，曾对"结于内，针药所不能及，乃命以酒服'麻沸散'……若在肠胃，则断截湔洗，除去疾秽，既而缝合，敷以神膏，四五日创愈，一月之间皆平复"。唐代孙思邈在《千金要方》中提出："热气拥结成痈疽，方有灸法，亦有温治法，以其中冷却未成热之时，其用冷药贴薄之，治热已成，以消热令不成脓也。"清代吴师机在《理瀹骈文》中记载了自制膏药数十种，如治上焦风热的"清阳膏"、中焦郁积的"金仙膏"、下焦寒湿的"散阴膏"等，在临床上取得了显著的治疗效果。

膏药为何会有如此奇妙的疗效呢？膏药疗法以中医的经络学说为基础，药物施于病者机体外表某部或患部，一方面是通过药物外敷，对相应穴位进行刺激，由经络传导，激发和调动人体内在机制，达到调和气血、疏通经络、协调脏腑的功用；其次，药物从特定部位被人体吸收，发挥其相应的药理作用。从膏药的用药来看，一般少用清淡和平之味，多用猛药、生药、香药，并加一些通经走络、开窍透骨、拔毒外出之品为引，如姜、葱、槐、柳、菖蒲、凤仙、轻粉、山甲等，以"率领群药，开结行滞，直达其所。俾令攻决滋助，无不如志，一归于气血流通而病自已"（《理瀹骈文》）。膏药基质，多利用丹、油之类，既可防腐、防燥、保持药效持久，又可促使药物易于渗透肌肤。其所用方可以是一方或合方，"药不止走一经治一症"，"用药百病一方，月才一合，故其数广而多"（《理瀹骈文》），因而可以广泛应用于各科疾病，特别适于慢性、顽固性病变。

现代医学研究表明，以膏药方式给药，药物有效成分经过皮肤吸收，进入组织间隙，明显改善组织机能、血液、淋巴运行，并因刺激神经末梢作用于外感受器而使内感受器产生整体影响。

膏药作为中医四大药物剂型之一，以其携带方便，使用简单，疗效确切，涉猎范围广，受到重视和广泛运用。

◎为什么说鹿的一身都是宝?

《红楼梦》第四十九回写道:一日,宝玉、凤姐儿和姑娘们共12人,在芦雪庭争联即景诗。联句之前,宝玉直嚷饿了,凤姐儿要了一块鹿肉,在芦雪庭架起火炉,用铁叉叉着,在火上烧烤了吃,大家吃得津津有味,还说烤吃鹿肉的"叫花子"吃法"是真名士自风流"。之后。宝玉等人开始联诗,一句接一句,一发不可收拾。

《名医别录》说鹿肉"补中,益气力,强五脏",冬天吃鹿肉可使身体发热,增强抗寒能力。身上暖和,做起诗来自然才思敏捷。难怪湘云说"若不是这鹿肉,今儿断不能作诗"。李时珍说鹿肉可"养血生容",又说"鹿乃仙兽,纯阳多寿之物,能通督脉;又食良草,故其肉、角有益无损"。除鹿肉、鹿角外,鹿茸、鹿皮、鹿骨、鹿髓、鹿血、鹿筋、鹿尾、鹿肾、鹿齿、鹿靥(甲状腺)、鹿胆、鹿脂、鹿胎(胎兽及胎盘)等均可入药。可以说,鹿的一身都是宝。

在鹿身上,最珍贵的药材非鹿茸莫属。

雄鹿头上尚未骨化的幼角叫做鹿茸,上面密生黄褐色的茸毛。鹿茸性味甘咸温,入肾、肝二经,具有益精壮阳之功,能治疗肾阳虚弱或肾经不足引起的阳痿、遗尿、腰痛、眩晕、耳聋等症；又能健骨，可用于治疗小儿发育不良；还能补督脉而固冲脉，治疗冲任虚损、带脉不固所致的崩漏带下；还能补养气血、内托升陷，能治疗慢性溃疡经久不敛及阴性疮疽内陷不起等症。

据现代研究，鹿茸含多种氨基酸、神经髓鞘磷脂、神经节甙脂、前列腺素、雄激素、雌激素、胆固醇、胆碱样物质、磷酸钙、鹿茸精等，对人体有强壮作用，能提高人体机能水平，减轻疲劳，改善睡眠，促进食欲，改善营养不良及蛋白质代谢障碍；还能促进红细胞、血红蛋白、网织红细胞的新生；提高子宫的张力并增强节律性收缩；增进心脏功能；促进创伤、骨折和溃疡的愈合。

鹿茸性偏补阳，若阴虚火旺，血分有热者忌用；阳虚阴燥者，有助燥烁阴之弊，也不宜服用。鹿角可作鹿茸之代用品，但效力较薄，用量应加大。鹿角熬成胶为鹿角胶，也能温补肝肾，益精养血，但作用不及鹿茸。鹿角熬胶剩余的骨渣，称"鹿角霜"，功同鹿角而力稍弱。

◎为什么说治病须"给邪以出路"？

古有"鲧堙洪水"之说。相传远古时期，洪水泛滥，尧派鲧治水，鲧以堵塞之法治之，越治越滥，徒劳无功，结果被处死。后来舜派鲧之子禹治水，禹以疏导之法治之，水患悉平。这告诉我们，无论治水、治国、治家，还是治病，"未有逆而能治之，惟顺而已矣"。

中医治病当分有邪无邪，有邪者宜祛邪。祛邪之法虽多，但总宜使邪有出路，因势利导，祛邪外出。此为祛邪愈病之捷法。那么，邪之出路都有哪些呢？

邪气不论由外界侵入，还是因为腑脏气血功能紊乱而产生于体内的，都会引起人体病变，其病变的部位有表里、上下、内外之分，医生施治亦随之而异。

外感风寒表证，见有恶寒发热、头痛身痛、无汗等，为邪在肌表，当以汗之法治之，使邪从肌表而外透，随汗而解，其症状会很快治愈。故"治外感如将兵，贵神速，……去邪务尽"（《治病条辨》）。总宜祛邪外出，御敌于国门之外，切勿妄施补泻，闭门留寇以羁留邪气，开门揖盗以引邪深入，故"其在皮者，汗而发之"。

对于黄疸一症，出现皮肤、眼睛发黄等症，中医认为是肝胆湿热熏蒸，不得外泄所致，应以清利小便，通利大便治之，导湿热下行，使湿热之邪从二便排出。

见有发热、大便脓血、里急后重的痢疾一症，是湿热毒邪停滞肠中，如若立即止泻，则犯鲧堙洪水之误，当以泻下之法治之，泻去肠中积滞之邪，使"热毒"从大便排出，热毒清而下痢止，此即所谓"通因通用"。

如若痰食停滞上脘、嗳气酸腐、胃脘胀痛，可施以吐法，引邪上越，使痰食之邪从口中而出，故曰："其高者，因而越之。"

另外，用逐淤法以下胞宫淤血；刺穴放血法以治高血压、头痛等，使邪随血而泻；刮痧治疗风寒湿痹，使邪透表而出等等，均是因势利导，祛邪外出。

由此可知，祛邪之法甚多，大体有二。一要开门逐邪，即设法为邪找到排除的出路。或从玄府汗解，或从口中吐出，或从小便利出，或从大便排除，或从涕嚏喷出，或从血泄，或从淤下，要想邪气去，必给邪以出路。二要就近除邪，顺其邪所在部位，就近而攻逐之，才能使邪去速而不伤正。食痰在上者，吐之；积滞在肠者，下之。又如"腰以下肿，当利小便；腰以上肿，当发汗乃愈"（《金匮要略》）。

凡此种种，皆在给邪找出路，孙子曰："善战者，因其势而利导之。"医者临症之际，只有因势利导，才能收到事半功倍之效，故曰："治民与自治，治彼与治此，治小与治大，治国与治家，未有逆而能治之也，夫惟顺而已矣。"（《灵枢·师传篇》）顺而已矣，岂止是治国治家，治病亦然。

◎为什么用于灸疗的主要药物是艾？

我国古代早就知道用艾来治病，《孟子·离娄·桀纣章》就有"今之欲王者，犹七年之疾，而寻三年之艾"的说法。虽然这些记载是用来引喻射事，但是也说明当时已经知道用陈艾治病了。《素问·异法方宜论》云："藏寒生满病，其治宜灸焫。"唐代王冰在注释《内经》时说："火艾少灼，谓之灸焫。"

灸焫的产生与人们在生活中气候寒冷，身体感受风寒而不适有关。起初人们用兽皮或树皮，包上烧热的土块或石块来取暖，有时人们在烘火取暖时，不慎被火灼伤，竟意外发现身体的原有疾病却因此得到减轻或消除。于是形成了熨灸疗法。

灸疗最初采用的灸材可能是树枝、茅草等等，之后又采用过"八木"（即松、柏、橘、桑、枣、竹、枳、榆）之火。但是到隋唐时期已废除"八木"，认为"八木"不易燃烧，一旦燃烧，火势猛烈，易灼伤人体。随着人们灸疗经验的日渐丰富，逐渐发现艾叶具有性温、易燃、火力均匀、气味芳香、遍地生长、易于加工、便于保存等优点，因此成为灸法的最好材料。《本草从新》说："艾叶苦辛、生温、熟热、纯阳之性。"清代吴亦鼎《神灸经论》亦说："取艾之辛香作炷，能通十二经，入三阴，理气血，以治百病，效如反掌。"所以，艾具有温经通络、驱除阴寒、回阳救逆等作用。唐代王焘《外台秘要》又有"至于艾火，特有其能，针、药、汤、散皆所不及者，艾为最要"的记载，说明艾灸可以补针药之不足。

　　由于艾叶有上述特点，目前被临床上广泛应用，能治疗多种疾病，可单纯使用，也可与针刺或药物配合使用。

◎为什么中医讲究忌口？

忌口，亦称食忌，即饮食禁忌。它有广义和狭义之分。狭义的忌口是指病人患病时在饮食方面的禁忌，又称病中忌口。广义的忌口，除病中忌口外，还包括因年龄、体质、地区和季节的不同而忌服某些食品，包括为避免某些病情加重或复发而忌服某些"发物"，还包括食物与食物之间、食物与药物之间配伍的禁忌。

中医在很早以前就非常重视忌口，《素问·上古天真论》指出："其知道者，法于阴阳，和于术数，饮食有节，起居有常，不妄作劳，故能形与神具，尽数其天年，度百岁乃去。"《金匮要略》亦云："凡饮食滋味，以养于生，食有所妨，反能为害。"

中医强调忌口，与中医基本理论，特别是整体观念和辨证论治有密切关系。按照整体观念，人体各组织器官在生理上互相联系，在病理情况下互相影响，同时人体的内环境时时、处处受外环境变化的影响。肌体的变化常与季节、地域、生活条件、饮食习惯等因素有关。按照辨证论治的原则，对病人应根据病因、病位、邪正力量对比、阴阳变化等多种因素，因人、因地、因时制宜，辨证在先，施治在后。同时，依据食物与药物不同的性味、属性，针对具体情况忌口。

因人制宜是根据不同的体质、性别、年龄，结合病情和身体状况等因素提出忌口要求。例如，对脾胃气虚、素体亏损的中年男子，要忌食寒凉、滑利、辛烈等刺激性强的食物。因地制宜是根据不同的居住环境和条件，提出相应的忌口要求，如久居干燥的北方，应少吃苦燥之品，以免发生口干、咳嗽等虚火内扰之症。因时制宜是根据不同季节而忌口，如长夏湿盛，应忌食滋润甘腻之品，以避免湿浊之邪缠身。因病制宜即指病中忌口，是根据不同的病症而忌口，如肺阴不足者，忌用辛香苦燥之品，以免发生胸痛、干咳、痰中带血、口干舌燥等肺阴内伤之症；患有疔肿、疮、痈及皮肤病之人应忌食鱼、虾等发性食物，以免加重病情。

中医认为"药食同源"，食物与药物一样，均有四气、五味、归经等属性。按照五行对应关系，五味又各有所主，若五味偏嗜，则可发生疾病。与此相应，五味亦有所禁，《素问·宣明五气篇》说："五味所禁，辛走气，气病无多食辛；咸走血，血病无多食咸；……是谓五禁，毋令多食。"另外，食物与食物之间，食物与药物之间也存在相克、相畏、相杀关系，也存在配伍禁忌问题。食物本身能够治病，也能对抗或抵消其他药物的作用。如人参不能与萝卜同食，人参味甘微温，为补气强壮之药；萝卜味辛性凉，为下气泄气之品，二物同食则抵消药效。

可见，中医讲究忌口是同它的基本理论分不开的。忌口在防病、治病以及日常生活中都有重要的意义。

◎为什么药枕"枕囊代曲肱，甘寝听芳芯"？

人每天有三分之一的时间用于睡眠，枕囊是不可缺少的睡具。祖国医学将一些具有芳香开窍、活血通脉、镇静安神、益智醒脑等作用的药物置于枕芯之内，或包在枕套之中，使人在睡眠时，通过皮肤接触和吸收，将药物的有效成分摄入体内，以起到防病、治病，长寿抗衰之作用，这就是中医的外治疗法——药枕疗法。

药枕历史悠久，早在晋代葛洪《肘后备急方》就有用蒸大豆装枕治失眠的记载。唐代孙思邈《千金要方》载："治头项强不得顾四方，蒸好大豆一斗，令变色，内囊中枕之。"宋代文人也用药枕，陆游诗云："采得黄花作曲囊，曲屏深幌闷幽香。唤回四十三年梦，灯暗无人说断肠。"明代朱之蕃在《决明甘菊枕》中赞药枕曰："警枕重劳后枕寒，无如药裹最相安。剖来珠蚌光堪掬，采积金英秀可餐。布被暖香欺绵帐，竹床清覃故蒲团。休论返黑方瞳炯，熟寝通宵即大丹。"明代李时珍《本草纲目》载有绿豆枕、茱萸枕、决明菊花枕等。

古人为何如此看重药枕，言其"甘寝听芳芯"呢？首先从药枕的施治部位来看，药枕作用于头项部。中医认为，"头者，精明之府"（《素问·脉要精微论》）。从经络走行看，几乎所有的经络都直接或间接地与头发生联系。《灵枢·邪气脏腑病形篇》曰："诸阳之会，皆在于面……十二经脉，三百六十五络，其血气皆上于面而走空窍。"人体手足三阳经脉及督脉，都会聚于头面部，头是人体气血精华汇集之处。药枕通过对头项部的刺激，激发经络之气，促进感传，使经络疏通，气血流畅。其次，从药枕所用药物来看，多选用气味芳香的药物或矿石类药物。芳香本身即能除秽开窍，"一窍开则百窍皆开"，气府开通，气机条畅，诸病得解。其挥发成分还可通过肌肤毛窍、口鼻被吸收，经血液循环达病所，发挥药理作用。矿石类药物多含有磁性成分，直接作用于局部皮肤，通过磁感应，调节人体神经系统，促进血液循环，从而起到镇静止痛、调神健脑的功效。因此，用药地道、质量可靠的保健药枕，可以提高机体免疫功能，调节内分泌，增强抗病能力，达到保健强身的目的。

◎为什么古时称妇科疾病为"带下病"？

《史记·扁鹊仓公列传》记载："扁鹊名闻天下。过邯郸，闻贵妇人，即为带下医。"这时的"带下医"应指的是妇科医生，"带下病"古时统指妇科疾病。那么为什么称妇科疾病为"带下病"呢？

妇女科的疾病，不外乎经、带、胎、产四类疾病，其病位都在腰带下的部位，故有此称。后人有的认为是因病位在带脉以下，才这样命名的。但马王堆汉墓出土的《五十二病方》医学典籍的内容中，十二经脉的理论还没有完全形成，对于奇经八脉也没有发现。因此，早在春秋时期的扁鹊所治的带下病自然不会由此命名，并且带脉之名也是由于它环腰一周其形如带而得的。

后世还将白带、赤白带下称带下病，但所指范围小了许多，是妇科病中的一种。但前人也有将两者混淆的，如明代王肯堂认为"妇人有白带者，用是第一等病，令人不能产育，宜急治之，此扁鹊之过邯郸，闻贵妇人，所以专为带下医也"，就是一种错误的认识。白带虽然不是无关紧要，但也不是妇科第一等病，而且认为扁鹊为妇女治病只治白带，是治白带的专家，更令人觉得可笑。

　　另外，从《史记》中这段记载及其他两句"过洛阳，闻周人爱老，即为耳目痹医"，"来至咸阳，闻秦人爱小儿，即为小儿医"，可知当时中医的分科已经很明显出现了专治妇科病、儿科病和老年疾病的专科医生。

◎为什么中医治病用药有"药"与"方"之分？

经常有人说，"某某大夫给我开了一个药方"，但这"药方"究竟是"药"，还是"方"，则还是说不定的事。为什么呢？因为中医学术认为"方"与"药"是有区别的，高水平的医生针对病情开上一味药就是"方"；而蹩脚的医生开出10味药可能也只是药，不是方，而只是不成方的药。因为其组合缺乏法度与规矩，药物之间不能形成君臣佐使的系统功能，因此就影响疗效，甚或没有疗效。而成为"方"的药，可能药仅一味，但其用有理有法，方症相应，故可效如鼓桴。

对于方与药的问题，近代著名中医学家任应秋先生曾说："方之与药，是难以区分而必须区分的。或谓单味为药，复之即为方，但是独味而成方者正复不少。我则以为泛知药味之一般功用者，无论其缀拾多少，只能谓之药；虽药仅一味，而是在治则指导之下施治于某症者，皆得称之为方。"

清代医家徐灵胎对方与药更有精彩的论述："若夫按病用药，药虽切中，而立方无法，谓之有药无方；或守一方而治病，方虽良善，而其药有一二味与病不相关者，谓之有方无药……故善医者，分观之，而无药弗切与病情；合观之，而无方不本于古法。"

由上可知，尽管病家不知索者是方是药，但医家下笔时应知晓所出是药是方，并做到有理有法，有方有药。

◎为什么端午节有悬艾挂菖之俗？

农历五月五日端午节，亦称"端午"、"端阳"、"重五"、"中天节"等，是我国古老的传统节日，也是一年之中几个最盛大的节日之一。

此节日的起源，据说是为了纪念五月五日投汨罗江而死的爱国诗人屈原而举行的祭祀活动。古人每逢此节日，除了吃以江米为主要原料制作的粽子，饮菖蒲雄黄酒外，还要"蒲艾簪门，虎符系臂"。

古人认为，五月是"恶月"。这个季节，天气渐渐转热，自然界邪毒之气较多，疫病发生的机会更多，人体健康状况相对不稳定。正如东汉崔寔《四民月令》中说："是月也，阴阳争，血气散。"《荆楚岁时记》里也说："五月俗称恶月，多禁忌。"因此每逢这一节日，家家门框边插上艾叶、菖蒲，手臂上系虎符（相当一种护身符），如佩香囊、拴五彩线等，以此保护人体不受邪气侵害。"五月五日采艾以为人形，悬门户上，以禳毒气"（《荆楚岁时记》）。为什么古人选择艾叶、菖蒲呢？这要从艾和菖蒲的特点和功效说起。菖蒲生长在南方湖河沟泽水边，具有一种特殊而浓郁的辛香气味，有理气活血、豁痰开窍、散风祛湿等功效。艾叶是菊科多年生草本植物，农历五月是其生长的最好季节，因此又叫"五月艾"。艾叶味清香，点燃可驱蚊。由于艾极有益于健康，所以人们又赋予艾以吉祥美好的象征，如尊称长老为艾，风度翩翩的少年称为"少艾"，《史记》中把平安无事写作"艾安"，《诗经》中把保健养生写作"保艾"。

由此可见，人们选取艾和菖蒲，主要是由于艾和菖蒲在五月时随处可见，同时又能祛除毒邪，驱除害虫，更有艾所带来的瑞祥征兆，所以人们在"五月朔，家家悬朱符，插蒲龙艾虎"。此风俗一直延续至今。

"太医争献天师艾，瑞雾长绕尧母门。明朝知是中天节，旋刻菖蒲要辟邪。"今天，悬菖挂艾已非仅仅辟邪，其中蕴涵了"不治已病治未病"的科学思想，以及期望延年益寿的美好愿望。

◎为什么脉有"不可言传"之说？

哑语在表述"看病"这一词语时，用的是中医诊脉的姿势，可见这诊脉是中医学特有的代表性动作，也可以说是中医诊病的一种重要方法。大凡每一位中医先生，看病的程序或简或繁，但是望舌和诊脉是少不了的。

外行人看中医先生都会诊脉，代代相传，然而岂不知中医有"脉有不可言传"之说。如隋唐间名医许胤宗曰："脉候幽微，苦其难别，意之可解，口莫能宣。"（《旧唐书·许胤宗传》）许叔微也说："脉之理幽而难明，吾意所解，口莫能宣也。凡可以笔墨载，可以口舌言者，皆迹象也。"就是说中医诊脉的学问，用语言不能或很难表述，很难传授。

中医先生人人都会把脉，但这脉又不可言传，既然不可言传，那么这些中医先生是怎么学会把脉的呢？

确实，先贤所言，不我欺也。中医诊脉，是用手指的指腹触摸脉管的搏动形态。这形态，有的好描述，有的就不好描述，对不好描述的脉搏形态，很难用准确的词汇来表达。如果用一些抽象、相似、形容的词汇来表述，那么后人就很难准确地把握其实质。如清代俞廷举在《金台医话》中说："如古人形容胃气之脉，而曰不浮不沉，此迹象也，可以中候以求也。""不疾不徐,此迹象也,可以至数求也。""独所谓意思欣欣、悠悠、扬扬,难以明状,非古人秘而不言,欲名状之而不可得,故引而不发。"

再有,中医皆曰"脉贵有神",但"有神的脉"是一个什么样的形态呢?这问题很难确定性地表述,甚至连历史上的大医学家于此也无能为力。如"东垣至此亦穷于词说,而但言脉贵有神,惟其神也,故不可以迹象求,言语告也"(《金台医话》)。甚至中医挂在口头上的一句话"脉有胃气则生,无胃气则死",这关系到生死的大问题,其脉搏形态的表述也不过是"脉势和缓,来去从容"。如果不是老于医者,很难从这"脉势和缓,来去从容"把握这胃气之有无、生死之来去。

然而,这脉不可言传,其中还有一种学问。假如我们把手指的指腹触在病人的脉管上,感觉到指下的脉管搏动"厌厌聂聂,如循榆叶",或"如盘走珠",或"举之有余,按之不足",这时这些脉搏搏动的具体形态说明什么呢?这些具体的形态与病症有什么联系呢?实际这些没经过我们思维加工的脉搏的具体形态本身并没有什么意义,并不能说明病症的表里寒热的问题。中医先生需要做的是利用思维的抽象能力,从这些具体形态上抽取出它代表的意义,如从脉"举之不足,按之有余"抽取出一种上浮之象,从脉搏"如盘走珠"抽取出一种"滑利"之象,从"脉洪大而有力"抽取出一种"实"象。这与从病人"舌红苔黄"的形态中抽取出"热"象是一个道理,是一种方法。

从脉"举之有余,按之不足"抽取出"浮"之象,这是从形态中进行抽象的思维过程,是一种以右脑为主的形象逻辑思维，这种形象抽象的思维过程，我们很难用左脑语言抽象逻辑思维来表述，来规定，就好像我们通过眼睛感觉一个人长的"面善"，另一个人生的"形恶"一样，完全是从形象、形态上的一种形象思维的逻辑，并没有事实、客观和实证方面的根据。但经验告诉我们，我们的感觉往往是正确的。

话说回来，人人都生有两只手、两只脚、两只眼睛、两只耳，实际我们还生着两个大脑——左、右半球。细心的人会感觉到我们的左、右手功能有差别，实际我们的左、右大脑差别更大，左脑擅长语言符号的抽象逻辑思维，而右脑擅长图像、形态、声音、颜色等方面的形象逻辑思维。虽然左、右脑之间可以沟通信息，但左脑并不能把右脑的图、声、形、色信息完全转换成语言文字；右脑也不能把语言文字信息完全转换成图形、图像、声音、颜色。因此我们从手上感觉到的脉象，虽然我们的右脑对它表示的意义已经有"所解"，但左脑却"口莫能宣"。

然而，中医学脉的方法，就如同古代学"四书五经"一样，多读多背，"比于四言之诀，二十七字之法诵之极熟，思之极苦，夫然后灵明自动，神鬼来通"（《金台医话》）。

◎为什么中医有排痧治病法?

痧的含义有二:一泛指由一切不正之秽浊邪气侵入人体,闭塞孔窍,阻塞经脉,凝滞气血,壅遏肠胃,使人体经络不通,气血逆乱,脏腑功能失调导致的各种病症。二指病症的外在表现,体表出现各种红紫或紫黑的痧点或痧斑,多为邪气闭阻未能外达。由于疾病不同,表现出的痧点也不同,如出现虫痧,痧点周围的红圈呈放射状延伸,弯曲若虫脚,酷似蜘蛛状,压之褪色,相当于现代医学的"蜘蛛痣",这是体内血积有包块的表现。

排痧是中医外治方法之一,所谓排痧疗法是指通过用手指、刮板或针具来开泄腠理,疏通经络,流通气血,达到排除痧气,祛病强身的目的。

排痧疗法源流甚久,早在石器时代,人们就已经开始用石头、木棒刮擦皮肤祛病。后来发展为用一些药材为器具刮拭,如唐代运用苎麻刮治痧病,称为"戛法"。唐李周翰注:"戛,历乱也。"至清代,人们将那些被人体吸人的秽浊之气称为痧气,郭志邃著《痧胀玉衡》,系统论述了排痧疗法,如"痧毒在气分者刮之,在血分者刺之,在皮肤者淬之,痧毒入腑者宜荡涤攻逐之"。吴师机《理瀹骈文》载:"阳痧腹痛,莫妙以瓷调羹蘸香油刮背。盖五脏之系咸于背,刮之则邪气随降,病自松解。"自此以后,排痧法以其简便易行,见效亦快,在民间广泛流传应用。

中医认为痧是人体感受秽浊邪气所伤,轻则伤肌肤,阻滞经络,重则壅遏肠胃,入于营血,通过对体表部位排痧手法,可以开泄毛孔腠理,疏通经络,行气开闭,调畅气机,振奋人体经气及脏腑之气,同时宣泄痧毒,迫使进入体内的邪热疫气外泄,痧毒即除。现代医学认为:排痧可以刺激人体的体表感受器,使冲动传入中枢神经系统而产生兴奋,发挥其正常的调节功能,并且通过直接的机械性刺激,使局部的毛细血管破裂,释出血蛋白,调节人体的功能。另外可使人体血液循环加速,加强循环血流量,进而提高人体的抗病力,使机体功能恢复正常。

排痧疗法包括刮痧、提痧、挑痧、走罐排痧等方法。在诸法中,刮痧最为常用。它是以硬币、纽扣、瓷匙蘸植物油或清水,刮动皮肤,具有良好的开窍醒脑、舒畅气机、解表祛邪、清热解毒、行气止痛作用,广泛用于治疗食物中毒、感冒、中暑、瘟疫、霍乱等疾病。

◎为什么说"析梦孰用周公法，杏林自有真功夫"?

周公姬旦

梦对我们每一个人来说，是既熟悉又陌生。熟悉是指谁都做过梦，甚至人们天天都做梦；陌生是指无论谁也不知道会做什么样的梦，有时梦做公侯，有时噩梦缠绕，而且不知出于何因。虽然我们对做梦的机理尚不清楚，但人们都知道梦与人的精神情志关系密切，而对人体脏腑气血与梦的关系却知之甚少。祖国医学认为，通过析梦可以了解人的健康状态，若人患病，就会出现"病梦"。根据"病梦"特征，可推测疾病的性质；通过对患者所做之梦进行解释，可以治疗或辅助治疗某些心身疾病。

梦是人睡眠过程中的一种正常的生理现象。做梦的过程，是人的大脑处于睡眠状态下，一定时间、一定部位的兴奋。一个健康的人所以进入梦境，一是白天内心活动的持续，即常说的"日有所思，夜有所梦"；二是以往心理活动的再现，大多是那些曾经被潜抑的情感、意念、愿望或刻骨铭心的事件；三是内外感知觉的刺激。倘若人的脏腑组织器官发生某种病变的时候，可以从梦境中反映出来，这时的梦称为"病梦"。

"病梦"之词，首见于东汉王符的《潜夫论·楚列》，其中载"百病之梦，或散或聚，此谓病梦也"，"观其所疾，察其所梦谓之病（梦）"。《素问·方盛衰论》提出："是以肺气虚则使人梦见白物，见人斩血藉藉，得其时则梦见兵戈。肾气虚则使人梦见舟船溺人，得其时则梦伏水中，若有畏惧。肝气虚则梦见菌香生草，得其时则梦伏树下不敢起。心气虚则梦救火阳物，得其时则梦燔灼。脾气虚则梦饮食不足，得其时则梦垣盖屋。此皆五脏气虚，阳气有余，阴气不足，合之五诊，调之阴阳，以在经脉。"由此说明当时古代医家已经认识到病梦的形成是体内脏腑阴阳失调，在治疗上应调和阴阳，调理脏腑。其后，许多医家对病梦进行研究，析梦境诊疾病。例如：梦斩首，《灵枢·淫邪发梦》曰："客于项，则梦斩首。"就此清代张志聪认为："三阳之气皆循项上于头，故头为诸阳之首。客于项，则阳气不能上于头，故梦斩截其骨也。"梦田野，《灵枢·淫邪发梦》曰："客于大肠，则梦田野。"明代张景岳认为："大肠为传导之官，其曲折纳污，类田野也。"梦腰背不连，《灵枢·淫邪发梦》曰："肾气盛则梦腰脊两解不连。"两解不属，意为腰似脱节般。梦大小便，《灵枢·淫邪发梦》曰："客于胞直，则梦溲便。""胞"，指膀胱，"直"，指直肠。即当病邪侵犯膀胱或直肠时，使人梦见大小便。可见，古代医家对病梦的剖析有一定临床依据，具有一定的科学性。

析梦可以了解疾病的起因病机，同样释梦也可以治疗某些疾病。《晏子春秋·卜梦》记载，齐景公夜梦与两个太阳相斗，认为是不祥之兆。晏婴与巫秘议，巫对齐景公说："您的病，属阴，太阳属阳，一阴不胜二阳，您的病就要好了。"齐景公听后，心得以安，病乃解。这就是借阴阳五行释梦，增强了病者的信心，祛除了不利的心理因素，从而使病愈。医家通过释梦可以消除患者由于病梦产生的消极心理因素对疾病的影响，增强有利于疾病痊愈的心理因素，调整或促进肌体的机能活动，增强抗病力，充分调动人的自然自愈能力，达到治愈疾病的预期目的。

◎为什么说茶为"万病之药"？

茶是世界三大饮料之一。茶的故乡是我们中国。约在公元805年，日本最澄和尚携我国茶种归国后，遂开日本饮茶之风。明朝由于西班牙、葡萄牙人贸易东来，茶始传入欧洲，从此逐渐遍及世界各地。

茶，古称"荼"，又称"茗"、"槚"、"荈"。《神农本草》载"神农尝百草，日遇七十二毒，得茶而解之"，可见茶最早是作为解毒药被发现的。"自秦取蜀而后，始有茗饮，至唐风俗贵茶……"（《谷荪医话·茶》）。唐宋以后，饮茶之风极其盛行，出土的唐代宫廷茶具表明，贵族饮茶有一定的仪式，即中国的"茶道"。我国最早的一部茶叶专著——陆羽的《茶经》也成书于唐代。从此以后，茶成为中华民族生活与文化中不可或缺的重要内容。随着历代饮茶之风的盛行，人们对茶的认识也逐渐深入。《神农本草经》云：茶"味苦，饮之使人益思，少睡，轻身，明目"。张揖《广雅》提到"其饮醒酒，令人不眠"。《本草拾遗》则言：茶"久食令人瘦，去人脂"。李时珍则指出："茶苦而寒，最能降火。……又兼能解酒食之毒，使人神思闿爽，不昏不睡，此茶之功也。"《罗氏会约医镜》一书对茶的多种功效作了高度概括："除垢、涤秽、降热、消食、去痰止渴、清利头目、醒昏睡、解烧烫热毒、利大小便、止赤白痢、敷汤火伤、消脂瘠体。"

茶的广泛作用，从其他方面也有所反映。饮茶可以祛睡因而李白有"破睡见茶功"的著名诗句。古代寺庙多栽茶，据说僧人通过饮茶祛睡坐禅，因此有"茶佛一味"的说法。饮茶可以醒酒，因而用茶醒酒成为我国民间惯用的有效醒酒方法。《蛮瓯记》还记载了刘禹锡向白居易换取六班茶以醒酒之趣事。饮茶能消宿食，解油腻，故《滴露漫录》指出，茶之所以能成为我国一些少数民族生活必需品，是因为"其腥肉之食，非茶不消；青稞之热，非茶不解"的缘故。唐代诗人顾况的《茶赋》也道出了茶的这一功能："滋饭蔬之精素，攻肉食之膻腻。"茶除供日常饮用外，与其他中药相配合治病的验方也不少。如川芎茶调散，治诸风上攻，头目昏重，止偏头痛；明代李中梓《本草通玄》云"茶同姜治痢"等。通过反复实践，古人给我们留下了大量的茶疗方剂，如有健脑强身、补中益气之功的人参茶；有清除疲劳、振奋精神、解渴除烦作用的柠檬茶；有益精悦颜、保元固肾，可用于中老年人之防衰抗老的八仙茶等等。

随着科学的发展，人们对茶的认识不断深入。经现代研究发现，茶叶含有蛋白质、脂肪、糖、矿物质、维生素等生命活动所必需的五大营养要素，其化学成分多达三百余种，有杀菌、抑制病毒、抗辐射、强心、防治癌症等作用。喝茶还能戒除烟瘾，云南出产的一种戒烟茶，在日本市场非常走俏。

由于茶有如此广泛的治疗和保健作用，所以陈藏器在《本草拾遗》中说："贵在茶也，上通天境，下资人伦，诸药为百病之药，茶为万病之药。"也正因为如此，饮茶之风才能在中国乃至世界长盛不衰。

◎为什么说六味地黄丸本于"天一生水，地六成之"？

六味地黄丸，原名为地黄丸。它最早见于宋代钱乙《小儿药症直诀》治"肾怯失音，囟门不合，神气不足"的小儿先天不足、肾精亏损之症象。又因小儿为纯阳之体，勿须补阴，故取之滋阴填精之功。明代医家曾用此方并将地黄丸前加"六味"二字，"遂为直补真阴之圣药"，"补养命门真水之剂"。

六味地黄丸为"壮水之主，以制阳光"之剂。《说文》："六，易之数，阴变于六。"《易·系辞》又称六为老阴。《周易》以奇偶分天地之数，一、三、五、七、九，五个奇数为天数；二、四、六、八、十，五个偶数为地数。结合五行，则"天一生水，地六成之"，故"六"成为成水之数。五行将肾归属于水，故曰"阴中之阴，肾也"。"北方黑色入通于肾……其数六。"清代医家吴仪洛曰："六味地黄丸，纯阴重味，润下之方也。纯阴，肾之气；重味，肾之质；润下，肾之性。非此能使水归其壑。"由此"地黄丸"为纯阴之剂，故以"六"冠其名首。

六味地黄丸，为肝、肾、脾三阴并补之剂而以补肾阴为主，为滋补肾阴的代表方剂。肾阴亏损，虚热内生，治宜壮水制火，方中重用熟地甘温滋肾填精为主药，以山药甘平补益脾阴而固精，以山茱萸酸温养肝而涩精，二药可为地黄辅弼。肾阴亏虚，常导虚火上升，而肾浊不降，故配以泽泻甘寒泄肾湿浊，茯苓甘淡平淡渗脾湿，丹皮辛苦凉清泄肝火。

本方药性平淡甘和，不燥不寒，三补三泻，补中有泻，寓泻于补，补而不滞。作为补方，平温而非大温，滋补而非峻补，"药止六味，而有开有合，三阴并治，洵补方之正鹄也"（《医方论》）。后世许多滋补肾阴的方剂皆本此方而出，实是滋补肾阴的基础方。

肾为水脏，属阴中之阴，六味地黄丸有滋阴壮水之功，故李中梓曰："六味丸以之为首，天一所生之本也。"

◎为什么说放血疗法"捷法最奇"？

放血疗法，亦称"刺血络"或"刺络疗法"，是用针具或刀具刺破或划破人体特定的穴位或一定的部位，放出少量血液，以治疗疾病的一种方法。

以放血之法治病，其端可追溯到石器时代。在旧石器时代，用于生产的尖状器、刮削器也用来刺破痈肿。到新石器时代出现了我国最早的医疗工具——砭石，则改用砭石以刺破患部，排脓放血。如《淮南子·说山训》言："石针所抵雍痤，出其恶血。"中医基本理论的奠基作《黄帝内经》有此疗法最早的文字记载，云"刺络者，刺小络之血脉也"，"菀陈则除之，出恶血也"，并指出刺络放血可治疗癫狂、头痛、热喘、衄血等病症。相传战国时期著名医家扁鹊曾用砭石在虢太子的百会穴放血，治愈了"尸厥"。汉代华佗，用针刺放血治愈曹操的"头风症"。唐御医用头顶放血治愈唐高宗的"头眩不能视症"。晋代葛洪的《肘后救卒方》提出："疗急喉咽舌病者，随病之左右，以刀锋截手大指后爪中，令出血即愈。"金时张子和曾患眼疾，百日不已，后施放血，三日而愈，他感叹："百日之苦，一朝而解，学医半世，尚阙此法，不学可否？"他依据《黄帝内经》理论，结合临床经验，形成了放血

"针多、部位多、出血多"的"三多"特点。清代郭右陶《痧胀玉衡》记述了放血救治痧症的经验。至现在，此疗法已成为被广泛应用的重要的治病之法。

中医学认为：气血是人体生命活动的重要物质基础，血在气的推动下，在脉管中运行不息，环周不休，气血充盈，运行正常，则人的精神充沛，身体健康，抗病力强。如果气虚、气滞或血寒、血热受内外伤等因，都会导致气血逆乱，壅滞不通，则百病变生。正如孙思邈的《千金方》提出："诸病皆因血气壅滞，不得宣通。"通过采用放出适量的血液，可"通其经脉，调其血气"，泄其邪毒外出，改善人体的血液循环，促进新陈代谢，调整人体功能活动，达到经脉通，气血盛，病乃愈。另外，放血疗法对于一些急重病症更有抢救及时、收效迅速、无副作用等优点。例如高热神昏，曲池、十宣、人中放血；溺水，人中、会阴放血；毒蛇咬伤，伤口局部挤压出血，曲池、委中泻血，可谓效果奇速度捷。

目前常用的放血方法包括：刺络法和划割法。它作为传统的外治方法之一，临床上主要用于急、重、实、热、淤诸症的治疗，以其简、便、验的独到之处及立竿见影的神奇功效，为越来越多的人所接受。

◎为什么说牡丹入药比观赏的历史更早？

牡丹是我国的国花，素有"花中之王"、"国色天香"的美称，以其色彩艳丽、婀娜多姿、雍容华贵深得人们的喜爱。牡丹在我国有悠久的栽培历史，南北朝时期已成为观赏植物，到唐代，更是大放异彩。开元中，长安城中大量种植牡丹，每逢牡丹花盛开时节，赏花成了全城的一件大事。刘禹锡的诗描写了当时的盛况："惟有牡丹真国色，花开时节动京师。"受当时观赏牡丹热潮的影响，唐代涌现出一大批描写牡丹的诗句，如"天香夜染衣，国色朝酣酒"（李正封）、"帝城春欲暮，喧喧车马度。共道牡丹时相随买花去"（白居易）等等。

到宋代时，洛阳的牡丹已最负盛名，出现了"魏紫"、"姚黄"等名贵品种。据传说，洛阳的牡丹来自当年的长安城：一日寒冬，武则天突然传旨："明朝游上苑，火速报春知。花须连夜发，莫待晓风吹。"次日百花俱放，惟独牡丹藐视权贵，不肯委曲开放。武则天一怒之下，将牡丹贬往洛阳。想不到洛阳水土最适宜花木生长，牡丹到洛阳以后长势更旺，所以欧阳修诗云："洛阳地脉花最宜，牡丹尤为天下奇。"

然而，牡丹入药比观赏的历史更早。在东汉时期成书的《神农本草经》里已有牡丹的记载。历代医家在临床上也广泛应用，积累了丰富的用药经验。

　　牡丹的根皮名牡丹皮，味苦、辛，性微寒，归心、肝、肾经，有清热凉血、活血散淤之功效，适用于热病发斑、血热吐血、衄血等症，常与犀角、生地等配伍，如犀角地黄汤。其凉血退热之功还可用于热入血分、阴虚内热、妇女经前发热等症。本品能活血行淤以通经散症，用于血滞经闭、痛经症瘕或肠痈等症。一些常用的成药，如六味地黄丸、金匮肾气丸、杞菊地黄丸等，均含有牡丹皮。经现代医学研究，牡丹皮含牡丹酚原甙（酶解后生成牡丹酚和牡丹酚甙）、挥发油.甾醇和生物碱等，对多种细菌有抑制作用，此外还有镇静、催眠、镇痛、解热等作用。

　　除牡丹皮外，牡丹花、牡丹藤皆可入药。牡丹花调经活血，用于治疗月经不调、经行腹痛，还可提取芳香油，制造香精，作为美容护肤品的原料。牡丹藤可用于治疗手足关节痛风。

◎为什么说钱乙是宋以前中医儿科的泰斗？

钱乙，字仲阳，约生于宋明道元年（1032年），卒于政和三年（1113年），山东郓州（今山东东平县）人。

为什么说钱乙是宋以前中医儿科的泰斗呢？"泰斗"者，"泰山北斗"也。的确，在宋以前，钱乙在中医儿科方面的业绩是无与伦比的。

宋以前，载有儿科内容的医书中，《颅囟经》与《千金要方》是较好的。《颅囟经》的作者不详，书中论及了小儿脉法及惊痫、痢、疳、火丹诸症的诊治。《千金要方》的著者是孙思邈，书中述及小儿的发育、护理、哺乳、卫生乃至新生儿的急救等等。然而，这两部书及其作者代表的儿科水平，远不能与钱乙及其儿科名著《小儿药症直诀》相提并论。

钱乙幼年母早亡，父钱颖善医术，但嗜酒喜游，一天竟东游海上而不返，钱乙成了孤儿。多亏其姑母，怜其孤苦，收钱乙为养子。钱乙先跟姑父吕氏学医，30岁时，他历经千辛寻回父亲，又得到了父亲的赐教。钱乙童年的痛苦遭遇磨砺了他坚强的意志，他苦研《内经》《伤寒论》《神农本草经》等书，尤其喜好《颅囟经》，决心成为一名儿科医家。儿科素称"哑科"，因为小儿脉微难见，情志不定，不能自诉，给医生诊断造成困难。加之小儿脏腑柔弱，用药稍有不当就会酿成严重后果。钱乙知难而进，旁观博览，汇通古今，大胆创新，不拘古法，在儿科临症中积累了丰富的经验。

钱乙在宋神宗元祐年间去汴梁（开封）行医，正巧神宗长女患了麻疹，召钱乙诊视，钱乙治愈之，得授"翰林医学"称号。后皇子又得了抽风病，京都名医皆治不验，钱乙用"黄土汤"治好了皇子，被晋升为"太医丞"。由此，皇戚贵族的小孩得病，都请钱乙诊治。他以其精湛的医术，出入宫门，留迹巷间，行医40载，愈儿数以万计。钱乙中年以后患了痹证，便辞官还乡，抱病为远近幼儿者解除病苦。

钱乙积40年儿科临证经验，结合《内经》及诸家之说，撰写了《小儿药症直诀》一书。奈何医务繁忙，他边写边传，难免杂乱，后经其学生阎孝忠（又作"季忠"）整理、核对、修正，于宋宣和元年（1119年）刊行于世。该书凡3卷，上卷论及小儿脉症治法，共81篇；中卷录儿科医案23则；下卷收载方药，详论儿科用方120首。从钱乙留下的这部书中，我们不难看出钱乙在小儿生理、病理、诊治、用药诸方面均有独到的见地。书中指出小儿"五脏六腑成而未全，全而未壮"、"脏腑柔弱，易虚易实，易寒易热"，全然符合小儿的生理、病理特点。他总结出以五脏为纲的儿科辨症方法，不论内伤还是外感，均从五脏进行辨症施治。治疗上，钱乙主张"柔润"，反对"痛击"、"大下"、"蛮补"，强调补泻应同时调理，以善其后。其诊治法则切合临床，成为后世的典范。在重方不重症的宋代，钱乙从实际出发，敢于化裁古方，创制新方。其变

"四君子汤"（原方加"陈皮"）为"异功散"，治疗小儿脾胃虚弱；从"金匮肾气丸"中化裁出"六味地黄丸"（原方减去"附子"、"肉桂"）治疗小儿肾阴不足，均收到奇效。

钱乙的《小儿药症直诀》是儿科经典之作。《四库全书总目提要》称："小儿经方千古罕见，自乙始别为专门，而其书亦为幼科之鼻祖。后人得其绪论，往往有回生之功。"元代的曾世荣也对钱乙及其书赞许道："其意精且直，其说劲且锐，其方截而良，：其用功而速。深达其要，广操其言。万世不可掩其妙，四方皆可遵其说。"

钱乙，书如其人，人如其书，都是不可多得的。其人如泰山，令人仰止；其书如北斗，光芒照人。

◎为什么说《清明上河图》反映了北宋的医学成就?

北宋画家张择端的《清明上河图》栩栩如生地描绘了公元12世纪前期北宋都城汴京（今河南开封）的繁荣景象。作者取材极广，把当时各行各业、万千景象尽收画中。从中还可以发现与中医有关的场景，折射出北宋时期医学发展的成就和水平。

图中绘有两个儿科诊所，其中一所在门前挂了一个竹编的桃子，上面写着"专治小儿科"五个大字。堂内坐着一位医生，旁边凳上有一人正牵着小孩请医生诊治，还坐有二位候诊的病人。另一处诊所在门前竖有一块"小儿科"的招牌，一些人站在那里向内观望。

在一幅画中，作者选取了两个儿科诊所，说明当时儿科已发展到很高的水平。小儿科作为专科，始于唐而盛于宋，宋太医局专设儿科，称"小方脉"，招生人数仅次于"大方脉"（内科）和风科。在综合医著中，儿科内容也占相当重要的地位，如《太平圣惠方》中儿科部分对儿科诸症的理法方药均有全面论述。此外还涌现出一批著名的儿科专家和儿科著作。钱乙的《小儿药症直诀》一书标志着儿科学已自成体系。宋代对天花、麻疹、惊风、疳积等小儿疾病已有较明确的认识和有效的治疗方法。因此，在京城多处开设小儿科诊所也就不足为奇了。

图中还有一处骨科诊所，门前一块牌匾上写有"专门接骨"的字样。唐以前，没有外科、伤科之分，统称为"金创折疡"。到宋代，外科、伤科才始有分科。宋元时期，伤科虽然没有专著，但已出现了骨伤科专业医生。陈自明也曾说："今乡井多是下甲人，专攻此科。"（《外科精要·序》）说明骨伤科在民众中已相当普及。

图中尚有一药铺，"赵太丞家"是其中的一部分，是医生兼营药店，门前立着高大招牌"治酒所伤真方集香丸"、"大理中丸医肠胃冷"。由此可知，赵太丞家是专门诊治酒食所伤之脾胃病和专营此类药物的专科诊所，反映了当时医业分科已十分精细。匾牌上还写有"本堂法制应症煎剂"八字。隔壁房里，一买药人牵着一匹驮满药品的驴子正要离去。还可以看到，卖药处用柜台把买药人和卖药人隔开，与现代中药店形式已很相似。北宋时期，对药物购销实行国家垄断制度，统一管理市场物价。太医局设"卖药所"（又名熟药所）多处。据《东京梦华录》记载，当时的官、私、生、熟药铺、香药铺，遍及汴京城内，呈现一派生机勃勃的景象。

从《清明上河图》中，还可以看出汴京城内街道整洁宽敞，两旁栽有树木，一些庭院辟有花园，环境幽雅，给人一种清新舒适的感觉，表明宋代公共环境卫生已有很大进步。

◎为什么说宋代是古代最重视医学的朝代?

宋代是中医药学的一个重要发展时期,在医学教育、医药理论、临症各科,以至本草、局方等方面,都有突出的进展。

北宋开国后,采取了一系列文治政策以休养生息,医政设施也得到重视,医务机构较唐代医疗体制大有改进。宋朝政府为了加强医事管理,设立了翰林医官院以主管医药行政,而由太医局专管医学教育,从而结束了唐代太医署兼管医政、医疗与教学的局面。

翰林医官院(后改名医官局)掌管医之政令和医疗事务,包括对军旅、官衙、学校派出医官,管理医药等事宜。因唐代翰林待诏包括各种技艺人,医者也在其中,故宋沿唐制,在医官院前冠以"翰林"二字。翰林医官是从40岁以上,各种考试合格的人中选拔任用。其中,成绩最优秀的留翰林医官院,其他合格者充任医学博士,或放外州任医学教授。

宋代非常重视选拔人才,严格考试标准,及时整顿医药队伍,按实际水平升迁罢黜。枢密院副使范仲淹强调:"今后不由师学,不得入翰林院。""外面私习"而医道精通者,须经推荐考试合格后,方可录用。

宋代还以法律的形式，规定医生的职业道德以及医疗事故的处理条例。如凡利用医药榨取财物者，以匪盗论处；庸医误伤人命者，绳之以法；主管官员不恤下属痛苦者，亦予以惩处。

宋代重视医药人才的培养，医学教育比唐代进一步发展，规模更大，制度更详备。太医局就是专门的医学教育机构。

太医局设提举（校长）一人，判局（副校长）二人，并规定判局一职要由"知医事者"担任。医学校置于国子监的管辖之下，其行政组织、学生待遇一概"仿太学立法"，这在中国教育史上，医学校是第一次被正式纳入国家官学系统。

宋代还设有"御药院"和"尚药局"。"御药院"保管国内外进贡的珍贵药材，供宫廷使用；"尚药局"是国家最高的药政机关。宋朝政府推行王安石新法后，药品列入国家专卖，由政府控制，在太医局开设"熟药所"（又名卖药所），制作和出卖成药，这是中国医学史上第一所官办药局。这种政府办的官药局，由于杜绝商人投机，价格低廉，并保证质量，而且疫病流行时还可以免费提供防治药物，所以给百姓以求医问药的方便，也有利于国家和社会。它后来改名为"太平惠民局"及"和剂局"，并推广到各州郡。官药局的创办，在规范成药的处方及推广使用成药方面起到了积极的作用。宋朝廷还令裴宗元、陈师文等医官整理官药局所收集使用的方剂，编成了作为制剂规范的《和剂局方》，后又经增补，改名为《太平惠民和剂局方》，颁行各地，对当时及后世影响很大。

宋朝廷非常重视医籍整理工作，对医本草、方书等各类医籍的修订都有突出成绩，这与国家设立了"校正医书局"有很大的关系。"校正医书局"集中了一批当时著名的医学家和学者,有计划地对历代重要医籍进行搜集、整理、考证、校勘工作,并陆续刊行。流存于今的许多医学经典著作,如《素问》、《伤寒论》、《金匮要略》、《脉经》、《针灸甲乙经》、《千金要方》、《千金翼方》、《外台秘要》等,都是这一时期经"校正医书局"整理过的,由此对古代医籍的存留和传播做出了重要的贡献。

宋代是历代王朝中最重视医学的朝代,它不仅改进医事管理体制,同时更重视医学教育,而且在医书的整理、药物的管理及社会保健、慈善事业等方面,都做出了重要的贡献。

◎为什么说宋代"天圣针灸铜人"是最早的针灸教学模型?

"天圣针灸铜人"是我国第一个针灸教学人体模型,由北宋王惟一主持创制。王惟一(987—1067),又名王惟德,曾任太医局翰林院医官,负责培养针灸人才,对针灸学有很深的造诣。

北宋以前的经穴图谱粗糙难辨,文字叙述不统一、不确切,因此王惟一十分重视经穴的规范化。在教学中,他深切感到必须重新考订腧穴的数目,确定腧穴的位置。于是他参考宋代以前的针灸文献,在《针灸甲乙经》349个腧穴穴名的基础上,又增加"厥阴俞、膏肓俞、青灵"(双穴)和"灵台、阳关"(单穴)5个穴名,重新确定了354个腧穴穴名,总穴位也由原来649个增加至657个,于仁宗天圣四年(1026年)编著了《铜人腧穴针灸图经》,并将其刻于石碑,以避免传抄之误,成为我国较早的针灸图谱,也可以说是后来天圣铜人的说明书。

王惟一在著书的同时,便向宋仁宗建议,铸造针灸铜人模型,使得经络、腧穴更加生动逼真地展现出来。宋仁宗采纳了这个建议,并指令他负责此项工作。他立即去找工匠师傅,虚心听取老，铸造师的意见，经过周密设计和巧妙施工，天圣五年（1027年），成功铸造两具五尺三寸的男性裸体铜人模型。

铜人模型运到宫内，朝野上下致赞扬。两具铜人模型构造非常精巧，全身刻有经络腧穴，并标有穴位名称，拔掉活榫头，可见体腔内能活动的五脏六腑，用作教学考试时，非常直观。夏竦在《新铸铜人腧穴图经》序中，描述针灸铜人："内分脏腑，旁注溪谷，井荥所会，孔穴所安，窍而达中……"天圣铜人的一个重要作用，就是"用以试医者"，其方法是：外涂黄蜡，覆盖穴位，内注清水（有说是汞），让考生按穴试针，如果刺中，水（或汞）就从穴孔流出。针灸铜人铸成后，一具放在大相国寺仁济殿，以供观赏；另一具放在医官院，作为学习考试之用。

作为针灸教学模型，天圣针灸铜人史无前例。在此之前，中国古医籍中，无针灸铜人的记载。虽然早在汉代，中国已铸有"铜人"，但不是针灸铜人。北宋末年，一具天圣铜人因战乱而遗失，实为憾事。另一具到明朝英宗时，已经历四百余年，因剥蚀严重，英宗下令模仿宋代铜人再铸一铜人，取名为"正统铜人"，后被俄国掠去。清朝光绪三十年，再仿"正统铜人"重铸一具铜人，即"光绪铜人"，以后不断有人重铸针灸铜人，但其工艺均未超过宋代的天圣针灸铜人，至今国内已有针灸铜人三十多具。后世许多教学模型的创制，无不受到天圣针灸铜人的启迪。

◎为什么松鹤象征长寿？

据古籍记载，晋代荥阳郡南有一石室，石室后有孤松，高千丈，常有双鹤绕松而翔。据说原本有夫妇二人在此石室隐居，年岁过百，死后化为双鹤。这就是后世松鹤延年、松鹤长寿的由来。松，常与柏并称，具有耐寒而又常青的特性。孔子曾赞叹道："岁寒，然后知松柏之后凋也。"《庄子》也说："天寒既至，霜雪既降，吾是知松柏之茂。"正是由于这种遇寒不凋的品性，古人把松看做长生的象征，称它为"百木之长"。

不但松树象征长寿，就连松脂也被视为长生不老之物。《神农本草经》云：松脂"久服，轻身不老延年"。传说有一个叫赵瞿的人，病重垂危，一位仙人给了他一袋松脂，服后病居然奇迹般地好了。其后赵瞿常服松脂，活到一百多岁。

鹤又名仙鹤，据《本草纲目》记载，鹤血、脑、卵、骨均可入药。在中华传统文化中，它与仙道和人的品格、精神具有密切关系。它气宇不凡，洁身自好，所以古人把它看做高尚品德、自尊自爱的写照，还把鹤称为羽族之长，尊为"一品鸟"，地位仅次于凤凰。所以明代官服的图案一品官为仙鹤。在古代神话传说中，鹤常为仙人所骑之物，老寿星常以驾鹤凌云的形象出现，十分飘逸。因此，千百年来鹤也被看做是长寿的象征。

◎为什么从北宋开始出现了大量雕版印刷的医书？

我国古代早期的文献载体有甲骨、金石、竹木、缣帛等，在纸张发明以前，人们就把文字刻在或者写在这些材料上。魏晋三国以后，一种新的文献载体——纸，逐渐通行起来。它具有携带方便、成本低廉、便于收藏等优点。特别是东汉蔡伦改进造纸技术以后，把原材料从原来的缣帛扩展到树皮、麻头、破布、渔网等，使纸的生产数量增加，质量提高，价格更低廉，为雕版印刷术的产生和推广创造了条件。

我国隋唐时期，由于国势强盛，文化繁荣，科举盛行，读书识字的人增多，单靠手抄书已经不能满足社会的需要，于是我们聪明的祖先在印章和拓片的基础上发明了雕版印刷术。现存最早的雕版印刷书籍是公元868年王玠印造的《金刚经》。雕版印刷术的发明，推动了科学文化的发展。到北宋时期，已经有官府、书院、私家、书坊等多家从事雕版印刷事业，并以浙江、四川等地刻书最盛。

医学书籍的大量雕印就是从北宋开始的。北宋政府实行文官政治，对科学文化以至医学都非常重视，官修了许多医学著作，刊行了许多重要的医学典籍。与此同时，北宋私人、书坊刊刻的医书也大量涌现，使医籍的出版达到了前所未有的规模。宋版医书有如下特点：大多为一书的最初印本，因而最接近原本面貌；许多古书都是历史上第一次雕印，所以宋人普遍重视文字校勘；宋版书书法优美，各具风格，加之刻工技艺很高，刀法圆润，运转自如，能将书法神韵惟妙惟肖地表现出来，所以往往又是艺术品；宋版书用纸用墨质量高，既美观又耐久。由于年代久远，能流传至今的宋版医书已如凤毛麟角，为雕版印刷之稀世珍品。

明清以后，雕版印刷业得到蓬勃发展，医学文献的刊刻数量猛增，除去历代散失的部分，今仍存13000余种。由于古籍在流传过程中，产生了一书有多种复杂传本的现象，因此，现存各种医书的版本总量，可谓浩如烟海，数不胜数。

值得注意的是，与书籍的发展息息相关的造纸术和雕版印刷术，都是我国古代四大发明之一。我国古代人民以自己的聪明才智，对人类科学文化的传播与发展，做出了不朽的贡献，这是永远值得我们骄傲和自豪的。

◎为什么有"不为良相，则为良医"之说？

"不为良相，则为良医"，是宋代著名政治家、诗人范仲淹的千古名句，是儒家文化的具体体现。它从本质上阐明了"相"与"医"的连带关系。自从"罢黜百家，独尊儒术"之后，儒家文化遂成为中国文化的正统思想。《礼记·大学》云："古之欲明明德于天下者，先治其国；欲治其国者，先齐其家；欲齐其家者，先修其身……身修而后家齐，家齐而后国治，国治而后天下平。"儒家学者把"修身、齐家、治国、平天下"作为人生最高目标，而"不为良相，则为良医"则是实现这一目标具体而又行之有效的行为。相的贤明与否，关系到国家的安危、百姓的安乐，而与此有相似社会功能的就是医了。医、相功德大小不等，但都是拯救众生。因此，古人常常医相并称，"医良则相，庸则匠"（《退庵随笔》）。而仕运坎坷，成功者寥寥，于是为医就成为儒士们实现抱负的另一个选择。正如范仲淹所言："在下而能及小大生民者，舍夫良医，未之有也。"

医生在古代社会地位卑下。宋以前，医被认为是一种贱业，儒士对此不屑一顾，诚如韩愈所说："巫、医、乐师、百工之人，君子不耻。"（《师说》）尽管有一部分士阶层人行医，但他们大多数是以孝亲为出发点。至宋一代，在"不为良相，则为良医"的激励下，士大夫从医达到高峰，一时间，士人谈医、行医蔚然成风。如宋代名医朱肱、许叔微皆出身于标榜的进士；政治家司马光、科学家沈括，皆通晓医学；金代成无己、张元素更是著名儒医。儒家学者从医，从而构成了一个特殊的社会阶层——儒医。他们有较深的文史功底，通晓医理，医术精良，有较高的自身修养，胸怀"治国平天下"的大志，或悬壶行医，济世活人，或研究医理，著书立说，成为儒家文化中一道亮丽的风景。

◎为什么女子调经"视月之盈虚而施补泻"?

《内经》从"人与天地相参，与日月相应"的天人相应观出发，认为女子经水按月而至，其盈虚消长应于"月相"，月经来潮如潮汐之应月，利用月经周期不同阶段的生理、病理变化的特点，择时用药，常常取效。

《素问·八正神明论》曰："月生无泻，月满无补，月廓空无治，是谓候天时而调之。"这是因为"月始生，则血气始精，卫气始行，月廓满则血气实，肌肉坚"，即月生期间，是人体气血渐生而旺之时；月满期，则是人体气血处于最旺盛之时。因而，月生施治应少泻多补，月满施治应多泻少补，可顺应人体气血充溢盛衰的生理变化。反之"月生而泻是谓脏虚"，人体气血功能有被削弱的可能。"月满而补，气血充溢，络有留血"，会致实者更实，而生他病。

《灵枢·岁露篇》说"月满则海水西盛，人血气积"，"月廓空，则海水东盛，人气血虚"。朱丹溪认为"阴气之消长，视月之盈虚"，进而提出了"视月之盈虚，而施补泻"之法。临床常根据月亮相位调治月经疾病，每每取效。如李某27岁，月经后期量少色淡，小腹绵绵作痛，平日体倦乏力。施之八珍汤加减以气血双补，并选于阴盛阳生的上弦月服之，利用人体阴阳消长的月节律气血渐旺之时以助药势，故收桴鼓之效。又如田某，36岁，因气郁而致闭经，小腹刺痛，舌紫边有淤点，以活血化淤之法，施以少腹逐淤汤加减，并令其月圆时服之，三剂后经痛淤去而愈。此乃淤阻经闭之症，令人体气血旺盛的望月服之，攻其邪不伤其正，逐其淤而不损其络，淤去经畅，月经自然应时而至。

因而，上弦月调经，以温养补益为主，施以益气养阴、温经养血、滋补肝肾等法，治疗因血虚血寒而致月经后期经少、闭经等症；月望逐淤，以理血通淤为主，施以温经活血、祛淤通经等法，治疗寒凝、气滞、血淤所致的月经后期闭经、错经等症；下弦月以调经安胎为主，以固摄安保为重，施以补气摄血、温经养血、固肾安胎等法，治疗月经淋漓不断、不孕症或是孕后胎动不安等症。

由此可见，据月亮的盈亏圆缺而对虚实不同的月经病症，分选特定的日期，服用不同的补泻之剂，避之"月生而泻，月满而补，月空而治"的谬误，遵之"月生无泻，月满无补，月廓空无治"的规律，"视月之盈虚"得时而调之，无疑治病用药将会取得显著的疗效。

◎为什么黄庭坚赞美茯苓 "个个教成百岁人" ？

黄庭坚（1045—1105）

茯苓首载于《神农本草经》，列为上品，又名茯灵、茯兔、松苓，为多孔菌科植物茯苓的干燥菌核。茯苓主要寄生在松科植物赤松或马尾松的松根上，与松树有不解之缘，所以唐代李商隐有"因汝华阳求药物，碧松之下茯苓多"的诗句。根据药农的经验，野生茯苓多生长在顶叶不旺盛的古老苍松之下，故《淮南子》中亦有"千年之松，下有茯苓"的记载。本品性平味甘淡，人心、脾、肺、肾诸经。祖国医学认为，甘则能补，淡则能渗。凡甘补则脾胃受益，中气既和，则津液自生；凡淡渗则膀胱得养，。肾气旺盛，故小便多而能止，涩而能利，这是茯苓独特的功效。所以茯苓历来被视为健脾和胃、利水渗湿的要药。张仲景《伤寒论》和《金匮要略》中，即有30余方使用本品；清代名医吴谦的《删补名医方论》一书，汇集了传统方剂精华200多种，其中含有茯苓的方子就占五分之一，说明历代医家都非常重视茯苓。

茯苓不仅可供药用，也是滋补佳品。《神农本草经》说它"久服安魂养神，不饥延年"。在慈禧太后的长寿补益药方中，使用率最高的就是茯苓。她还令御膳房进茯苓饼，以此赏赐大臣们保健养身。据说北宋文学家苏辙、苏轼都很讲究服食茯苓，苏辙著有《服茯苓赋》一文，《东坡杂记》亦载有服茯苓法，一直流传至今。现在，茯苓夹饼、茯苓糕都是闻名海内外的北京特产，深受人们欢迎。《红楼梦》中贾府人还将茯苓制成面霜，当作美容护肤品使用。

现代研究表明，茯苓的有效成分90%以上是茯苓多糖，又叫β-茯苓聚糖，具有安神、增强人体免疫力、抗肿瘤等多种作用，久服可提高人体的抗病能力。茯苓提取物及复方制剂均有明显的利尿作用，也能增强心肌收缩力，故茯苓对泌尿系统、心血管系统也有一定的保健作用。因此，临床视本药为抗衰老的常用之品。难怪宋代著名诗人黄庭坚写下了一首《鹧鸪天》来赞美茯苓的延年益寿之功：

> 汤泛冰瓷一坐春，长松林下得灵根。
> 吉祥老子亲拈出，个个教成百岁人。
> 灯焰焰，酒醺醺，壑源曾未破醒魂。
> 与君更把长生碗，略为清歌驻白云。

◎为什么中药治病有"归经"之说?

"归经"之说,创自金元,即药物进入人体对于某些脏腑、经络有着特殊的亲和性,所谓"病有经络,药亦有经络,某药入某经"。

归经理论是建立在药物治疗作用的基础上的,因此药物的疗效与性味相结合,是归经的重要依据。如同属寒性药物,虽然都有清热作用,但其作用范围或偏于清肺热,或偏于清肝热;再如同属补药,有补肺、补脾、补肾等不同,各有所专。因此,人们将各种药物对人体各部的治疗作用进一步归纳,便形成了归经理论。这也是中药理论的特点之一。

药物归经这一理论是以脏腑、经络为基础,在长期实践中总结出来的规律。人们发现,人体各部位发生病变的时候,所出现的许多病症,可以通过脏腑经络而获得对病症比较系统的认识,从而作为治疗的依据。如肺经有病,可见咳嗽;心经有病,可见心悸、失眠;肝经有病,可见胁痛、抽搐;脾经有病,则见食少便溏等。于是人们又把药物对于人体的作用部位和经络脏腑联系起来,就可说明某药对某经络、脏腑起着主要的治疗作用。如麻黄能止咳平喘,杏仁能化痰止咳,便认为麻黄、杏仁能入肺经;酸枣仁治虚烦不寐,朱砂能安神,皆入心经；苍术能健脾燥温，入脾经；蝎能止抽，入肝经……于是人们就利用药物的归经特性，治疗脏腑经络的病症。

中药炮制对药物的归经有着明显的影响。如醋制归肝经，蜜制归脾经，盐制归肾经等。有很多中药能归多经，可治疗几个脏腑或经络的疾病。为了更准确地针对主症，作用于患病的脏腑，发挥药物疗效，往往通过炮制达此目的。如知母归肺、胃、肾经，具有清肺、凉胃、泻肾火的作用，如盐制后，则主要作用于肾经，增强滋阴降火的作用。又如黄连一味，经过不同的炮制后，其归经也发生变化，如李时珍所云："黄连入手少阴心经，为治火之主药，治本脏之火，则生用之；治肝胆之实火，则以猪胆汁浸炒；治上焦之火，则以酒炒；治中焦之火，则以姜汁炒；治下焦之火，则以盐水炒。"

人们在临床实践中，利用药物的归经特点，尽量选配引经药，将群药引入某一经或某一脏腑，使其治疗的目的性更强。如苍术引药入脾经，黄连引药入心经，吴茱萸、柴胡引药入肝经，桔梗引药入肺经……

用药如用兵，知彼知己，方能百战百胜。既要了解每一药物的性味归经，又要掌握脏腑经络之间的相互关系，使药物准确地直趋目标，才能有效地治疗每一脏腑经络的病变。故清代医家韦协梦曰："病有经络，药亦有经络，某药入某经，或兼入某经，果识之真而用之当，自然百发百中。"

◎为什么李唐的《灸艾图》是反映宋代医事活动的珍贵画卷？

原北平故宫博物院收藏着一幅宋代名画家——李唐的《灸艾图》，距今已有800多年的历史。此画现存台湾，是一幅描绘我国民间医生行医的古画。据古籍记载："宋李晞古艾灸图，素绢本，著色画，立轴，无款识。"但画中并无艾和灸的迹象。

画面描绘了一派田园风光。风和日丽，绿草青青，细柳轻拂，小桥流水，碧波荡漾。树阴下，有一位手持手术刀的老铃医，正在给病人做手术。老医生已年过花甲，坐在一个木凳上，垂眼扬颚，全神贯注。接受手术的是一位胡须蓬松、长眉杂发的老人，赤背而坐，双目炯炯有神，正在张口呼喊，似乎是手术中没有使用麻醉药，因疼痛而喊叫。

病人身边有一老人和一少女，紧紧握住他的双手和双腿，显然是担心病人因经受不住疼痛而挣扎，二人神情紧张，有忧虑之色。老人背后有一青年，虽只露半面，仍可见焦虑、胆怯之色。

医生身后有一童子，手捧已炀化摊开的膏药，准备术后贴用，童子弯腰低头，似有吹凉膏药之意。童子腰部挂着三个膏药幌子，脚旁放着打开的药包，内有膏药及其他医疗用品。包袱左侧放着一副串铃，可见这老医生是擅长外治的走方医。

画中的串铃又名虎撑，一般为铜制，圆形中空，内装铜丸，摇动时发出铃声。相传孙思邈曾为猛虎治病，把串铃戴在手臂上防止老虎咬伤，所以有"虎撑"之名。过去的走方医把它作为招徕病人的宣传工具，走方医又称"走方郎中"、"铃医"。

画中人都是贫苦的劳动人民，衣衫褴褛，浑身补丁，反映了宋代农民的艰辛生活。画面人物动作神态相互呼应，配合有致，山石树木苍翠葱茏，内含唐代李思训的绘画风格，可称是一副罕见的珍贵医事画卷。

李唐，字晞古，宋代和阳三城（今河南孟县）人，善画山水人物，尤以画牛著称。现存作品中与医学有关的有《灸艾图》和《仙岩采药图》。

◎为什么古代有"孝当知医"之说?

忠孝之道是儒家思想的重要组成部分,"不为良相,则为良医",是儒家士子们的行为准则。这不仅仅是因为"医良则相",同时,也由于能以此"疗君亲之疾,救贫贱之厄"。在古代有一条不成文的规定:"君有疾饮药,臣先尝之;亲有疾饮药,子先尝之。"(《礼记·曲礼》)如果不懂得医药,只能尝出有毒无毒,或毒大毒小,至于药物是否切中病情,便无从得知。另外,"父母至亲者,有疾病而委之他人,俾他人无亲者,反操父母之死生,一有谬误,则终身不平"。因此,尽忠孝之道不仅要有忠孝之心,还要熟谙方剂,"使家家自学,人人自晓。君亲有疾不能疗之者,非忠孝也"(《千金要方序》)。

这样一来,历史上就出现了许多因孝而知医,乃至成为名医的伟人,如著名医家朱丹溪就是最典型的一位。朱丹溪自幼好学,稍长师从许文懿公,学习道德性命之说。许文懿先生"因病卧床,医不能疗者十余年",他看到翁"聪明异常人",便曰:"其肯游艺于医乎?"翁以母病脾,于医亦粗习,及闻文懿言,便慨然曰:"士苟精一艺,以推及物之仁,虽不仕于时,犹仕也。"就这样,朱丹溪弃文习医,求他师而叩之，经过艰难困苦的磨练，终于成为一代名医。

其他如许智藏、李元忠、李密、王勃等人，皆是因孝知医的名医。因此，为人子须尽孝，尽孝当知医，遂成一时风尚。

"身体发肤，受之父母，不敢毁伤，孝之始也；立身行道，扬名于后世，以显父母，孝之终也；夫孝，始于事亲，中于事君，终于立身"（《本草纲目》）。可见，保养自身不受伤害，也属于孝的范围，而且是孝的基本条件，否则何以去孝顺父母、立身于世呢？

◎为什么针刺之疗在于"气"？

中国的针灸已经走向世界。这说明它确有治疗疾病、解除病人痛苦的作用。那么，针刺治病的原理是什么呢？可以说，针刺治病的原理就是以经络系统为基础，在病变脏腑组织的邻近部位或经络循行线上取穴，通过对穴位的刺激，来调整脏腑组织和经络的气血及功能活动，从而达到治病的目的。能否取得疗效，其关键就在一个"气"字上。如《灵枢·刺节真邪》曰："用针之类，在于调气。"《灵枢·九针十二原》曰："欲以微针通其经脉，调其气血。"《灵枢·终始》亦曰："凡刺之道，气调而止。"说明针刺之能治病，是因其可"调气"。就是说，通过对经穴的刺激来调节营卫、气血、脏腑的功能，达到扶正祛邪、防病治病的作用。欲使针刺能"调气"，必先针下得气。所谓"得气"，是指当针刺入穴位后，所产生的特殊感觉和反应，又称"针感"。患者有酸、麻、胀、重的感觉，有时还可以出现凉、热、痒、痛、触电、蚁行、水波等感觉。如金代窦汉卿在《标幽赋》中描述："轻滑慢而未来，沉涩紧而已至。"还有："气之至也，如鱼吞钩饵之浮沉；气未至也，如闲处幽堂之深邃。"形象地描述了得气与否的不同表现。

《灵枢·九针十二原》曰："刺之要，气至而有效，效之信，若风之吹云，明乎若见苍天。"又曰："刺之而气不至，无问其数；刺之而气至，乃去之。"《针灸大成》亦说："用针之法，以得气为度，如此而终不至者，不治也。"又如《标幽赋》说："气速至速效，气迟至而不治。"《金针赋》也说："气速效速，气迟效迟。"可以说明得气与否关系到针刺是否有疗效；得气的快慢，也可以影响疗效和预后。若得气迅速则疗效好，得气缓慢则疗效差，不得气则没有疗效。

影响得气的因素主要分两个方面：一方面是患者的个体敏感差异，患者久病，经气不足时，不易得气；另一方面是医者取穴不准或针刺的方向、角度、深浅不当或手法不熟练等等。当针刺后不得气时，须要采取促其气至的方法使其得气。常用之法包括：一、催气法：即进针后，使用提插、捻转及弹、刮、摇、飞、捣等行针手法，激发经气，促其气至；二、候气法：即将针留置在穴内等候气至；三、循摄法：即在针刺腧穴所属经脉上下，施以循按、抓摄等方法，促其气至。

◎为什么有"提壶揭盖"法?

生活中可见到这样的情况:水壶因壶盖太紧倒不出水来,但把壶盖掀开一下,水就会顺畅地流出来了。中医也有一种治法叫做"提壶揭盖",就是小便不利病症中,有时用通利小便的药物无效,但用宣通肺气的方法却可以使尿液排出。在这种治法中把人体看做水壶,肺在上焦又称"华盖",就像这把壶的盖子,掀一下这个盖子,潴留于膀胱中的尿液就轻松地排出了。金元四大家中的集大成者朱丹溪就曾用排出肺内积痰,使肺气通畅的方法治愈一例小便不利的患者,并且说:"肺是上焦,而膀胱是下焦,上焦闭塞则下焦不通,譬如滴水之器,必上窍畅通然后下窍的水才能排出。"

为什么会有这种治法呢?小便不通,能通利小便的药物无效,用宣通肺气之法却疗效如鼓应桴,立竿见影。这就要从三焦的生理作用谈起起了。《素问·灵兰秘典证》中说:"三焦者,决渎之官,水道出焉。"三焦是水液代谢的通道,有疏通水道、运行水液的作用。人体的水液代谢是由肺、脾、胃等脏腑协调完成的,但同时必须以三焦为通道,才能正常地升降出入,所以水液代谢的协调平衡作用,又称为"三焦气化"。三焦还有调畅人周身气的运行的作用,《难经》云:"三焦者原气之别使也。主通行三气，经历于五脏六肌。"周身气机都有赖于三焦运行的通利，若三焦通利，则机体内外上下皆能宣通，因此三焦的气化作用非常之大。而"膀胱者，州都之官，津液藏焉"。膀胱贮存津液代谢后所生的尿液，但尿液的正常排出，却还需要三焦的疏通的作用，故曰："气化则能出焉。"如果三焦气化不利，三焦闭塞，其通调水道的功能失调，则会出现水液潴留、水肿、小便不利等症状。无论上焦还是中焦、下焦出现气化不利就会出现小便不利，同时属于上焦的肺本身就有运调水道的作用，对于水液代谢的作用更加显著。因此，由于上焦气化不利，或气机不利出现闭塞，那么就会出现上焦气化不利，出现小便不通的现象。上焦之气通畅，气化恢复正常，那么，气化正常而小便自然就会通畅了。

另外，从这种治法的命名及朱丹溪之言"譬如滴水之器，开其上窍则下窍水自出焉"，可以看出中医理论中的一种思维方法，即取类比象，由此及彼，善于把自然界中的现象推而用之于人的身上。与此类似的《散记续编》中的："以筒吸水，闭其上口，则水不泄，放之则水泄，此即小便不利，开提肺气之义"，也正是用这种思维方式进行类推。如华佗提倡运动养生所用的也是这种思辨方法。掌握这种类推思辨的方法，能够更好地理解中国古人的思想及传统的中医理论思想，而这种思辨所产生出的治法往往也是非常行之有效的。这种类推方法，值得现代人进行探索和琢磨，也许这也是中国传统思维中较有特色的一点。

◎为什么"一吐之中，变态无穷"？

吐，通常是患某些疾病时表现出的一种症状，如脑病、胃肠病、霍乱等等。中医有时却人为地应用药物或者刺激咽喉引起病者呕吐反应，使病邪从上泄出，达到治疗疾病的目的，这就是中医一独具特色的治病方法——催吐法。

在我国现存第一部药物学专书《神农本草经》中就已经有催吐药的记载，如瓜蒂、常山、藜芦、盐等。东汉时期张仲景以瓜蒂散催吐。唐代孙思邈《千金要方》载盐汤探吐方。宋代许叔微的《普济本事方》以稀涎散治痰涎凝聚，认为："卒暴涎生，声如引锯，牙关紧急，气闭不行，汤药不能入，命在须臾，执以无吐法，可乎？"金代张子和最善吐法，在其著《儒门事亲》中曰："余之用此吐法，非偶然也。曾见病之在上者，诸医尽其技而不效，余反思之，投以涌剂，少少用之，颇获微应。乃广访多求，渐臻精妙。过则能止，少则能加，一吐之中，变态无穷，屡用屡验，以至不疑。故凡可吐令条达者，非徒木郁然，凡在上者，皆宜吐之。"可见，其用"吐"法至精至熟。

催吐法的适应范围十分广泛，"凡在上者，皆宜吐之"，如：痰饮、宿食、酒积等在膈或上脘所致的大满大实之症，误服毒物停于胃中，伤寒或杂病中的某些头痛，痰饮病胁肋刺痛、眩晕、恶心，热在膈上所致头目不清、两目赤肿、牙痛，风寒湿三气所致手足麻痹、肌肉不仁及某些尿少、尿闭症等等。其治病机理本于《素问·阴阳应象大论》"其高者，因而越之"，张景岳解释说："越，发扬也，谓升散、吐涌之。"若属宿食、酒积、中毒等，吐可引导其迅速从上而出，最为捷径；若属痰浊致病，吐可使上焦之气得开，肺气得降，诸气行而不郁；若属沉积水气，吐可使水湿之邪自上而出，吐后上焦之气开，肺得宣降，水道通调，小便通利，邪又有从下而出之路。另外，有些催吐方剂，如瓜蒂散还有疏肝理气、清热的功效，以其吐之可用于木郁不达诸症。由此可见，催吐之中变态万千。

催吐包括药物催吐法和物理咽喉刺激法。使用催吐法，体质强壮，可一吐而安；体质弱者，小量多次轻吐为宜。

◎为什么说"当季是药，过季是草"？

中药大多是植物药材，各种植物在其生长发育的各个阶段，根、茎、花、叶、实各部分的有效成分含量是不同的，因而药性的强弱往往有较大差异。因此，药材的采收应随着中药的品种和入药部位而有所不同，选择有效成分含量最多的时候进行。通常以入药部位的成熟程度作为依据。古人在这方面积累了不少经验，陶弘景《本草经集注》云："凡采药时月……其根物以二月、八月采者，谓春初津液始萌，未冲枝叶，势力淳浓故也；至秋枝叶干枯，津液归流于下，……"《本草蒙鉴》亦云："实已熟，味纯；叶采新，力倍。"

每种中药材都有一定的采收时节和方法，一般来说，可按药用部位归纳为以下几方面：

全草：多在枝叶茂盛、花朵初开时采集，如益母草、地丁草等。也有在花开前采收，如薄荷、青蒿等。个别的如茵陈则采取幼苗。

根和根茎：多在秋末春初采集。过早浆水不足，过晚则不易寻找，也不易采挖，如丹参、天南星等。

叶：通常在花蕾将放或正盛开的时候采集，此时正值植物生长茂盛阶段，性味完壮，药力雄厚，最适于采收。有些特定的品种，如霜桑叶，则须在深秋或初冬经霜后采集。

花：一般在花正开放时采，由于花朵次第开放，所以要分次采摘。采摘时间很重要，过早则气味不足，过晚则花瓣残落，气味消失。有的花要在含苞欲放时采，如金银花、辛夷；有的在刚开放时采最好，如月季花。

果实和种子：除青皮、乌梅等少数药材要在果实未成熟时采收外，通常都在成熟时采收。

树皮和根皮：多在春夏之间采剥，此时植物生长旺盛，浆液充沛，药性较强，并容易剥离，如厚朴、杜仲等。一些植物根皮以春秋时采剥为好，如牡丹皮、地骨皮等。

中药的采集具有一定的季节性，这是古人从千百年来的实践中总结出来的经验。中药采集是否遵循季节性要求，是关系到药物疗效的大事，正如俗语所说："当季是药，过季是草。"

◎为什么说《妇人大全良方》代表了宋以前妇产科学的最高成就?

追溯我国古代的妇产科专书,较早刊行的有《经效产宝》、《产育宝庆集》等,但内容都偏重于产科,缺少系统的病症论述,治法方药也不够丰富。陈自明《妇人大全良方》(简称《妇人良方》)的问世,填补了这一空白,对宋以前妇产科成就作了全面、系统的总结。

陈自明(1190—1270),字良甫,南宋临川(今江西抚州)人。家中三世业医,收藏医书非常丰富。在家庭的影响下,他从小热爱医学,成年后对医学理论、伤寒诸症及外科等方面均有研究,尤精于妇科,曾任建康府(今江苏省南京市)明道书院医学教授。他认为"医之术难,医妇人尤难"(《妇人大全良方·自序》),深感急需系统的妇产科专书以指导临床,决心编写一部聚散补缺的大型妇科专著。于是他整理了历代妇产科著述和有关方书,结合自己临床经验和家传验方,撰成《妇人大全良方》一书,为宋以后妇产科学的发展奠定了广泛的基础。《妇人大全良方》成书于1237年,共24卷,分调经、众疾、求嗣、胎教、妊娠、坐月、难产、产后8门,260余论,每论分述病因、证治、按语及治验等,论后列方。本书内容十分丰富，几乎包括了妇科经、带、胎、产及妇科杂病的全部内容。前三门论妇科，叙及月经病、妇科常见杂病，以及不孕症等；后五门是产科，对胎儿形成、发育、孕期检查、分娩和产后护理等，都作了论述。对产前产后疾病的治疗和处理及妊娠禁忌等，也都作了详细阐述。

《妇人大全良方》作为一部病证较为齐全，理论和方治相当详备的大型妇产科专书，深得后世医家的重视。《四库全书总目》称赞这部书是"提纲挈领，于妇科证治，详悉无遗"。三百年以后，薛己对该书进行校订，附入其个人经治验案，名为《校注妇人良方》，使该书更加流行。明代王肯堂的《女科证治准绳》、武之望的《济阴纲目》，都以本书为主要内容和蓝本，足见其影响之深远。可以说，中医妇科专书具有条理清晰、系统化强的特点，是从《妇人大全良方》开始的。

◎为什么有"悬壶济世"之说？

"悬壶"之"壶"，即指葫芦。推溯历史，汉族创世的神话传说，就与葫芦有关。在神的时代，由于纷争，导致了一场大洪水，神都被淹死。这时，从洪水中漂来了一只大葫芦，玄黄老祖捞起葫芦，看到里面有一对少男少女。于是，他把兄妹命名为"龙氏"。龙族由此兴旺起来，人类也由此兴旺起来，葫芦便成为一种灵物。道士炼丹，就是将仙丹妙药放于葫芦中。道家的法器就是葫芦，道家的理想境界是"壶天"，正如李白所说"壶中自有日月天"。

费长房是道家方士，《后汉书·费长房传》中记载了他与仙翁在葫芦中对酌的情景：市中有一卖药老翁，悬一壶于肆头（店铺门首），及市罢，辄跳入壶中。市人莫见之，惟长房于楼上睹之，异焉。因往再拜，奉酒脯。老翁知道长房已认出自己是位"神人"，便对他说："子明日可更来。"长房旦日复诣翁，翁乃与俱人壶中，惟见殿堂严丽，美酒芳芬，共饮毕而出。后长房欲求道，便随翁一起隐居山林。翁见长房如此虔诚学道，便曰："子可教也。"后来，长房把翁之医术传承下来，遂能医疗众病。于是，后世每以"悬壶"喻行医，有"悬壶济世"之称。俗云"不知葫芦里卖的什么药"，也源于此。

◎刘完素为什么名"完素"，字"守真"？

刘完素，字守真，金代著名医家。他取名"完素"，是指要使《素问》臻于完善。因此他一生致力于研究《内经》，并以《素问》为主，著有《素问要旨论》、《素问病机原病式》、《素问病机气宜保命集》等，称"完素"可谓名副其实。

他的字为"守真"，意思是说要守《素问·至真要大论》之理。他潜心专研《至真要大论》，对其中的"病机十九条"多加发挥，倡导五运六气皆从火化的学说，故称"守真"也是恰如其分。

◎为什么李杲认为"脾胃虚损，百病由生"？

在日本汉方医学界，称我们中国宋以后的医学为"李朱医学"，其中的"李"指的就是金元四大家之一的李杲。

李杲，字明之，号东垣，晚年人尊称其为东垣老人，是有名气的补土派。著有论"土"的专著《脾胃论》，论中有一著名观点——"脾胃虚损，百病由生"。

"脾胃虚损，百病由生"似不难理解，然而当我们冷静、细致地分析这个命题时，会发现它又难以理解了。因为从现代医学来看，人的脾可以因故而切除，胃也可以切除达其三分之二，而不会影响人的基本生理机能，怎么能百病由生呢？

原来，李杲承其老师张元素的学术思想，常以运气学说为理论方法，重视辨析脏腑病症的病理机制，而且五脏之中惟对脾胃情有独钟。

从运气学说来看，四气五味五脏各有所主，而脾胃居中，于五行属土，其中"胃为戊土，其本气平，而兼气温凉寒热"；"脾为己土，其本味淡，而兼味辛甘咸苦"。故脾胃居于中焦，兼具四气五味，其气可升可降，为人体气机升降出入运动的枢纽。正如张元素所论：肝主"生升"，心主"浮长"，肺主"降收"，肾主"沉藏"，而脾胃中土则主"化成"。"化"是什么意思？《韵会》曰："天地阴阳运动，自无而有，自有而无，万物生息则为化。"也就是说脾胃是人体胃气、元气、各种气的生化之源，因此李杲认为人体诸气莫不由胃气而化，"夫元气、谷气、营气、清气、卫气、上升之气，此数者，皆饮食入胃，谷气上行，胃气之异名，其实一也"（《内外伤辨惑论·辨阴证》）。所以说"脾胃为血气阴阳之根蒂"，"脾胃虚损，百病由生"。

　　由此我们看出，李杲所说的脾胃不完全是脾胃的器官实体，是一种阴阳五行运气学说文化中的"脾胃"，实际是指包括脾胃器官实体在内的人体生化机能系统，这套主持人体生化机能的系统出了问题可不了得，不"百病由生"才怪呢！

◎为什么说有些中药因形得名?

有些中药,奇形怪状,与其他药物差别很大,于是古人就通过形态来命名中药,这反映了古人对客观事物的体察入微。如"白头翁",为毛茛科植物"白头翁"的根,其植株多处密被白色长柔毛,好似人之白发。《新修本草》云:"白毛寸余,皆披下,正似白头老翁,故名焉。"其异名"野丈人",是言其白毛如头发未梳理之状。"胡王使者",亦是以其长毛与古代西北地区少数民族所蓄发型相似而得名。再如"地不容",为防己科植物,茎细长,块根盘状,灰褐色,因块根硕大,半露地面。吴其浚《植物名实图考》云:"殆无隙地能容,故名地不容。""金线吊乌龟"之名,是因其藤茎细软似线,肥大块根半露似龟背而得名。又如"卷柏",为卷柏科植物"卷柏"的全草,其枝叶均与柏树叶相似,小枝丛生,但缺水时,则枝叶拳卷,故称之为"卷柏"。"豹足"、"老虎爪"等名,皆为其卷曲枝叶的形象比喻。《本草纲目》云:"卷柏,豹足,象形也。"其别名又称"万岁"、"长生不死草"、"九死还魂草"等,因其干燥时向内方卷曲,一旦遇潮,很快复苏展开,生命力极强而得名。其他如"牛膝"、"乌头"、"瓦松"等,也皆因形得名。

◎为什么张从正说君子"贵平不贵强，强中生百病"？

使身体强壮，是我们每个人所向往的事情，也是医学工作者关心的事情。然而，金元时期中医界四大家之一的张从正却提出："君子贵流不贵滞，贵平不贵强，强中生百病。"为什么"强"却要生百病呢？

稍知传统文化的人士，从这"贵平不贵强"中可以看到儒家"君子时中"、"不偏不倚"的中庸思想；从"强中生百病"中可以看到《老子》"人之生也柔弱，其死也坚强。万物草木之生也柔弱，其死也枯槁。坚强者死之徒，柔弱者生之徒。是以，兵强则灭，木强则折，坚强处下，柔弱处上"（《七十六章》）的智慧。无怪乎张氏把自己的著述称为《儒门事亲》，其中充满了儒道的哲思与睿智。

在《儒门事亲·推原补法利害非轻说》中张从正开宗明义地指出："养生当论食补，治病当论药攻，然听者皆逆耳，以予言为怪。盖议者尝知补为利，而不知补为害也。"张从正反对滥用药补，他的观点至今仍有很强的现、实意义。今人的营养健康水平远超过古代，但当今社会服食补品之风不知要胜过魏晋多少。现在中小学生的营养状况是中国历史的最好水准，但因营养过剩而生成的"小胖子"也达到了中国历史的最高水平。这些表现已失"君子时中"之意，正所谓"兵强则灭，木强则折"。

此外，"强中生百病"还有更深一层的意思，也就是思想上的恃强、逞强严重危害健康。俗语说"强中生百病，久病成大仙"。其意是说，身体强壮之人，常因为恃强、逞强，轻视卫生，忽略小恙，酿成大病，忽成暴疾，以致早逝、夭亡；相反体虚久病之人，因体质虚弱，平时更加小心，谨于调护，勤于卫生，反而长寿。这大约正是《老子》"坚强者死之徒，柔弱者生之徒"的真谛。

◎为什么《宋史》有大食蕃客贩卖乳香的记载？

中外医药交流在中医药发展中占有重要位置。中药中的沉香、乳香等原本都是进口药材。《宋史·食货志》记载"宋之经费……惟乳香之为利博，故以官为市焉……大食蕃客啰辛贩乳香直三十万缗"，说明宋代与外国的香药贸易已非常兴隆，官方也直接参与香药交易。

中外医药交流，早在秦汉时期就已开始。唐代《新修本草》一书中就有安息香（出波斯）、龙脑香（出婆律国）等进口药材的记载。1973年，在福建泉州后渚港发现一艘宋代沉船。泉州正是《宋史》中所载大食国（今阿拉伯）客商啰辛贩卖乳香的地方。沉船为木制，载重约200多吨，船中除一些铜钱、瓷器、木器之外，大部分是香料木，此船实际是一艘进行香料贸易的远洋货船。船上所载香料种类数量都很多，其中有降真香、乳香、木香、龙涎香、胡椒等4000多斤，还有水银、朱砂、玳瑁、槟榔等药物。

宋元时期，中国与东南亚、印度、阿拉伯的医药交流非常频繁，其中香药占了很大比重。当时东南亚诸国如交趾国、安南国、占城国（今越南一带）经常向中国进献药材。《宋史》

中记载，占城国公元995年特遣专使李波珠等人进献犀角、象牙、玳瑁、龙脑、沉香等各式药材逾千斤，仅公元1155年从占城国运进泉州的香料就达63300多斤。

中南半岛地区的真腊国、丹眉流国和罗斛国（今柬埔寨、缅甸等地）以及渤泥国、阇婆国和三佛齐国（今爪哇、马来半岛等地）亦常遣使向中国进奉诸如珍珠、玳瑁、犀角、象牙等药材，并向我国换取川芎、白芷、朱砂等药品。

宋代中国与印度、阿拉伯的医药往来也很多，大食国曾遣副酋长李亚勿来献蔷薇水百瓶、无名异一块、象牙50株及乳香1800斤，有些使臣来华时还沿途出售香药，从我国运出金银、瓷器、丝绸等品。

"无名异"是印度出产的一种制作木乃伊的材料，故又被称为"木乃伊"，具有消肿止痛、疗金创折伤的作用。阿拉伯蔷薇水则是一种名贵香水，装在琉璃瓶中，封住瓶口，香气仍能散发很远。今河南省北宋皇陵宋太宗陵前石刻中，就有一尊外国使者的雕像，高鼻深目，双手捧一雕花的蔷薇水瓶作进贡状。另外皇陵中还有外使进献犀角、象牙、珊瑚、珍珠等药材的石刻，也反映了北宋时的中外药物交流状况。

在药材交流的同时，不少外国医生也来到中国。元朝时阿拉伯人爱薛被聘为朝廷御医，掌管大都医药院。我国医学也流传到国外，11世纪塔什克名医阿维纳森所著《医典》中就吸取了许多我国药物和脉学内容。宋元时期中外医药交流在一定程度上丰富了中国医药学内容，促进了中医学的发展。

◎为什么说宋慈是举世驰名的法医学家？

宋慈，字惠父，生于南宋孝宗淳熙十三年（1186年），卒于理宗淳祐九年（1249年），福建建阳（今建阳县）童游里人。

宋慈自幼习儒，接受朱熹理学的熏陶。嘉定十年（1217年）中进士，遂入仕途。其一生中曾四次担任刑狱官，使之同法医学结下了不解之缘。

宋慈任刑狱官期间，深感掌握和运用司法检验知识的重要性。但是，宋慈所见到的刑狱官员，大多缺乏法医知识与理刑经验，且断案草率，草菅人命，造成大量冤案。他本着"洗冤泽物"、"起死回生"（《洗冤集录·序》）之目的，参考前人的法医学著述，总结自己的理刑经验，写成了我国第一部系统的法医学专著——《洗冤集录》。该书刊于淳祐七年（1247年），比意大利人菲德里的同类书的问世（1602年）早了350多年。

《洗冤集录》记有人体解剖、尸体检查、现场勘察、死伤原因鉴定及急救方法等内容，共计53项，详述了诸如暴力死与非暴力死、自杀与他杀、生前伤与死后伤、尸体的状态（冷尸、尸斑、尸僵、腐败）、机械性损伤（钝器伤、锐器伤、压伤、坠落）、高低温死亡（烧死、烫死、冻死）以及雷击、急死、中毒致死等状况，几乎囊括了法医检验的所有重要问题。

《洗冤集录》不仅内容系统、全面，且具有很高的法医学术价值，后世法医检验诸书多本于这部书。书中还论及司法检验官员应有的敬业精神和应遵循的职业道德，指出检验人员务必亲临发案现场，不准"遥望而弗亲，掩鼻而不屑"，"不可凭一二人口说便以为信"，"若遇大段疑难，须更广布耳目以合之"；尚须及时掌握犯罪事实，如果"索之稍缓，则奸因之藏匿移易，妆成疑狱"。这些认识对破案具有重要意义。书中记述了某些验尸方法，颇具科学价值。如查验骨伤而痕迹未见时，可"用糟醋泼罨尸首于露天，以新油绢或明油雨伞复欲见处，迎日隔伞看，痕即见"。此法应用了医学、物理学、化学知识。书中对尸伤的验定记述，具有颇高的科学水准。如在验定刀痕的生前、死后伤时，写道："活人被刀杀伤死者，其被刃处皮肉紧缩，有血荫四畔"，而"死人被割截尸首，皮肉如旧，血不灌荫，被割处皮不紧缩，刀尽无血流，其色白，纵痕下有血，洗检挤捺，肉内无清血流出"。书中还提出了许多急救方法，如救溺死、自缢、蛇咬伤、砒中毒的急救法，甚至还有类似当今人工呼吸似的急救法，均具科学性及实用性。

《洗冤集录》沿用至数百载，是司法办案的备用书，且被译成朝、日、英、德、法、荷、俄等外文，深受古今中外人士的重视。其作者宋慈，当然也以驰名法医学家的美称博得举世的公认。

◎为什么说"豆豉佐餐除疴两相宜"？

豆豉，又称淡豆豉、香豉、盐豉、幽菽，系豆科植物大豆的成熟种子经加工而制成。由于味道鲜美，古代嗜食者甚多。

豆豉主要生产于长江流域及其以南地区，江西豆豉古已声名远播。嗜食者，大有闻其名即垂涎之势。传说宋朝诗人杨诚斋喜食豆豉，江西一士求见诚斋，越数日，诚斋简之云："闻公自江西来，配盐幽菽欲求少许。"可见，江西豆豉在宋代已名满天下，人们对其钟爱至深。的确，豆豉单独食用，味道极佳，若作菜肴的作料，用来拌菜、煎菜，又可使菜肴增鲜生香。

豆豉不仅色鲜味美，营养丰富，同时还有较高的药用价值。据《名医别录》中记载，豆豉有"治伤寒、头痛、寒热、虚劳"等功效，而《食疗本草》中以食疗疾，有"炒豆豉酒浸取汁，可止盗汗"之论。同时豆豉与别的药并用疗效更显著。如《伤寒论》中载有治疗热扰胸膈、心中懊憹的栀子豉汤；《千金方》中则以蒜、豉心合以治瘴气。明代药物学家李时珍总结前人经验，对豆豉的配伍功效一言以蔽之："得葱则发汗，得盐则能吐，得酒则治风，得薤则治痢，得蒜则止血，炒熟则又能止汗。"即发汗又止汗，一药两用，功同麻黄根节。

难怪清代王士雄说豆豉"不仅为素肴佳味也，其入药，能和中，治湿热诸病"。

◎为什么中医治病有"釜底添薪"说?

　　脾主运化水谷精微,为后天之本。脾的运化功能,必须得到肾阳(命门火)的温煦蒸化,才能健运,故曰:"脾胃之磨化,尤赖肾中一点真阳蒸变,炉薪不熄,釜爨方成也。"(《张聿青医案》)如若釜底无薪,则蒸化无力,脾胃失煦,运化无力,而生泄泻,故而取之"釜底添薪"之法施治。

　　常听到一些患慢性结肠炎的病人诉说:时常在黎明之前,脐腹疼痛,肠鸣,即而泄泻,泻后方感舒适,并伴有怕冷、四肢不温等症,中医把这种腹泻称之为"五更泻"。为什么五更之时人易腹泻呢?这是因为人体的阳气,随着一日昼夜的阴阳变化规律而消长着,黎明之前正是天时的"阴中之阴",也是人体阳气虚极渐复,还没振起,而阴气欲衰而尚盛之时,两阴相遇,加之人体命门火衰,不能振奋脾阳,阳不敛阴,阴寒内盛,故而出现五更泄泻之症。

　　肾藏命门之火,为人身阳气的根本,肾阳可以温煦脾土,是脾胃消化水谷的原动力。人体脾的运化,胃腐熟水谷的功能,要依靠肾阳的温煦,才能完成水谷的消化吸收,就好比煮饭一样,釜底有柴,柴火旺,釜中之食物才能煮熟。若柴少釜底之火不旺,则饭就会不熟。由此借喻釜底柴火乃命门之火,如命门之火不足，犹如釜底无薪，失去火焰，脾胃得不到肾阳的温煦，影响脾胃水谷的腐熟、精微的传输、水湿的运化，进而导致脾胃阳虚之症的产生，如畏寒、肢冷、食欲不振、消化不良、腹部冷痛、大便溏泄，或五更泄泻，甚则水肿等。从五行的关系上称此病为"火不生土"。

"火不生土"宜用温肾壮阳药物来温补肾阳，以生脾土，故称之为"补火生土"，古人又喻之为"釜底添薪"。中医临床常用此法治疗命门火衰脾失健运的泄泻、水肿等症，如治疗五更泄的"四神丸"中补骨脂，具有温阳利水之功；治疗阳虚水肿的"真武汤"中附子，具有温补脾胃、回阳祛寒之功；治疗下利清谷的"桂附理中汤"中肉桂等，均取之温补肾阳，取"补火生土"之功。肾气若壮，命门之火上蒸脾土，脾土温和，中焦自治，健运水谷，谷气上腾，元气充沛，诸病可愈，故曰："炉薪不熄，釜爨方成。"

◎为什么针灸要配穴？

　　针灸配穴就是用针灸治疗疾病时，通过一定的配穴原则，选择具有协同作用的两个以上的穴位，加以配伍应用的方法。

　　我们知道，中药治病是按照中药的配伍原则，将药物分为君药、臣药、佐药、使药，各药合用可加强药物的主治作用，抵消其毒副作用，发挥整个方剂的治疗效果。针灸配穴犹如用药，须按一定的配伍原则，分清主穴、辅穴，以辅穴来辅佐主穴，以发挥最佳疗效。

　　针灸配穴与药物配伍虽然形式上相似，治疗原理并不相同。中药疗法是通过人体的吸收来治疗疾病，而针灸是以经络学说为基础，通过刺激穴位来激发经气，疏通经络，调和气血，以达到治病目的。因此，针灸的治疗法则应根据针灸的特点来确定，针灸配穴的恰当与否，直接关系到治疗效果的好坏。

　　针灸配穴前，首先，要通过四诊八纲辨清疾病的实质；其次，要从整体出发，避免头痛医头，脚痛医脚；再次，要根据患者的具体情况，全面考虑。

　　临床常用的针灸配穴方法有七种：一、远近配穴法：即近端取穴和远端相配合使用的方法；二、原络配穴法：是指相表里两经的原穴与络穴配合使用的方法；三、俞募配穴法：是指胸腹部的募穴和腰背部的俞穴相配合使用的方法；四、同名经配穴法：是指手足经脉名称相同的经穴相配的方法；五、五输配穴法：是指十二经脉在肘膝以下的五输穴，根据其主病及"虚则补其母，实则泻其子"、"子能令母实，母能令子虚"的原则而配穴的方法。六、上下配穴法：上肢和腰部以上的穴位与下肢和腰部以下的穴位的配穴方法。七、左右配穴法：是指以经络循行交叉的特点为取穴依据的配穴方法。

◎为什么古人说"有病不治，常得中医"？

俗云"病来如山倒，病去如抽丝"。病家及亲属对疾病心怀畏惧，对医生则多期冀。但是世上总是名医少而凡医多，若碰上一个庸医，则小病变大病，以致枉送性命。因此班固在《汉书·艺文志》中发出了这样的喟叹："方技者，皆生生之具，王官之一守也。太古有岐伯、俞跗；中世有扁鹊、秦和，汉有仓公。今其技术暗昧。……失其宜者，以热益热，以寒增寒。精气内伤，不见于外，是所独失也。故谚曰：'有病不治，常得中医。'"

"有病不治，常得中医"，是病家在实践中获得的经验总结。有些疾病，尤其是外感类，多可因人体自身的抗病能力而趋向自愈，比良医医治可能略差一等，但比落入庸医之手，不知好多少倍，至少可相当于中等水平的治疗，即"中医"。因此，苏辙云："愚医类能杀人，而不服药者未必死。"

苏轼在《盖公堂记》中记载了这样一则病案，很能说明问题：有病寒而咳者，问诸医，医以为蛊，取百金而治之。饮以蛊药，攻伐其胃肠，烧灼其体肤，禁切其饮食之美者，期月而百疾作，内热恶寒而咳不已，累然真蛊者也。又求于医，医以为热，授之以寒药，且朝吐之，暮夜下之，于是始不能食。

惧而返之，则钟乳乌喙，杂然并进，而疽痈疥眩瞀之状元所不至。三易医而愈甚。同乡的一位老人告诉他这是医之罪、药之过也！人之生也，以气为主，食为辅，今子终日药不释口，臭味乱于外，而百毒战于内，劳其主，隔其辅，是以病也。子退而休之，谢医却药而进所嗜，气完而食美矣！从之，期月而病良已。类似这样的记载有很多，于是，人们愈发相信"有病不治，常得中医"。

著名医家徐大椿说："病情轻者，虽不服药，亦能渐痊；病势危迫，如无至稳必效之方，不过以身试药，则宁以不服药为中医矣。"（《医学源流论》）

◎为什么说"医本仁术"?

"仁"是儒家文化的核心，它的基本含义是爱人，是"博施于民而能济众"。"医出于儒"，浸润在儒家文化中的中医学，自然也融入了仁学的文化内涵，主要体现于"医为仁术"。什么是仁术呢？李时珍解释说："夫医之为道，君子用之以卫生，而推之以济世，故称仁术。"也就是说，以仁爱之心，行医济世，为行仁术。

古人认为，"为人子不可不知医"，奉行"幼吾幼以及人之幼，老吾老以及人之老"的宗旨，将仁德推而广之，在解除人们肉体之患的同时，也将仁爱之心播散到黎民百姓中，使家庭和睦，人伦有序，国家安宁。正如《灵枢》中言：医学可"使百姓无病，上下和亲，德泽下流，子孙无忧，传于后世，无有终时"。因此，"夫医者，非仁爱之士不可托也"，而"无恒德者，不可以为医"（《省心录》）。只有具备仁爱之心，才能"若有疾厄来求救者，不问其贵贱贫富、长幼妍媸、怨亲善友、华夷愚智，普同一等，皆如至亲之想"，才能不"瞻前顾后，自虑吉凶，护惜身命"；只有具备仁爱之心，才能"见彼苦恼，若己有之"（《大医精诚》）。

明代医学家龚廷贤在《医家十要》中告诫为医者，"一存仁心，乃见良箴，博施济公，惠泽斯深"，"十勿重利，当存仁义，贫富虽殊，药施无二"。如果"每于富者用心，贫者忽略，此非医者之恒情，殆非仁术也"。

医乃生命之所系，因为"人命至重，贵于千金，一方济之，德逾于此"（《千金要方序》）。因此，在持仁爱之心的同时，医者还要有精湛的医术，"否则卤莽不经，草菅人命矣"。所以，"为医者必也博览……，上下古今，目如电，心如发，智足以周乎万物，而后可以道济天下也"。

由此可以看出，有仁爱之心而不精通医理，"君父危困，赤子涂地，无以济之"，则何以谈仁？反之，通晓医理，但望闻问切漫不经心，"妄谓人愚我明，人生我熟"，或追逐名利，"恃己所长，专心经略财物"，何谈仁义？著名医家吴鞠通慨然道："生民何辜，不死于病而死于医，是有医不若无医也，学医不精，不若无医也。"

故而一个优秀的医生，应该是"仁"与"术"的完美结合，既有救人济世的胸怀，又有妙手回春的技艺，才不枉"医为仁术"之名。

◎为什么有些中药因传说得名?

有些中药以故事传说命名,不仅揭示了该药功效,也描述了其发现过程,这反映了古代民俗文化对药物命名的影响。如活血通经药"刘寄奴",相传与刘裕有关。南朝宋武帝刘裕,小字寄奴,早年微贱时山中伐荻,遇一大蛇而射之,蛇负伤遁去。明日往寻之,闻杵臼声,见青衣童子数人于榛林中捣草药,且云其大王为刘寄奴射伤,捣药为之敷伤。刘叱散之,取药而返,后遇金疮敷之即愈,后人因呼此草为"刘寄奴"(《南史·宋武帝本纪》)。再如收涩止血药"禹余粮",相传与上古大禹有关。《本草纲目》卷十引宋代陈承的《本草别说》云:"禹余粮,会稽山中出者甚多。彼人云:昔大禹会稽于此,余粮者,本为此耳。"又引《博物志》曰:"世传禹治水,弃其所余食于江中而为药。"上两例近于神话故事。又如"使君子",《本草纲目》卷十八引宋代马志的《开宝本草》云:"俗传潘州郭使君疗小儿,多是独用此药,后世医家因号为使君子也。"又如"蛇衔(含)草",《本草纲目》卷十六引刘敬叔《异苑》云:"有田父见一蛇被伤,一蛇衔一草着疮上,经日,伤蛇乃去。田父因取草治蛇疮,皆验,遂名曰蛇衔草也。"此二例则为民间传说。其他如"徐长卿"、"何首乌"、"杜仲"、"牵牛子"等名,都有一个美丽的传说。

◎为什么说永乐宫壁画是元代医学的重要史料？

中国医学史上，道教与医学的关系十分密切。道家的经典之一《道藏》中有70％以上都是中医学的内容，诸如阴阳五行、导引行气、炼丹、本草、方剂等，内容非常丰富。很多道士在修道的同时也行医，如元代全真教的丘处机，还有很多医家在济世救人的同时也修道求仙，如著名医家葛洪、陶弘景等。八仙的传说中，八位仙人也常用道术与医术扬善除恶。供奉八仙之一吕洞宾的永乐宫中，就有医药卫生方面的壁画，是元代医学的重要史料。

永乐宫坐落在山西芮城北的魏城遗址上，建于元代，原址在芮城永乐镇（此地是吕洞宾的诞生地），解放后迁至魏城。永乐宫宫殿气势雄伟，巍峨壮观，主体建筑有宫门、龙虎殿、三清殿、纯阳殿、重阳殿。殿中壁画绘制得非常精美，笔法高超，是不可多得的珍品。其中纯阳殿和重阳殿壁画主要描绘的是纯阳祖师吕洞宾和王重阳成仙度人的故事，有几幅反映了宋元时期医药卫生的内容，以直观的方式展示了古代医药卫生的生动形象。

纯阳殿东壁壁画是吕洞宾诞生的故事，画上的题记为"应

中华文化十万个为什么

瑞永乐"，题记下记载着纯阳祖师的姓名、籍贯和生日。画中描绘了祖师的母亲分娩后躺在床上的情景，其父站在床前，床下有两个妇人正在给出生的婴儿洗浴。周围光芒闪烁，白鹤飞舞，象征着仙人的诞生。重阳殿中的王重阳诞生图与上图类似，也画着洗浴婴儿的场面。这两幅壁画说明我国古代早就有为婴儿洗浴的良好习惯，符合现代医学护理初生婴儿的要求。《千金翼方》中记载："小儿始生……先浴之，然后断脐。"马王堆帛医书《胎产书》中云："婴儿……乃浴之，为劲有力。"这表明我国早在汉代以前就已经有为新生儿洗浴的知识了。

纯阳殿北壁有一幅"救孝子母"图，表现的是孝子沈志真之母患疽发背，吕洞宾授灵宝膏治愈的故事。题记中记载了治疽发背的药方，方中有瓜蒌、乳香、白蜜。从药性看，这几味药确能疗疮消肿，配成药膏治疗痈疽应是有效的，可见画师记下此方是为方便他人抄诵以治病救人。

壁画中还有一幅人体骨骼图，绘在重阳殿北壁上，题记为"叹骷髅"，虽不如现代解剖学那样详细，但头、躯干、四肢骨骼大都较完整、准确。这种图谱在明代以前很少见，是不可多得的研究资料。这幅画的内容是王重阳用骷髅图来劝告世人，荣华富贵不过是过眼烟云，到头来一切成空，只留下一具骷髅，只有修道成仙才能永生。

永乐宫壁画中还有一些治病救人的故事，如用药点入目中治疗目疾等。这些壁画反映了宋元时期人们对医药卫生的认识，也反映了宗教与人们生活密切相关的各个侧面。

◎为什么说"神仙粥功逾麻黄"？

"一把糯米熬成汤，七个葱头七片姜。煮熟兑入半杯醋，伤风感冒得健康"。这首诗在民间广为流传，描述的是一个治疗感冒的民间药膳验方，即"姜葱粥"，又称"神仙粥"。

关于神仙粥的由来，民间流传着这样一个故事。相传有一天，八仙之一的吕洞宾，下凡来到人间，发现一户农家正在喝姜葱粥，香味扑鼻，于是上门讨吃。因为姜葱粥的美味诱惑，吕洞宾在农家一连吃了三天九顿，才恋恋不舍地离去。后来，他回到天宫，玉皇大帝得知此事，非常恼怒，于是下令给吕洞宾减寿800年。但因吕洞宾吃了延年益寿的姜葱粥，一顿粥给他添寿100年，共增寿900年，所以他的寿命有增无减，真是得了便宜又得寿，因此，人们把姜葱粥又称为神仙粥。

传说虽不可全信，但神仙粥发汗解表之作用，确是功不可没。据明代李诩的《戒庵老人漫笔》中记载，神仙粥方，专治感冒风寒暑湿之邪，并四时疫气流行、头疼骨痛、发热恶寒等症，初得一二日，服之即解。用糯米约半合，生姜五大片，河水二碗，于沙锅内煮一二滚，次入带须大葱白五七个，煮至米熟，再加米醋半小盏，入内和匀。取起，乘热吃粥，或只吃粥汤亦可。即于无风处睡之，出汗为度。此以糯米补养为君，姜葱发散为臣，一补一发，而又以酸醋敛之，甚有妙理，非寻常发表之剂可比，即使是麻黄汤，也不能与之相提并论。麻黄汤是"开表逐邪发汗"之峻剂，但久服伤阴，特别是年老体衰者尤不适用。而神仙粥性温辛，久服可延年益寿，故有"老者伤风夹寒外感，神仙粥功逾麻黄"之说。

◎为什么以药熏洗可疗疾？

熏洗疗法应用很早，在现存最早的医书《五十二病方》中已载熏洗法。东汉时期张仲景的《金匮要略》载："蚀于下部则咽干，苦参汤熏洗之。"他还用熏洗治疗痈疽、瘾疹、白屑、丹毒、漆疮、烫伤、冻疮、手足皲裂及妇科、眼科疾病。齐德之的《外科精义》有"渍疮肿法"，提出：疮肿初生，经一二日不退，即须用汤淋射之，其在四肢者渍之，其在腰背者淋射之……，稍凉，则急令再换，慎勿冷用。清代吴师机进一步使其规范化，将熏洗分为熏法、蒸法、淋法、坐浴、汤熨。

为什么以药熏洗可治疗许多疾病呢？究其所因：一是药水蒸汽的刺激作用。《理瀹骈文》言："切于皮肤，彻于肉理，摄于吸气，融于渗液。"首先，药水蒸汽对皮肤表面产生一定的刺激，通过经络、腧穴将信息传入病处或内脏，发挥调节或治疗效应。其次，蒸汽可使局部血管扩张，加速血液循环，既可改善周围组织的营养，起到清热解毒、消肿止痛的作用，又可促进药物的渗透、吸收和传导，从而增强药物疗效。另外，药物刺激局部引起的神经反射作用，可激发机体的自身调节功能，促进机体某些抗体的形成，提高机体的免疫功能。二是药物的效用。其一，通过熏洗，药物透过皮肤吸收，直接达到病灶处，起到消痈散结、祛风止痒、祛腐生肌的作用。这已被现代医学所证实。据研究，熏洗药物能明显促进细胞的增生分化，促进巨噬细胞吞噬作用，提高局部抗感染能力，改善局部血液循环，加快病灶修复；其二，药物经血液输布全身，达到一定的血药浓度，起到治疗作用。总之，通过药物熏洗，借蒸汽热、药的双重作用，以祛邪、拔毒外出，扶助正气，疏松腠理，调营卫，理阴阳，安五脏，其病则愈。

熏洗疗法病者乐于接受，它无打针之痛、服药之苦；药物不经消化道吸收，无消化酶等对其影响；用药灵活多变，安全，无毒、无副作用；见效快，疗效显著，特别被"病者衰老而不胜攻者；病者幼小而不宜表者；病邪郁伏急难外达者；局部之疾药力不易达到者；上下交病不易合治者；内外合病势难兼护者；病起仓卒不易急止者"所接受。

◎为什么说"秀才学医，笼中捉鸡"？

秀才是古代具有文化知识的知识分子，《四书》、《五经》是其文化基础。在饱尝科举考试的艰辛后，一些文人弃文从医。当然，也有一些人是由于仕途失意而从医。这不仅仅是因为祖国医学植根于传统文化，同时，更是由于秀才具有理解医书、医理的知识结构。因此，秀才学医，如笼中捉鸡，手到擒来。

在我国古代，秀才学医而成名医的例子不胜枚举。如宋代名医董汲，少年时考进士落第，遂放弃举业而从事医学，成为崇宁大观间名医，著有《斑疹备急方论》、《旅游舍备急方》、《脚气治病总要》等，至今传世。再如名医朱肱，出身世宦豪门，中进士后，官至奉议郎等职，后因忤旨罢官。身处逆境的他，常以贾谊的"古之人，不在朝廷之上，必居医卜之中"自勉，潜心医学，深入研究张仲景《伤寒论》一书，撰成《类证活人书》，流传甚广，影响深远。由此可见，具有深厚的古代文化知识，学中医就容易登堂入室而臻佳境。

◎为什么说竹筒可用来治病？

竹筒也是中医的医疗工具，用其治病谓之竹筒疗法。这种方法是将药物与竹筒同煮，然后取出，趁竹筒腔内充满热气时，吸压在施治部位上，利用负压和药物的共同作用治疗相应的疾病。

竹筒疗法起源很早。南北朝时期民间用牲畜的犄角制成管筒来治病，谓之角法。以后在盛产竹子的江南一带，逐渐用竹筒代替了牲畜的犄角，形成了中医一种特有的物理疗法。《秘传外科方》载："用药煮吸筒，拔出其脓水血，即便愈。"《急救仙方》称此法为"竹筒吸毒方"，以治"诸般恶疮"。王焘的《外台秘要》以此法治疗结核病，载：取二指大青竹管，长寸半，一头留节，无节头削令薄似剑，煮此筒子数沸，及热出筒，笼墨点处按之，良之，以刀弹破所角处，又煮筒子重角之，当出黄白赤水，次有脓出，亦又虫出者，数数如此角之，令恶物出尽，乃疾除，当明日身轻也。《医宗金鉴》名之为"药筒拔法"。祁坤的《外科大成》载此法，疗阴疽发背，坚硬不溃不脓。可见，竹筒法被广泛运用治疗外科及内科、五官科、妇科疾病。

竹筒法有如此功效，首先由于竹筒管壁及管腔内药物蒸汽的温热效应和形成负压的刺激效应，加上药物作用，一则使局部血液循环加快，二则药物通过皮肤吸收，直接作用于病灶，或经血液输布全身。其次，由于负压吸附，使局部血管破裂出现瘀血。经现代医学研究证明，瘀血成为一种弱刺激，通过向心性神经传导，作用于大脑皮质，大脑皮质发生反射性的反应，其反应使机体的抗病力增强，机体自然自愈力增强，使机体康复。另外，借助药力和竹筒的负压吸力，对外科病之痈肿疮毒可直接拔毒泄热，既可减少挤压的痛苦，又可避免脓毒不能及时排出而引起邪毒内攻之弊。

◎为什么说《针灸大成》集明以前针灸学之大成?

《针灸大成》成书于1601年,明代杨继洲编撰,是集明代以前针灸学之大成的著作。

杨继洲(约1522—1620),又名济时,三衢(今浙江衢州)人。世医出身,年幼时习儒,成年后因遭上司迫害转而习医。由于家中收藏医书甚多,经多年研读,编成《卫生针灸玄机秘要》一书。后来,更从《内经》、《难经》、《医经小学》、《针灸聚英》、《古今医统》等20余部医籍中,节录部分针灸资料予以编辑及注解,汇同《卫生针灸玄机秘要》的内容,并附以自己的针灸治疗病案,编撰成《针灸大成》一书。

《针灸大成》共10卷。卷一概述针道源流,摘录了《内经》、《难经》等医经的针灸理论;卷二卷三摘引20余部医籍中的部分针灸歌赋及杨氏的注解,为古代针灸文献中收录歌赋较全者;卷四叙述取穴法、针具、各种针刺法;卷五为子午流注及灵龟八法、飞腾八法;卷六卷七为经络、腧穴;卷八为各科临床疾病的针灸治法;卷九选录各家针灸方法及杨氏医案,为后世提供了宝贵的经验;卷十为儿科诊治法,转载了《陈氏小儿按摩经》,对保存这部已佚失的古代小儿按摩专著做出了贡献。

在《针灸大成》中，杨氏主张针灸与药物相配合运用，并强调针灸治疗更有其优越性，认为"劫病之功，莫捷于针灸"。他总结并发展了多种针刺手法和透穴针治法，认为对头部不宜多灸，并提出了掌握灸治治疗的原则。

该书较全面地综合了明代以前针灸学术成就，因而在理论和临床研究方面都有较高的参考价值，是针灸史上继《内经》、《甲乙经》之后又一部总结性针灸著作，内容十分丰富，在针灸学发展史上起到了承前启后的重要作用。这部书很快就流传到日本、法国等国家，在国外也有相当影响。

◎为什么张介宾有"中风非风说"？

"中风"是一个有着二千多年历史的中医病症名，然而"中风"之名，其经历却最为坎坷。

"中风"一词最早见于《内经》，涵义也并不深奥，仅是字面的意思，是指感受了风邪而引起的病症，如《风论》所云"新沐中风，则为首风"、"入房汗出中风，则为内风"。对脑卒中类的病症，《内经》则称为"大厥"、"暴厥"等，对其后遗的半身不遂则称"偏枯"、"偏风"。

时至东汉，张仲景的《金匮要略》对中风的认识则不同于《内经》。张氏把《内经》中的偏枯类病症也称为"中风"。如曰："夫风之为病，当半身不遂，……脉微而数，中风使然。"（《金匮要略·中风历节病》）他根据风中部位的深浅，而分为中络、中经、中腑、中脏四类。此后隋唐乃至宋代，均循张仲景之说。如《诸病源候论·中风候》指出："中风者，风气中于人也。"《济生方》云："营卫失度，腠理空虚，邪气乘虚而入，乃其感也，为半身不遂。"然而对脑血管溢血及这种病症所遗的半身不遂，人们从直观上逐渐感觉到这种病症并不是感受了外风，如李杲说："有中风卒然昏聩不醒人事者，此非外来之邪，乃本气自病也。"于是到了金元时期，一些医家逐渐认识到外界的风邪不足以解释"中风"的病理变化，开始从各种角度进行病因病机的探索，以否定"外风"论。如有刘完素的"心火暴甚"说，有李杲的"本气之虚"说，有朱丹溪的"痰生热，热生风"说，而元代的王履折中于经典和金元医家之间，提出"真中"和"类中"的观点，指出因于（外界）风者，真中风也；因于火、因于气、因于痰湿者，类中风，而非中风也。因此明代的张介宾据王履"类中风，而非中风也"提出了"中风非风说"。

然而，这"中风非风说"，并没有从根本上解决中风病症的病因病机的问题。中风非风，那是什么呢？是内风。内风又是怎样发生的呢？这个问题到了清代叶天士那里才得到根本解决。叶天士不仅认可"内风说"，而且还具体地指出"肝为风脏，因精血衰耗，水不涵木，木少滋荣，故肝阳偏亢，内风时起"。指出这种肝风不是外来，而是身中的阳气升动太过，导致的一种病理性的变化。

◎为什么西瓜又称"天生白虎汤"?

西瓜,有"寒瓜"及"天生白虎汤"之称。寒瓜之意易懂,白虎汤以生石膏为主药,是治疗大热、大渴、大汗出的名方。称西瓜为"天生白虎汤",是以其清热之功而言。

在古时,西瓜是较名贵的。《广志》记载:其品种以"敦煌之种为美",又说在旧阳城有一种青登瓜,作为贡品,故又称"御瓜"。《神仙传》曾对青登瓜大肆渲染,说"青登瓜大如三斗魁,玄表丹里,呈素含红,揽之者寿,食之者仙"。

虽然,前人之谈未免失实,但西瓜对健康的益处无疑是很大的。有人形容它的清热生津作用,说食之如"醍醐灌顶,甘露沁心",医家则认为,温热病人啖之,则清热之功"如汤沃雪"。

西瓜全身皆是药,皆具有清热之功。被称为"西瓜翠衣"的西瓜皮,可治暑热引起的小便黄赤、口渴等症;西瓜子仁有润肠清肺、补中益气之功;西瓜瓤,可治疗暑热症,对口渴喜冷饮、发热、烦躁不安等有奇效。因此,民间有"热天半块瓜,药物不用抓"之谚,西瓜的白虎汤之效可见一斑。

◎为什么《本草纲目》被誉为"东方医学巨典"？

在中国医学史上，明代李时珍的《本草纲目》可谓一颗璀璨耀眼的明珠。翻开它，"如入金谷之园，种色夺目；如登龙君之宫，宝藏悉陈；如对冰壶玉鉴，毛发可指数也"（《本草纲目·王世贞序》）。

李时珍（1518—1593），字东璧，晚年号濒湖山人，蕲州（今湖北蕲春县）人。出身中医世家，其父李言闻是当地名医。李时珍14岁时中秀才，后因三次乡试未中而放弃科举，专心医学。由于他聪颖好学，医德高尚，短短几年便享有声誉。他曾被楚王府聘为"奉祠正"，并掌管"良医所"事务。后又被荐举到北京"太医院"任"院判"。此间他阅读了大量书籍，为后来写《本草纲目》打下了基础。

在行医过程中，他发现以往的本草书存在许多错误，深感这是关系人命的大事，而且许多新发现的药物也未写进本草书中，于是决心编写一部新的本草专著。他从34岁起着手这项工

李时珍（1518—1593）

作，参阅古书八百余种，四处寻访名医，搜罗民间验方，亲自采集药物标本，还亲自栽培、试服药物，经过27年的努力，在他60岁时（1578年），终于写成了《本草纲目》这部的巨著。

《本草纲目》全书52卷，190万字，分为水、火、土、金石、草、谷、菜、果、木、服器、虫、鳞、介、禽、兽、人16部，每部又分若干类，共60类，记载药物1892种，其中374种是李时珍新增。附方11096首，药图1100余幅，规模之大，内容之丰富，在当时是无与伦比的。

其在药物学方面的成就主要有：一、提出了当时最先进的药物分类法。药物排序"从微至细""从贱至贵"，即从无机到有机，从低等到高等，基本符合进化论的观点。二、系统地介绍了各种药物知识。对每种药物的记述，包括校正、释名、集解、辨疑、正误、修治、气味、主治、发明、附录、附方等项。从药物的名称、历史、形态、鉴别，到采集、加工、功效、方剂等，叙述甚详。尤其是"发明"这一项，主要是李时珍对药物观察、研究以及实际应用的新发现和新经验，这就更加丰富了本草学的知识。三、纠正了以往本草书中的某些错误，如泽泻和大戟是同科二物，前人误认为是一物；前人误把药用的兰草和观赏的菊科兰花混为一谈，李时珍都一一作了订正。四、驳斥了一些反科学的见解。如他明确指出：水银"辛、寒、有毒"，对服食水银可以成仙的说法作了批判。

其他方面的主要成就：一、在记载药物学内容的同时，对人体生理、病理、疾病症状、卫生预防等作了不少正确的论述；二、综合了大量资料，在植物学、动物学、矿物学、物理学、化学、农学、天文学、气象学等许多方面，都有着广泛的论述，丰富了世界科学宝库；三、《本草纲目》中的"释名"一项提供了许多文字学的考证资料；四、介绍了不少珍贵的民族与民俗史料；五、保存了大量已佚古代文献的内容，因而具有重要的文献学价值。

《本草纲目》的影响非常大，刊行以后辗转翻刻30多次。在它的影响下，清代本草学家纷纷写出了不少有价值的药物学专著，例如赵学敏的《本草纲目拾遗》，完全依照它的体例著成。《本草纲目》还先后被译成日、朝、拉丁、英、法、德等文字，受到许多国外学者的关注。欧洲的学者把它誉为"东方医学巨典"。英国博物学家、进化论奠基者达尔文在他的书中数次引用了《本草纲目》的资料，称它是"中国古代的百科全书"。

由于《本草纲目》对人类的巨大贡献，郭沫若先生在给李时珍墓碑题词中，给予他高度的评价："医中之圣，集中国药学之大成。……广罗博采，曾费三十年之殚精。造福生民，使多少人延年活命！伟哉夫子，将随民族生命永生。"

◎为什么说《普济方》是我国古代最大的方书?

中医方剂学文献极为丰富,目前现存的方书数量就超过千余种,其中明代朱橚等人编撰的《普济方》是我国古代最大的方书。

《普济方》成书于1406年,由明太祖第五子朱橚主持,滕硕等人汇编而成,共426卷。本书广泛收集了明初以前各种医籍中的方剂,还收载其他传记、杂说以及道藏、佛书等有关记载,并收录大量时方,据《四库提要》统计,共收载方剂61739首,堪称集15世纪以前方书之大成。全书分列100多门,大致可分为总论、身形、诸疾、诸疮肿、妇人、婴孩和针灸七大部分,包括了内、外、妇、儿等临床各科疾病。于各种病症之下,有论有方,还有针灸治疗方法以及一些按摩、导引、气功治疗经验。

该书搜罗广泛,资料丰富,收载方剂的数量远远超过载方两万余首的《圣济总录》,"自古经方,无更赅备于是者"。其所汇集的方药保存了明代以前我国医学的宝贵资料,它所记载的各种病症,也为研究明初以及明以前的疾病史提供了可贵的资料。

◎为什么张景岳说"国运皆有中兴，人道岂无再振"？

明代温补大师张景岳在《中兴论》中认为：人到中年，如日中天，然"日中则昃，月盈则蚀，此即天运之循环……"（《景岳全书·传忠录》）。就是说，人之中年既是气强体壮的极点，也是走向老衰的开端。然而"日中则昃，月盈则蚀"，此乃"先天定数，君子知命固当听乎天也"（《景岳全书·传忠录》）。也就是说"顺天者昌，逆天者亡"，面对天之定数，我们想改变它是办不到的。

然而，张景岳虽知"天之定数"，"天道不可违"，但却告诫人们"人于中年左右，当大为修理一番，则再振根基，尚余强半"，"此非逆天以强求，亦不过得吾之固有，得之则国运、人运皆可中兴"，并说这是他"心得历验"之言。

那么张景岳的"心得历验"是什么意思呢？原意是讲，人在中年以前多好胜逞强，情欲无穷，造成人体的过度耗伤，而中年之时，要对人体饮食劳役、气血阴阳重新调理，以修复因少壮恃强造成的损伤，恢复固有天年。可见张氏对人生体悟颇深，殊有灼见。

此外，张氏此论还有更深一层的意义。人体步入中年以

中华文化十万个为什么

后，首先生理方面发生了适应性变化，神经、体液、脏腑器官、激素水平都已经具有中年人的特点，但心理方面并没能及时转换，心理上仍然具有青壮时期那种好胜恃强的心理惯性。"努力逞强"的年轻心理同"人到中年"的中年机体不相匹配，往往造成中年机体的耗损与内伤，因此中年之时，要从心理到生理，从心到身进行调整和整顿，要使年轻的心理惯性与人到中年的机体进行协调和磨合，也就是中医所说的形神相符。这样人的后半生才能健康，才能长寿，也就是张景岳所说的"修理"之后则"尚余强半"，"国运皆有中兴，人道岂无再振"。

　　无怪乎学问与经验俱富的医家陆以湉说："人至中年，每求延寿之术。"更有谚语警示："人过三十天过午，莫当牛犊不怕虎。事事量力不逞强，实乃真得强中驻。"

◎为什么说"若要小儿安，须带三分饥与寒"？

中医俗谚中有"若要小儿安，须带三分饥与寒"的观点，元代著名医家张从正也在其著作《儒门事亲》中言道："过爱小儿，反害小儿。"这正是在小儿养护中应遵循的原则。

张从正在著作中谈到，时人抚育小儿，即使是炎热季节，也要棉衣厚被，重重包裹。天气稍凉，则重门闭锁，暖炕红炉，"微寒不入，大燠不泄"，使小儿如温室中的花朵，禁不得风吹雨淋。天下父母爱子之心，古今一理，现代父母又何尝不是如此。殊不知过于保暖，却正是小儿抚育中之大忌。

清代医家吴鞠通的《温病条辨·解儿难》中云，小儿"稚阳未充，稚阴未长"，是指小儿阴阳之气幼弱，脏腑娇嫩，形气不足，过寒过暖，都易产生疾病。《颅囟经》中亦有小儿"纯阳之体"之说，说明小儿生机蓬勃，发育迅速，阳气偏旺。若过于保暖，容易出汗，就会消耗机体阴液，使阴阳平衡失调，必然产生疾病。人生于自然，当合于自然，小儿正应当在大自然中嬉戏，才合乎天性。若摧折天性，"见风即避，遇寒辄仆，不几成无用之物哉"！另一方面，心急的父母总希望小儿快快成长，便多与饮食，结果适得其反。岂知小儿脏腑娇嫩，脾胃尤易受病，过度饮食，必然导致脾胃功能失调，或造成营养不良，或造成过度肥胖，使小儿生长发育受到影响，生理和心理健康均受损伤，真是"无冻饿之患，有饱暖之灾"。因此，古人"若要小儿安，须带三分饥与寒"的观点是很有道理的。当然不是要小儿挨饿受冻，而是应饥饱适中，寒暖适宜，使阴阳之气不受损害，小儿才能健康成长。

◎为什么中药要有不同剂型？

在中医药发展史上，最初人们服用中药的方式非常原始，即口嚼生药。火的使用使生食变为熟食，陶器的发明也使服药方式发生质的飞跃，人们把生药放在水中煎煮，然后服用其汁，这就是汤剂。

据记载，早在三千多年前的商代，就已经有了汤剂。《内经》中已明确记载了治疗失眠用的"半夏秫米汤"。由于汤剂具有干净卫生，药物有效成分溶解率高，易于人体吸收，见效快，处方用药能随症加减等优点，成为主要的传统剂型之一。

《内经》共记载了6种剂型，除汤剂外，还有酒剂、丸剂、散剂、丹剂、膏剂，都是常用剂型。关于汤、丸、散的不同作用，沈括在《梦溪笔谈》中说得非常清楚："大体欲达五脏四肢者莫如汤，欲留膈胃中者莫如散，久而后散者莫如丸。又无毒者宜汤，小毒者宜散，大毒者须用丸。又欲速者用汤，稍缓者用散，甚缓者用丸。此其大概也。"另外，散剂和丸剂还有携带方便、服用简单快捷的优点。

酒剂的应用也很早。酒本身就是中药，具有通经活络、暖胃避寒等作用。酒又是很好的溶剂，能"行药势"，所以古人把各种不同的药物浸入酒中，制成功效不同的药酒，有制作方便、便于存放、疗效可靠等优点。如虎骨酒、人参酒等，一直流传至今。膏剂易于长期保存，携带和使用比较方便，历史上除了外用，内服的也不少。古代原始丹剂为某些矿物药经炼制加工而成，可供内服与外用。内服丹药常意味着不老成仙。后来常用"丹"指疗效较好的药剂，有"灵丹妙药"之意，包括多种剂型，如丸剂中的大活络丹，散剂中的紫雪丹等。

随着中医的发展，中药剂型也越来越多。《伤寒论》记述了一些主流剂型以外的其他剂型。如对药物再煎浓缩制成的药剂，可以说是后来"流浸膏"的雏形；而在汤剂中加入蜂蜜矫味，可说是后来"糖浆"的先驱；书中的"蜜煎导方"实际是肛门栓剂。唐代时出现了"煮散"，即把汤剂的成方制成粉状，用时临时称出需要的分量，加水煮沸后去渣服用，在保存携带方面优于汤剂。到了清代，中药剂型又增加了药露和片剂。

现在，随着科学的进步，中药剂型也在不断发展，出现了冲剂、针剂、片剂、口服液等等，更能适合患者的不同需要。

◎为什么人尿为"血证要药"?

人尿入药治病，在我国已有1400余年的历史了。早在南北朝时期，著名药学家陶弘景的《名医别录》载："（人尿）疗血䘌，汤火伤。"医圣张仲景在《伤寒论》中用"白通（尿）加猪胆汁汤"治疗阴液枯竭，阳气衰败的危重病症。唐代陈藏器《本草拾遗》提出：人尿"止劳渴，润心肺，疗血闷热狂、扑损、淤血在内运绝、止吐血鼻䘌、皮肤皲裂、难产、胎衣不下、蛇犬咬"。元代医家将人尿称为"回龙汤"，以其经常服用祛疾保健。明代李时珍在《本草纲目》提出："盖溲溺滋阴降火，消淤血，止吐䘌诸血。"明代缪希雍在《本草经疏》中认为："人尿为除劳热骨蒸、咳嗽、吐䘌及妇人产后血晕闷绝之圣药。"《重庆堂随笔》誉尿为"滋阴降火妙品"、"血证要药"。近代人将人尿及其沉淀物内服和外用，以治疗疾病，统称为尿疗法。中医学认为：人尿，性寒凉，味咸，入肝、肾、肺经，具有滋阴降火、祛瘀止血之功。为什么尿可治病，为什么有人把尿誉为"血证要药"，其机理医学界一直在探讨。

一般认为尿是机体代谢废物，其实不然。尿的生身父母是血液，刚从血液滤出的尿称为原尿，其中的绝大部分又被肾小管再吸收而返回血液，最后排除体外的尿含钠、钾、氯离子、肌酸、镁等物质，还含种类繁多的微量活性物质，其中尿素有抗菌作用；尿激酶可溶血栓；生长激素有益蛋白质合成及软骨发育。对此，明代的李时珍曾说："凡人精气，清者为血，浊者为气；浊之清者为津液，清之浊者为小便。小便与血同类也……"有人说尿是世界上最好的医生，以它诊断疾病从不误诊，的确如此。尿来自血液，携带所有体内"信息"，犹如储存着体内信息的重要磁盘，当人体患病时，其"信息"也会从尿中反映出来。在疾病的治疗上，选用自体尿与选用他人尿意义有所不同。他人尿通常是指10岁以下儿童的小便，取其滋阴降火、止血消瘀之力，多用于阴虚发热、各种出血、跌打损伤等病变，其机理是：小便与血同类，"故其味咸而走血，治诸血病也"（《本草纲目》）。自体尿主要是病者携带"信息"的尿，通过饮用将"信息"送回体内，调动机体与疾病斗争的"生命力"，清除所有的"非健康因素"及"疾病因素"，从而可使多种疾病痊愈。实际上，我们身体内部，具备固有的维持和促进自身健康的能力，即所谓自然治愈力，饮用自身尿实质就是充分利用来自体内的信息（尿），再反过来作用于自身，恢复或保持机体生理机构的健康，因此无论轻重之病，都可以此治疗，并且对人体有一定的保健作用。

正是由于尿有如此神奇的功效，因此才有了"血证要药"、"还元汤"、"还魂汤"、"回龙汤"、"轮迦酒"等美称。

◎为什么说吴尚先是独树一帜的外治法专家?

吴尚先,原名樽,又名安业,字师机,又字杖仙,生于清代嘉庆十一年(1806年),卒于光绪十二年(1886年),钱塘(今浙江杭州)人。道光十四年(1834年)曾中举人,官至内阁中书。曾随父寓居江苏扬州,设存济堂药店,于同治元年(1862年)避地海陵。

吴尚先兼通医术。其居地低洼潮湿,且多有风寒暑热侵袭,故患心腹、体表之疾者甚多,奈何又无钱医治,此情令吴尚先关切、同情。他遂思用简、验、便、廉的外治法配合治疗,由于效果显著,每日来诊者达数百人,他也因之名声大噪。

吴尚先所施之外治,以膏为主,膏由成方熬成,另备加工成的药末。一膏可治一种甚至几种病,药末可因不同病人、不同病症而对症加减使用,时而用膏,时而用药,时而将药掺在膏内,时而将药敷于膏外,时而膏与药相辅相成,时而又相反相济,可谓机动灵活,变化万千。吴尚先除按穴道辨证施用膏药敷贴疗法之外,兼配合使用围炉发汗、烧炕发汗、火熏、水浴、水揭腹、冷水疗、发泡疗、泥疗、蜡疗、点眼、塞耳、取嚏、筒滚、线扎、贴蒜、拔罐等外治疗法，使之相得益彰，增强疗效。

吴尚先施用外治，更有其理，其云："外治之理，即内治之理；外治之药，即内治之药。所异者，法耳。"（《理瀹骈文》）吴尚先言之有理，外治与内治，医理是相同的，不同的只是用药途径有别罢了。吴尚先认为，除口鼻之外，人身的每个毛孔，也均为气的出入通道。外邪由肌表入体内，药力作用也定能通过肌表达于体内，故外敷与内服在治疗上是殊途同归的。此乃吴尚先用外治法通治内、外诸病的理论根据。

同治四年（1865年），吴尚先集前贤有关外治论述，采摭民间外治法，更总结自己的外治经验，撰成《外治医说》一书。同治九年（1870年）刻版印行时，书名改为《理瀹骈文》。观其言、其行、其书，吴尚先不愧为一位独树一帜的外治法专家。

◎为什么说"用药如用兵"？

"用药如用兵"是以药喻兵，指的是医家在诊病施药中形成的谨慎小心、却又如将帅临敌，大胆布阵攻守等心理品质。那么，药与兵之间有何相似之处呢？药有性属类别，兵有种类装备；药有轻用重用，兵有主攻辅攻；药有缓急攻补，兵有虚实坚强；兵有出奇制胜，药有配伍精良；药有用法之差，兵有出阵之异。

用兵要讲究战略和战术，用药亦然。医家不但要熟知药性，更重要的是切中病机，有的放矢。"传经之邪，而先夺其未至，则所以断敌之要道也；横暴之疾，而急保其未病，则所以守我之岩疆也。挟宿食而病者，先除其食，则敌之资粮已焚；合旧疾而发者，必防其并，则敌之内应既绝。""一病而分治之"，是"以寡胜众"法，"数病而合治之"，是"捣其中坚"法。"病方进，则固守元气，所以劳其师；病方衰，则必穷其所之，所以捣其穴"（《用药如用兵》）。

药为医所主，兵为将所用。用药如用兵，任医如任将，皆安危之所关。"善用兵者，卒有车之功，善用药者，姜有桂之效。知其才智，以军付之，用将之道也；知其方技，以生付之，用医之道也"（《褚氏遗书》）。医家必当如将军指挥作战一般，既善于判明敌情，恰当调动兵力。又要善于在敌强我弱，兵力不足的情况下，以卒代车，以弱制强。所以说"世无难治之病，有不善治之医；药无难代之品，有不善代之医"（《褚氏遗书》）。

临病如临阵，用药如用兵，医者须"胆大心小，行方智圆"，审慎明辨，随机应变，方能立于不败之地。那么，何为"胆大心小，行方智圆"呢？"宅心醇谨，言无轻吐，忌心勿起，贪念罔生；毋忽贫贱，毋惮疲劳，检医典而精求，对疾苦而悲悯，如是者谓之行（仁）方；禀赋有厚薄，性情有缓急，境地有贵贱，天时有寒热，受病有新久，运气有太过不及，知常知变，能神能明，如是者谓之智圆；望闻问切宜详，补泻寒热须辨，尝思人命至重，冥报难逃，一旦差讹，永劫莫忏，乌容不慎？如是者谓之心小；补即补而泻即泻，热斯热而寒斯寒，抵当承气，时用回春，姜附理中，恒投起死。析理详明，勿持两可，为是者谓之胆大"（《医宗必读》）。医者惟有将其融会贯通，才可以当性命之任矣。

◎为什么说傅山"苍龙日暮还行雨，老树春深更著花"？

这首昆山顾炎武的诗，是对清代著名妇产科专家、书法家、诗人、画家傅山高尚人品的赞美。傅山，山西阳曲（今太原市）人。初字青竹，更为青主，号为啬庐、朱衣道人。生于明万历三十五年（1607年），卒于清康熙二十三年（1684年）。

傅山生在诗书世家，祖父为进士，父亲是贡生。其自幼聪明好学，少年时即中秀才，备受山西督学袁继咸的器重。明崇祯九年（1636年），袁氏为赃官张孙振所诬下狱，傅山抱打不平，状告张某，袁氏得救，他因此名闻天下。

清灭明后，傅山愤然出家修道，云游平定、汾州一带，后于阳曲西北的土塘村隐居，并进行秘密的反清活动。袁继咸时任兵部右侍郎兼金都御史，因叛僚出卖而被清廷杀害，傅山闻讯恸哭不已。顺治十一年（1654年），傅山因受"宋谦谋反"一案株连而被捕，在狱中绝食九日，"抗词不屈"，终因友人相救获释。此后，傅山在土塘石室作诗绘画，或批注经史子集，或游访名士，品字论画，或谈诗文，或行医施药，或搜求民间验方，顺便浏览了各地风情。

　　康熙十七年（1678年），年逾古稀的傅山被视为博学鸿儒而强诏入京应试当官，其于途中锥刺自己双腿，至京后便病倒，康熙赐内阁中书舍人以示恩宠，但傅山回归后，却仍以"民"自称，有呼"舍人"者不应。他"避居远村，惟以医术活人，登门求方者甚多，傅山不分贵贱一视之，从不见有倦容"，而"有司以医见则见，不然不见也"。傅山的医术十分精湛，如《清朝野史大观·清代述异》所载："先生（指傅山）即为治剂，无不应手而愈。"又言其"医术入神"。傅山还撰有《傅青主女科》一书，是一部临床价值颇高的妇产科专著。书中对妇产科的带下、血崩、种子、妊娠、正产、小产、难产、产后等都有简明的论述，处方药味不多，理法严谨。祁尔诚在《傅青主女科·序》中说："此书谈症不落古人窠臼，制方不失古人准绳，用药纯和，无一峻品，辨症详明，一目了然。"此书所载傅氏方如完带汤、易黄汤、引精止血汤、固本止崩汤、清经汤、两地汤、加味四物汤、通乳丹等，三百多年来一直在临床广为袭用，足以说明《傅青主女科》的临证实用价值早为医界所公认。但傅山的《傅青主女科》一书的真伪，从清代至今，众说纷纭。从山西省中医研究所何高民先生考证的结果看，该书应为傅氏之作。何先生的根据之一是：山西省图书馆藏有傅山《大小诸证方论》抄本，经鉴定是康熙年间纸张，前有顾炎武于康熙十二年写的序，序曰："予友傅青主先生手著《女科》一卷……诚医林不可不有之书也。"何先生的根据之二是：山西省文物局藏有署名"松侨老人傅山稿"的《医学手稿》，用清初竹纸抄，经专家鉴定确为傅山遗墨，内容虽仅是《傅青主女科》的调经部分，却佐证了《傅青主女科》的真实性。

　　傅山的一生有多方面的成就。他的书法，篆隶真草无不精妙，行草更加神奇浑朴。人民美术出版社出版过《傅山书画选》。他的山水画，丘壑磊砢，以骨力取胜，纵横挥洒，风格独特。他的诗文造诣颇高，有《霜红龛集》12卷刊行于世。傅山的友人评价其高尚的人格及横溢的才华时说："世人都知青主的字好，岂知他的字不如诗，诗不如画，画不如医，而医又不如人。"

◎为什么"冬虫"变"夏草"？

在青藏高原海拔3800百米以上的高山上，出产一种名贵的中药材，那就是被誉为功同人参、鹿茸的冬虫夏草，简称虫草。

虫草的文字记载最初见于《本草从新》，随后见于《本草纲目拾遗》。现今各家著作按其功用多归于补阳药类，它性味甘温，归脾、肺经，有益肾补肺、止血化痰之功。还用于病后体虚不复或自汗畏寒，与鸡、鸭、猪肉等炖食，有补虚功效。据分析，它的化学成分主要有脂肪、粗蛋白、粗纤维、碳水化合物、虫草酸、冬虫夏草素及微量的维生素B_{12}，具有明显的平喘作用，对结核杆菌、葡萄球菌等多种菌类有抑制作用。

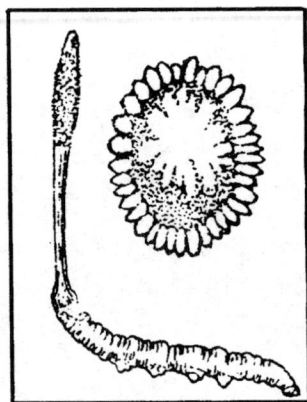

冬虫夏草

那么，虫草到底是虫还是草呢？在《聊斋志异外集》中有这样的诗句："冬虫夏草名符实，变化生成一气通。一物竟能兼动植，世间物理信难穷。"读了以后更让人感到神秘莫测。原来，这种根部是一条僵死的虫子，上部长着一株紫红色小草的东西，是由真菌中的一种——子囊菌制造出来的。冬天的时候，子囊菌寄生在蝙蝠科昆虫、虫草蝙蝠蛾的幼虫体内，并吸收虫体内的营养，慢慢长出一束束菌丝，当真菌繁殖的菌丝充满整个虫体时，就形成菌核，虫子也就死了。但钻进蝙蝠蛾体内的真菌却依然生机勃勃地生长着，到了夏季，便从幼虫的头部长出一条棒状真菌子座，突出土层表面，形似一根小草。子座顶端有一个子囊壳，里边充满着子囊孢子，待孢子发育成熟，子囊壳就裂开，成千上万的子囊孢子又重新进入土壤，周而复始地去感染其他蝙蝠蛾幼虫。这就是冬虫变夏草的全部奥秘。

◎为什么古人称粥为"世间第一补人之物"？

粥，俗称稀饭，古代又叫饘、糜、鬻、酏等。关于粥的来历，有"黄帝始蒸谷为饭，烹谷为粥"（《古史考》）的传说，说明食粥在我国有悠久的历史。最早用粥治病的记载要算张仲景的《伤寒杂病论》，在书中所列的第一个方子——桂枝汤的服法里，他要求服药后立即喝粥以增强药效。

由于粥营养丰富，易于消化，食用方便，四季皆可，老少咸宜，被历代养生家奉为养生治病的良剂，称粥为"世间第一补人之物"。历史上许多名人雅士喜欢食粥，如文学家苏东坡爱喝广东的"花鸡粥"，书法家柳公权爱吃"豆粥"等。北宋的张耒在《粥记》中说："晨起，食粥一大碗，空腹胃虚，谷气便作，所补不细。又及柔腻，与肠胃相得，最为饮食之良。"陆游也说："食粥可延年，余窃爱之。"他还专门写了一首《食粥》诗："世人个个学长年，不悟长年在目前。我得宛丘平易法，只将食粥致神仙。"

粥的品种繁多，仅《红楼梦》中所记，就有七种之多。王熙凤协理宁国府后，每日熬了各样细粥和精美小菜，给尤氏和贾珍送去，可见当时食粥非常讲究。粥大致可分为两类，一类是单味主料粥，如大米粥、江米粥、小米粥等；一类是主料米加配料粥，如腊八粥、燕窝粥、鸭子肉粥等。如果配料是适量的中药，就成为药粥。

药粥是祖国医学宝库中的一部分。用药粥防病治病，简便易行，安全可靠。它把中药的治疗作用与米粥的健脾胃、补中气的食疗效果有机地结合起来，寓药疗于食补之中，有祛病邪而不伤正气的特点。它不仅可用于急性病的辅助治疗，也可用于慢性病的自我调养，对许多疾病都可适用。药粥的应用也比较早，《伤寒杂病论》中有米药合用的方剂，可谓药粥的先驱。唐宋以后，药粥应用逐渐广泛，《千金要方》、《食疗本草》等文献均有记载。宋代已有《粥品》一书问世，官修的《太平圣惠方》共载药粥方129种；李时珍《本草纲目》共收粥品62种；清代曹燕山的《老老恒言》中则收了100种；光绪年间黄云鹤有《粥谱》一书，共载粥方200多种，真可谓洋洋大观。宋代《圣济总录》载有一首颇具代表性的粥方，名叫"补虚正气粥"，此方有健运脾胃、补益正气、抗病防衰的效果。明清时代的许多达官贵人常食此粥，以求养生益寿。

由于药粥的应用颇广，在民间有粥疗歌流传，现节录如下……

头昏多汗症，煮粥加苡仁；

便秘补中气，藕粥很相宜；

夏令防中暑，荷叶同粥煮；

若要双目明，粥中加旱芹；

欲得水肿消，赤豆煮粥好；

侧耳根煮粥，开胃又解毒；

若欲补虚损，骨头与粥炖。

◎为什么吴师机把敷脐用药称为医病之"捷法"？

脐，俗称肚脐，中医谓之神阙穴，又名维会、气舍。把药物制成适当的剂型敷（或纳）于脐，外用纱布覆盖，再加以固定，或熨脐、灸脐、针脐等，可以治疗很多种疾病，现代多称为脐疗。

脐疗作为中医一种独具特色的外治法，早在东汉时期就有明确记载，张仲景用热熨脐部的方法治疗中喝（即中暑），谓："凡中喝死，不可使得冷，得冷便死，疗之方：屈草带绕喝人脐，使三两人溺其中，令温……"（《金匮要略·杂疗方第二十三》）。晋人葛洪在《肘后救卒方》中以盐纳入脐中灸之，治疗霍乱。明代李时珍《本草纲目》用"五倍子研末，津调填脐中，缚定"，治疗自汗、盗汗。清代陈复正《幼幼集成》用淡豆豉、生姜、食盐炒热敷脐治疗小儿感风寒、有积滞。清代外治大师吴师机提出"中焦之病，以药切粗末炒香，布包缚脐上，为第一捷法"，极言脐疗之效，可见通过脐部治疗疾病，其源远流长，并受到一些医家的推崇。那么，敷疗小小的脐眼为什么能起到全身的疗病作用呢？

人体是一个有机整体，通过经络系统紧密联系在一起。脐位于大腹中央，先天生命之结蒂，后天性命之气舍，介于中、下焦之间，乃十二经之根，元气之所系，生命之源。脐属任脉，任脉属阴脉之海，和督脉相为表里，共理人体诸经百脉。脐又为冲脉循行之域，冲乃任脉之海，且任脉、督脉、冲脉"一源三歧"，三脉经气相通。更由于奇经纵横，串于十二经脉之间，具有溢蓄经脉气血之作用，所以脐联系全身经脉，交通于五脏六腑、四肢百骸、五官九窍、皮肉筋骨，无处不到。药物敷于脐部，可通过脐部皮肤吸收，随经气循行，藉气交上下升降，上通于阳，下通于阴，起到祛邪除病、调整脏腑阴阳的作用。另外，药物敷脐后，可以通过对神阙穴不断地刺激，来疗疾祛病。故吴师机深有体会地说："则知由脐而入，无异于入口中，且药可逐日变换也。"现代研究表明，脐在胚胎发育过程中为腹壁最后闭合处，表皮角质层最薄，并且脐下无脂肪组织，皮肤筋膜和腹膜直接相连，故药物分子较容易透过脐部皮肤的角质层，迅速弥散入血达到全身。

药物脐疗常用剂型有：敷药、药散、药饼、药丸。常用方法有：敷脐、灸脐、熨脐、熏脐、填脐、涂脐、滴脐、刺脐、脐部拔罐、脐部按摩。

◎为什么《红楼梦》中称天花为"见喜"？

《红楼梦》第二十一回中，描写了大姐儿染天花的情景："凤姐之女大姐儿病了，正乱者请大夫诊脉。大夫说：'替太太奶奶们道喜，姐儿发热是见喜了。'"

"见喜"是当时的人们由于恐惧而使用的一种忌讳的说法，又因为痘既发出便可以比较平安，所以大夫向凤姐道喜，称为"见喜"。

天花，曾经是一种蔓延极广、危害极大、流行时日漫长的烈性传染病，中医称"痘疮"、"虏疮"。葛洪的《肘后救卒方》中有关于天花的最早记载。若干世纪以来，天花的广泛流行使人们惊恐战栗，曾经不可一世的古罗马帝国就是因为天花的流行而国势日衰。18世纪，欧洲蔓延天花，夺走了一亿五千万人的生命。

1980年5月，联合国世界卫生组织宣布，天花已经在地球上被消灭，人类终于摆脱了这一曾经带来极大危害的疾病。在人类同天花的斗争中，我国首创的人痘接种术做出了重要贡献。在它的直接影响下，英国的琴纳后来发明了牛痘接种术，最终使天花彻底灭绝。

◎为什么称安宫牛黄丸、紫雪丹、至宝丹为凉开"三宝"？

　　所谓"凉开"，是指在开窍类方剂中，具有清热解毒、芳香开窍作用的方子，主要用于治疗温热病邪毒内陷心包的热闭症，其症状表现为高热、神昏谵语、牙关紧闭，甚至痉厥。安宫牛黄丸、紫雪丹、至宝丹是凉开方剂中最具代表性的，被称为凉开"三宝"。

　　三宝在药物组成、功效、主治各方面都有相似之处，但又各有特点。安宫牛黄丸以牛黄、犀角、麝香为主，配伍黄连解毒汤，共奏清热解毒、豁痰开窍之效。本方重在清热解毒，对温热病邪热内陷心包，痰热壅闭心窍所致的高热烦躁最为有效。紫雪丹以五石配四香二角为主，其中石膏、寒水石、滑石等清热解毒，磁石、麝香、沉香、羚羊角、犀角等镇痉开窍，具有清热开窍镇痉的功效，擅长于治疗温热病邪陷心包所致的高热痉厥、抽搐及小儿热盛痉厥之症。至宝丹以牛黄、麝香等开窍清热药配伍冰片、安息香、雄黄等化浊豁痰开窍之药，其功专于化浊开窍，适用于中暑、中恶及瘟病因痰浊内闭所致的神昏不语、痰盛气粗之症。

　　此三宝功用各有所长，寒凉之性亦不相同。安宫牛黄丸最

·中华文化十万个为什么·

凉，长于清热解毒；紫雪丹凉性次之，而镇痉之力最强；至宝丹凉性又次之，但化浊开窍之力较优。因此，高热昏谵、烦扰惊厥者多用安宫牛黄丸；身热狂烦痉厥者，多用紫雪丹；而痰热内闭、昏厥惊痫者，则多用至宝丹。

◎为什么耳针可疗全身疾病？

耳针疗法是指通过观察耳廓的形态和刺激耳廓有关穴位，来诊断和防治疾病的一种方法。中医学认为人体是由脏腑经络、五官九窍、四肢百骸等器官和组织构成的一个有机整体，耳是人体的听觉器官，因此它和脏腑、经络有着密切的联系。如《灵枢·脉度》曰："肾气通于耳，肾和则耳能闻五音矣。"《素问·金匮真言论》曰："南方赤色，入通于心，开窍于耳，藏精于心。"《素问·脏器法时论》曰："肝病者……虚则……耳无所闻……气逆则头痛，耳聋不聪。"又如《灵枢·口问》曰："耳者，宗脉之所聚也。"另外从全息的角度看，耳朵像面部一样，也有全息生物现象，如《厘正按摩要术》又进一步将耳朵分为五部分：耳珠属肾，耳轮属脾，耳上轮属心，耳皮肉属肺，耳背玉楼属肝。

近现代研究表明，耳穴在耳部的分布是有规律的，它好像一个头部朝下臀部朝上的倒置的胎儿，其规律是头面部对应于耳垂及其临近处穴位，上肢对应于耳舟部穴位，躯干和下肢对应于耳轮和其上下脚部穴位，内脏对应于耳甲艇和耳甲腔部穴位，消化道对应于耳轮脚部穴位，并呈环形排列。人体脏腑的疾病可以在对应部位或穴位上反映出来，如胆囊炎可在耳的胆囊部位查出痛点……相反针刺一些脏器的反应点，也可调治脏腑的疾病，如刺激耳部的脾穴，可治疗胃肠部疾病；刺激耳部的肺穴，可治疗呼吸系统疾病等。这就是为什么耳针疗法能诊治全身多种疾病的原因。

◎为什么说蚂蚁入药历史悠久？

　　用蚂蚁防治疾病，在我国已有上千年历史。现存第一部药学专书《神农本草经》对蚂蚁的药用已有所记载。汉代民间有人用蚂蚁制成"金刚丸"，专治筋骨软弱。唐代刘恂的《岭表录异》载："交广溪洞间酋长，多取蚁卵，淘净为酱，云味似肉酱，非尊贵不可得也。"反映了它的食用价值。明代李时珍的《本草纲目》提出：独脚蚁"疗肿疽毒，捣涂之"，青腰虫"有大毒，着人皮肉，肿起。剥人面皮，除印字至骨者亦尽。食恶疮肉，杀癣虫"。时至今日，蚂蚁的食用药用价值研究，日益引起世界各国的重视。

　　中医认为，蚂蚁品种不同，功效各异。良种蚁，如黑色刺蚁、黄惊蚁，具有祛风除湿、活血止痛、消积化滞、通经活络、滋补肝肾、强筋壮骨、益气养血的作用。毒性蚁，如独脚蚁、黑蚂蚁，具有杀虫、解毒、止痒等作用。蚂蚁卵，益气力，泽颜色，催乳汁；蚂蚁巢，止血，定痛，生肌。现代医学研究证明：蚂蚁体内含有高能物质二磷酸腺苷和正规的滋补品草体蚁醛（与等量山参比，补力超过山参），蚂蚁体内还含多种人体所必须的氨基酸、蛋白质、维生素、微量元素、三萜类化合物，所以滋补强壮之功超过多种名贵补药和食品。蚂蚁入药分为内服和外用。内服多用于风湿、类风湿性关节炎、慢性虚损性疾病、月经不调、肝病、肺病、贫血、阳痿、遗精、早泄、各类脱发白发。外用治疗外伤、皮肤感染、下肢慢性溃疡、神经性皮炎、疔肿疽毒、蛇咬伤等。

◎为什么说自古以来"酒"与中医有不解之缘?

在《博物志》中,记载了这样一个故事:有三个人,一个叫王肃,一个叫张衡,另一个叫马均。有一天,三人冒雾晨行。一人饮酒,一人饱食,一人空腹。结果,空腹者死,饱食者病,饮酒者健。于是,作者认为:"此酒势辟恶,胜于他食之效也。"此故事的真假暂不去考证,不过酒确实有神奇的作用。

酒在我国起源较早,《战国策·魏策》有"昔者帝女令仪狄作酒而美,进之禹"的记载,这是关于人工酿酒的最早记载。从考古发掘的文物来看,在新石器时代中期,即仰韶文化时期就已开始酿酒。商代的人们更是好酒成风,青铜器中就有"壶"、"卣"(yǒu)、"觚"(gū)、"爵"、"尊"等名目繁多的专用酒器,甚至在郑州二里岗、河北藁城台西村相继发现了商代酿酒遗迹。

酒在医疗上的应用是医学史上的一项重大发明。从汉字构造看,繁体"医"字写作"醫",从"酉"。古"酉"字,形似酒坛,与"酒"通用。可见酒与医从来就有着密切的关系。酒本身就是中药。在《名医别录》中列中品,《本草纲目》载酒"苦、甘、辛，大热，有毒"、"行药势，杀百邪恶毒气。通血脉，厚肠胃，润皮肤，散湿气，消忧发怒，宣言畅意。养脾气，扶肝，除风下气"等。在中医药发展的初期，饮酒治病是相当普遍的，《内经》中也提到"上古圣人作汤液醪醴"，杨上善注"醪，汁滓酒；醴，宿酒也"。它们的作用是"邪气时至，服之万全"。

随着医药知识的不断丰富，人们从单纯用酒治病发展到制造药酒，酒剂成为中药常用剂型之一。李时珍在《本草纲目·酒》中列举了69种不同功效的药酒，连同附于各药目下的药酒配方，共计约200余种。由于酒有挥发和溶媒性能，可以加速药物的分解，经酒浸渍过的药物，更容易为人体吸收，所以药酒历来为人们所重视。药酒除治病外，还可防病健身。古代用药酒来预防瘟疫流行，如《千金要方》说："一人饮，一家无疫；一家饮，一里无疫。"在除夕之夜民间有饮屠苏酒的习俗，目的就是预防疫病。本文开头的故事也说明了这一作用。"酒可行药势"，中药用酒炮制加工后，可使药借酒势上行。如大黄本是苦寒泻下之品，酒制后可上达至高之分，引上焦之火下行；中药经酒制后还可减少毒性而使之增效，还可以反佐或缓和苦寒药物的药性，所以在中医处方中常见用酒炮制的中药。

此外，酒还有止痛作用，能作麻醉剂，古代有外科手术前用酒止痛的记载。酒还有杀菌作用，能作消毒剂，民间吸吮疮毒或蛇毒之前，先含一口烧酒，就是这一目的。目前，用酒精消毒，已经是医疗常规了。

由于酒与中医自古以来就有着不解之缘，所以班固在《汉书·食货志》中称酒为"百药之长"。